数字贸易赋能迈向共同富裕的双循环新格局构建：市场、机制与政策研究

张正荣 等著

ZHEJIANG UNIVERSITY PRESS
浙江大学出版社
·杭州·

图书在版编目(CIP)数据

数字贸易赋能迈向共同富裕的双循环新格局构建：
市场、机制与政策研究/张正荣等著.—杭州:浙江大学
出版社,2023.5
ISBN 978-7-308-23367-5

Ⅰ.①数… Ⅱ.①张… Ⅲ.①信息经济－经济发展－
研究－中国 Ⅳ.①F492.3

中国版本图书馆 CIP 数据核字(2022)第 235336 号

数字贸易赋能迈向共同富裕的双循环新格局构建：市场、机制与政策研究
张正荣 等著

责任编辑	石国华	
责任校对	胡岑晔	
封面设计	周 灵	
出版发行	浙江大学出版社	
	(杭州市天目山路 148 号 邮政编码 310007)	
	(网址：http://www.zjupress.com)	
排 版	杭州星云光电图文制作有限公司	
印 刷	广东虎彩云印刷有限公司绍兴分公司	
开 本	710mm×1000mm 1/16	
印 张	15.5	
字 数	260 千	
版 印 次	2023 年 5 月第 1 版 2023 年 5 月第 1 次印刷	
书 号	ISBN 978-7-308-23367-5	
定 价	68.00 元	

前　言

进入 21 世纪以来,数字贸易成为革新传统市场流通、商业经济、资源配置与供需匹配方式的主要引擎,数字市场正持续耦合传统线下市场,引起人类工作、生活方式的根本性变化。在经济与商业实践中,数字贸易革新传统经济循环模式的规模逐渐显现,我国的双循环发展新格局也体现了数字贸易的关键赋能机制。

数字贸易通过信息通信技术(ICT)、数字化商业模式,以及互联网平台,为 21 世纪的商业文明提供了全新的要素资源:数据、创新的交易机制——线上线下一体化(虚实耦合),以及持续革新的经济循环方式(双循环)。传统经济循环的生产、流通、交易、消费"四环节"方式,以及对外贸易和国内贸易的空间划分,出现了巨大的变革。以数字技术为支撑的商业模式创新,不仅加快了商业循环的实现速度,也逐渐打破了"四环节"的边界,实现了新型需求挖掘与供应链管理机制;不仅加快了全球市场的融合,创生了以"内外贸一体化"为导向的新型数字贸易模式,而且正在逐步实现城乡间、区域间、贫富间的信息均衡和机会均衡,成为赋能共同富裕的市场载体。据此,本书提出了"数字贸易赋能迈向共同富裕的双循环新格局:市场、机制与政策"的研究主题。

基于长期研究,本书在阐明研究思路之后,从数字贸易的市场机制分析入手,探明数字贸易和传统经济与贸易模式的结合,产生虚实耦合的新业态新模式(第一章);进而,从典型案例中总结数字贸易赋能经济内循环的机制与效应,着重探索数字贸易协调城乡市场均衡,促进乡村发展与城乡共同富裕的机制逻辑(第二章);继而,从夯实我国在全球价值链中的产业链优势的角度,探索数字贸易促进产业价值链重构的机制路径,以及数字贸易促进更高水平开放、对接消费升级与企业转型的商业模式(第三章);之后,在明确数字贸易推进市场迭代、产业升级和商业转型的基础上,从政策机制的角度，从数字贸易融入双循环新格局、实现共同富裕与人类命运共同体中的市场机制相融合的角度，提出基于制度创新（如跨境电商综合试验区、自由贸易试验区、"一带一路"倡议等）的对策建议（第四章）；最后，从数字贸易的市场形态，到运行机制，再到政策体系的思路，对全书做出总结。

本书既是我们长期研究数字贸易的学习心得，也是对数字贸易时代商业运行规律积极探索后的成果。我们本着"实事求是、扎根实践"的精神，在10多年的时间里，走访了上千家数字贸易企业和数百个国家、省级、地市、区县与乡村数字贸易与数字化发展推进主管部门，与成千上万的数字贸易从业者交流恳谈，不仅获得了一手调研素材，更是被这个时代的精神，被创业者、公务员、工作者与每一个在数字化社会经济中忙忙碌碌的人的精神所感动，所鼓舞。我们也积极从各种咨询机构、传统媒体和新媒体中获得资料，并持续将一二手的资料整理成数据库，采用扎根理论、定性比较分析、计量经济学等方法挖掘这个时代所呈现的信息面貌中的规律与方向。由此产生本书。

本书是我主持的浙江省社科规划课题"共同富裕进程中弥合城乡数字鸿沟的虚实价值链耦合机制与对策研究"的成果之一。参与本书写作的有张正荣、魏吉、顾国达、杨金东、肖文丽、吴昊、彭榴静、缪周栩等。全书由我进行总体思路的设计与基本框架的安排，并基于前期研究成果进行书稿的修订、顺承与改写。具体章节分工为：绪论（张正荣）；第一章（张正荣、杨金东、顾国达）；第二章（张正荣、魏吉、杨金东、吴昊、缪周栩）；第三章（张正荣、杨金东、肖文丽、彭榴静）；第四章（张正荣、魏吉、顾国达、杨金东、肖文丽）；结论（张正荣）。

限于时间与水平，本书的疏漏之处在所难免，敬请批评指正。

张正荣

2023 年 1 月

目　录

绪论　数字时代以共同富裕为目标的双循环新格局 ················· 1

一、数字时代双循环新格局中虚实耦合问题的提出 ············· 1

二、数字贸易虚实耦合的理论逻辑 ············· 3

三、数字贸易赋能共同富裕导向的双循环新格局的研究思路 ······· 4

四、本书的研究内容 ············· 5

五、本书的研究方法 ············· 7

六、本书的研究意义 ············· 8

第一章　数字贸易的市场机制：虚实耦合中的贸易新业态新模式 ········ 10

第一节　概　述 ············· 10

一、从信息化到数字化的迭代 ············· 10

二、数字时代贸易市场升级的技术基础 ············· 11

第二节　数字贸易的市场组织 ············· 15

一、数字贸易市场形成的要素 ············· 16

二、数字贸易全球市场的治理 ············· 18

三、从虚实循环视角解析数字贸易新业态新模式 ············· 22

第三节　数字贸易的概念比较 ············· 23

一、各主要经济体对数字贸易的界定 ············· 25

二、国际组织：OECD-WTO 框架下的数字贸易概念 ············· 28

三、国内外学者对数字贸易的界定 ············· 29

第四节　数字贸易的虚实经济循环耦合 ············· 31

一、数字贸易逻辑维度的虚实耦合构建 ············· 32

二、以布尔代数解析数字贸易的虚实耦合 ············· 32

三、虚实耦合分类的数字贸易业态模式 ············· 35

四、国际规则竞争中的数字贸易 ……………………………… 36

第五节　数字贸易的商业模式 …………………………………… 38

一、OECD—WTO框架下的数字贸易商业模式 …………… 39

二、数字贸易商业模式的分类及其含义 …………………… 41

第六节　本章小结 ………………………………………………… 44

第二章　数字贸易赋能内循环：推进共同富裕的城乡空间协调 ………… 46

第一节　概　述 …………………………………………………… 46

一、数字贸易的城乡市场循环 ……………………………… 47

二、数字贸易新业态新模式的农村创业 …………………… 48

第二节　我国数字贸易市场的发展历程 ………………………… 49

一、数字经济与数字贸易市场发展 ………………………… 49

二、我国数字市场经济的发展历程 ………………………… 50

第三节　数字贸易贯通内循环的城乡市场 ……………………… 59

一、数字贸易内循环中的农村市场 ………………………… 60

二、农村数字市场的相关文献评述 ………………………… 61

三、基于实地调研的农村数字贸易机制研究设计 ………… 64

四、农村数字市场调研结果分析 …………………………… 65

五、数字市场虚实价值链耦合机制的模型分析 …………… 70

六、基于调研案例的农村数字贸易研究总结与展望 ……… 74

第四节　数字贸易带动农村经济进入内循环 …………………… 76

一、农村经济数字贸易新业态新模式发展 ………………… 76

二、农村经济数字贸易模式的文献综述 …………………… 77

三、农村经济数字贸易模式研究设计 ……………………… 79

四、农村经济数字贸易模式的定性比较分析 ……………… 81

五、农村经济数字贸易模式的研究讨论 …………………… 86

六、农村经济数字贸易模式研究结论与展望 ……………… 89

第五节　数字贸易新业态新模式的创新创业 …………………… 91

一、数字贸易实现"绿水青山就是金山银山" …………… 91

二、基于典型案例的数字贸易创新创业分析 ……………… 92

三、基于典型案例的农村创业研究结论与建议 …………… 96

第六节　本章小结 ………………………………………………… 97

第三章　数字贸易赋能外循环：推进共同富裕的产业基础升级 ………… 99

第一节　概　述 ……………………………………………………… 99

一、数字赋能经济外循环的贸易增值 …………………………… 99

二、数字贸易赋能外循环的新业态新模式 ……………………… 100

三、以跨境电商为主的数字外贸新业态新模式特征 …………… 100

第二节　数字贸易外循环的跨境电商与数字服务 ……………… 101

一、跨境电子商务实现对外贸易数字化转型 …………………… 101

二、跨境电子商务重构外贸价值链的机制 ……………………… 103

三、我国数字服务企业的外循环发展 …………………………… 105

第三节　数字贸易推进外循环的产业价值链重构 ……………… 107

一、国际数字贸易中的跨境电子商务 …………………………… 107

二、跨境电商推动产业价值链重构的文献综述 ………………… 108

三、跨境电商推动产业价值链重构的研究设计 ………………… 112

四、跨境电商推动产业价值链重构的案例描述 ………………… 115

五、跨境电商推动产业价值链重构的分析讨论 ………………… 121

六、跨境电商推动产业价值链重构的研究总结 ………………… 125

第四节　数字贸易赋能外循环对接国内消费升级 ……………… 127

一、跨境电商进口与国内市场消费升级 ………………………… 127

二、消费升级与跨境电商进口的文献综述 ……………………… 128

三、跨境电商进口对接消费升级的案例研究 …………………… 130

四、跨境电商进口对接消费升级的研究结论 …………………… 137

第五节　数字贸易赋能外循环的外贸企业转型 ………………… 138

一、跨境电子商务背景下的对外贸易企业 ……………………… 139

二、虚实价值链耦合视角下的数字外贸企业研究 ……………… 139

三、跨境电商企业虚实价值链耦合的研究设计 ………………… 141

四、跨境电商企业虚实价值链耦合的资料分析 ………………… 144

五、跨境电商企业虚实价值链耦合的创新机制 ………………… 148

六、跨境电商企业虚实价值链耦合的研究结论 ………………… 150

第六节　本章小结 ………………………………………………… 151

第四章 数字贸易新格局：推动共同富裕与人类命运共同体建设的
　　　　开放创新 …………………………………………………… 152
　第一节 概 述 …………………………………………………… 152
　　一、跨境电子商务综合试验区 ………………………………… 153
　　二、自由贸易试验区 …………………………………………… 154
　　三、"一带一路"倡议合作机制中的数字赋能 ………………… 155
　第二节 跨境电商综合试验区推动贸易数字化转型 …………… 156
　　一、跨境电子商务综合试验区的设立与推广 ………………… 157
　　二、区域经济功能区相关文献综述 …………………………… 158
　　三、综合试验区设立推广路径的研究设计 …………………… 162
　　四、综合试验区设立推广路径的研究结果 …………………… 164
　　五、综合试验区设立推广路径的研究讨论 …………………… 169
　　六、综合试验区设立推广路径的研究结论 …………………… 173
　第三节 自由贸易试验区推进新开放格局 ……………………… 175
　　一、自由贸易试验区的设立与推广 …………………………… 175
　　二、自由贸易试验区研究文献综述 …………………………… 176
　　三、自由贸易试验区设立的研究设计 ………………………… 179
　　四、自由贸易试验区设立的研究结果 ………………………… 181
　　五、自由贸易试验区设立的研究讨论 ………………………… 185
　　六、自由贸易试验区设立的研究结论 ………………………… 190
　第四节 "一带一路"数字贸易体制的稳外贸机制 …………… 191
　　一、"一带一路"数字贸易体制的稳外贸效应 ………………… 192
　　二、"一带一路"数字贸易体制稳外贸文献综述 ……………… 193
　　三、"一带一路"数字贸易体制稳外贸研究设计 ……………… 196
　　四、"一带一路"数字贸易体制稳外贸研究结果 ……………… 199
　　五、"一带一路"数字贸易体制稳外贸研究讨论 ……………… 204
　　六、"一带一路"数字贸易体制稳外贸研究结论 ……………… 208
　第五节 本章小结 ………………………………………………… 210

结论 数字贸易赋能双循环新格局的市场、机制与政策 ………… 212

参考文献 …………………………………………………………… 218

绪论　数字时代以共同富裕为
目标的双循环新格局

　　我国推进共同富裕,恰逢数字技术成为驱动发展新引擎,数字贸易成为革新市场组织新动力的新时代。发展数字经济,是赋能共同富裕(夏杰长和刘诚,2021)的关键。随着经济发展的动力由工业化朝数字化转型(裴长洪等,2018),数字经济形成赋能双循环(李天宇和王晓娟,2021),驱动价值链重构的内生动力(荆林波和袁平红,2019),产生迈向共同富裕的强大动能。加快构建以国内大循环为主体、国内国际双循环相互促进的新发展格局,是推动经济高质量发展(汤铎铎等,2020)、重构社会再生产价值循环的核心(逄锦聚,2020),明确了我国经济现代化的路径选择。因此,数字贸易赋能双循环新格局的高质量发展,是一个"数字(虚拟)价值链"(联合国贸易和发展会议,2017)形成并耦合进传统实体价值链且贡献链逐渐完善提升的过程(徐德顺等,2017),是一个数字经济赋能生产率提升的"技术-经济范式"扩张并改变传统范式的进程(黄群慧等,2013),也是再造社会生产关系(刘淑春,2019)、迈向共同富裕的进程。因此,本书提出如下研究课题:在双循环新格局构建中,如何推进数字价值链均衡,充分地赋能产业价值链,形成国内国际双循环相互促进的开放新格局,进而推进共同富裕。

一、数字时代双循环新格局中虚实耦合问题的提出

　　进入 21 世纪以来,以信息要素与数据资源为基础的新经济形态与市场组织,经历了网络经济、平台经济、数字经济、智能经济等不断深化、自我迭代的复合叠加进程,不仅形成了基于信息流动与数据挖掘的价值传递、协同与创造机制,而且成为驱动传统经济产业转型升级与市场组织创新的主引

擎。在数字经济时代，数字经济的虚拟价值链，在实现对传统产业经济活动的实体价值链的映射、管控、降本增效的同时，也逐渐成为价值挖掘、价值提升与价值创造的核心机制。虚实耦合，是数字经济时代企业价值链、产业价值链与空间价值链升级的核心机制。促进数字技术向经济社会、产业发展各领域广泛深入渗透，推进数字技术、应用场景和商业模式融合创新（《"十四五"数字经济发展规划》，2021）是数字贸易赋能双循环新格局的重要机制，对学术界提出了"数字贸易如何渗透、融合进经济双循环新格局，在促进区域协调发展基础上形成数字新业态新模式"的关键问题。这一问题，也正是在数字时代背景下构建国内国际双循环相互促进的新发展格局的关键。

电子商务、跨境电子商务、数字服务、数字环保、数字政务等数字贸易新业态新模式的出现与发展，体现出我国社会经济发展的传统产业价值链、生态价值链、社会价值链，正在与数字经济中的互联网、物联网、大数据、云计算、数字平台等关键价值链环节实现耦合，形成跨价值链环节、跨区域、跨产业的协同发展。因而可将双循环新格局构建中的新业态新模式发展的关键科学问题，进一步归纳为"如何推进数字贸易与国内国际价值链循环的虚实耦合"问题。

习近平总书记在 2021 年 8 月 17 日的中央财经委员会第十次会议上指出，"全体人民共同富裕是一个总体概念，是对全社会而言的，不要分成城市一块、农村一块，或者东部、中部、西部地区各一块，各提各的指标，要从全局上来看"。要"增强区域发展的平衡性，实施区域重大战略和区域协调发展战略"，因此我国构建双循环新格局，是一个促进城乡区域协调与产业协同发展的进程。中国特色社会主义进入新时代，我国社会主要矛盾表现为人民日益增长的美好生活需要和不平衡不充分的发展之间的矛盾。以国内大循环为主体、国内国际双循环相互促进的新发展格局，为数字经济发挥提高资源配置效率（何大安，2020）和提升产业经济效益（李天宇等，2020）的作用、完善就业结构、改善收入分配等提供了机制平台。因此，数字贸易赋能双循环新格局的构建，不仅是高质量发展新业态新模式形成的关键，也是促进经济发展从不平衡、不充分状态，转向区域、产业、城乡之间均衡、充分的运行模式的关键。构建国内国际双循环新格局与数字贸易的虚实耦合，不仅关系到我国通过融合新技术、新要素，创生新业态与新模式，破解后工业化时期供给侧结构性改革能力缺乏与需求侧升级动力不足的"锁定"效应；还关系到消除在全球与区域价值链分工中，一些相对落后产业、落后地区因"无法融入"新发展模式，或者因"价值链错配"导致潜在的发展分化与收入差距扩大的可能性；也有利于消除因数字化资源、能力差异造成的新型"数字贫困"。因此，以数字贸易发展，促进均衡、充分的数字（虚拟）价值链与实体价值链的耦合，是以双循环新格局构建推进共同富裕的关键机制。我国提出建设普惠共享型数字经济（《"十四五"数字经济发展规划》，2021），将在双循环新格局构建中，从根本上解决产业链上、产业间和区域间的数字化发展不均衡、不充分问题，为共同富裕提供动态路径。因此，本书重点探索数字贸易组织的市场经济活动，将其融入双循环新格局构建中，推进城乡区域之间、国内国际市场之间、传统产业和数字产业之间实现耦合协同的机制，形成数字经济对农村等相对欠发达地区、国际分工的低价值环节、传统产业等增长较慢领域的"先富带后富、帮后富"的赋能机制。

二、数字贸易虚实耦合的理论逻辑

进入 21 世纪以来，我国数字市场经济蓬勃发展，热点纷呈，反映出依靠数字技术进步形成以数据为基础的价值链日渐贯通，实现对工业经济时代的传统产业的逐渐深入耦合的局面。为解答"数字贸易如何为双循环新格局迈向共同富裕赋能"的问题，本书引入"虚拟与实体价值链耦合"理论。在数字经济研究中，虚拟价值链理论（Virtual Value Chain，VVC，Rayport & Sviokla，1995）提供了一个分析数字经济与实体经济循环如何交相互动的理论框架。本书通过对虚拟价值链与传统经济运行的企业价值链、产业价值链、全球价值链等实体价值链（Physical Value Chain，PVC）的耦合（coupling）形态与进程进行解构与建构，为探明区域数字经济融入经济循环格局中的价值链互动升级机制（Bhatt & Emdad，2001）、欠发达地区产业经济如何数字化发展（张正荣和杨金东，2019）等提供分析框架。

数字贸易及由其促进的实体经济升级效应，不仅受制于本地及流入的数字资源及技术能力，而且与 VVC 与 PVC 耦合的环节选择与深入程度有关。同时，数字贸易市场内生的快速迭代演进，以及虚实耦合的边界拓展机制，导致了数字经济与其耦合的实体经济新业态呈现中心（城市区域、新兴产业)集聚扩张与边界收敛(农村区域、传统产业)的态势,呈现城乡区域之间,或新旧产业之间的非均衡增长特性,进而造成贫富差距扩大。

本书对数字化市场经济发展场景中的城乡之间、产业经济场景中的数字经济与传统产业之间,如何实现实体经济价值链(乡村、传统产业等发展相对较慢的领域,PVC)与数字经济虚拟价值链(数字技术引领新发展领域,VVC)之间的耦合关系进行解构与建构,并对数字经济演化过程中的技术演化迭代形成的特有价值链结构进行剖析,基于两者的交互耦合开展数字贸易新业态新模式与实体经济的协同价值创造机制、产业链与市场组织机制,以及收益分配机制的研究。同时,基于地区与产业异质性,以及场景差异的耦合方式与数据依赖的异质性,建立数字赋能城乡之间、不同产业之间"耦合"融入国内国际双循环价值链重构的机制逻辑,进而以典型案例与定性比较分析明晰数字贸易赋能共同富裕的机制路径(如图 0-1 所示)。

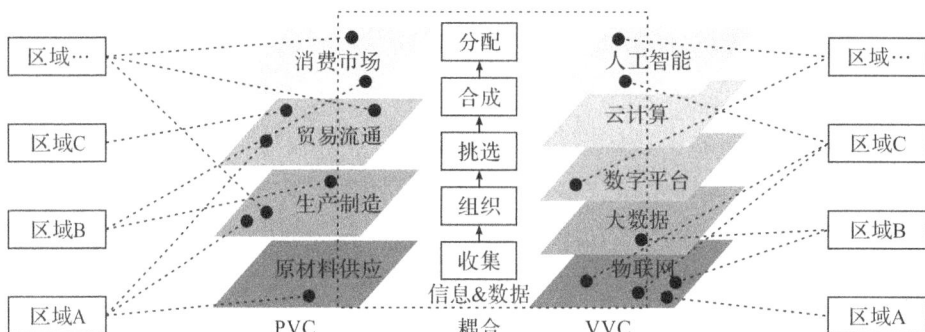

图 0-1　虚拟价值链(VVC)与实体价值链(PVC)循环市场耦合构型解析

三、数字贸易赋能共同富裕导向的双循环新格局的研究思路

虚实价值链耦合(VVC & PVC Coupling)理论,用于阐释数字化进程中出现的数字经济新业态新模式的形成与发展,刻画数字贸易虚拟价值链耦合进传统价值链的机制路径,进而为我国"数字贸易赋能迈向共同富裕的新格局建构"的机制与对策研究提供理论框架。本研究从概念解析与理论分析入手,探明数字市场形成中的贸易新业态与新模式;之后聚焦国内经济循环中的城乡均衡发展的数字市场赋能,明确虚实耦合对乡村振兴、城乡共同

富裕的促进作用;进而聚焦于国际经济循环中的数字化全球价值链重构,探明数字贸易市场虚实耦合形成传统产业转型升级的发展模式,以及我国外贸经营模式的转型机制,最后基于我国推动数字条件下全面开放与市场体制创新的政策机制进行"兼顾效率与公平"的政策解读与分析。

面对数字贸易赋能迈向共同富裕的双循环新格局构建这一研究命题,本书以化解数字化进程中在城乡区域之间、传统与新兴产业之间出现"数字贫困"与"数字垄断"两极分化日益加剧的严峻形势为目的,基于数字与实体经济的虚实价值链耦合(VVC & PVC Coupling)理论,对研究的问题进行解析,按照"数字贸易赋能的模式机理(重点探索市场机制)—促进共同富裕的内循环(重点分析城乡区域协同)—推动全面开放的外循环(重点分析传统产业数字化模式)—趋向协调发展的政策创新(重点分析我国政策试点推进)"的研究思路,形成对以共同富裕为方向的数字贸易赋能新格局构建的综合研究体系(如图 0-2 所示),为我国《"十四五"规划和 2035 年远景目标纲要》提出的共同富裕目标、乡村振兴战略与数字中国战略提供理论支持与实践检验,对我国经济高质量发展,推进共同富裕与人类命运共同体建设的研究具有学术创新价值。

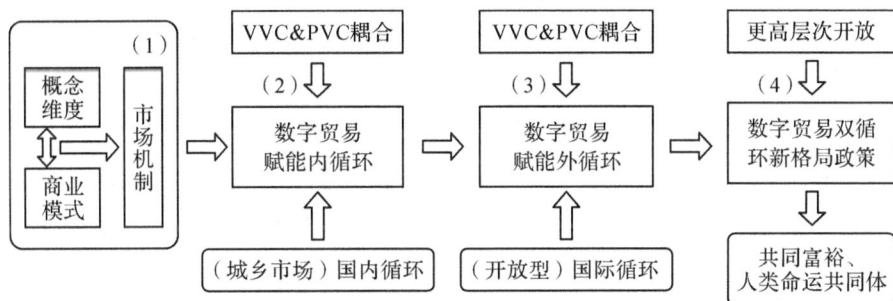

图 0-2 以共同富裕与人类命运共同体建设为目标的数字贸易赋能国内国际双循环机制

四、本书的研究内容

本书按照模式机理、内循环、外循环,以及政策体系的递进内容开展数字贸易赋能迈向共同富裕的双循环新格局构建研究,除绪论和总结之外,还有四章内容。

绪论为"数字时代以共同富裕目标的双循环新格局",对本书的背景、思路、理论、内容和意义进行阐述。

第一章为"数字贸易的市场机制"。在市场机制中，以数字贸易作为研究对象，探索明晰数字赋能经济循环的市场机制及治理机制，进而解读数字贸易新业态新模式的形态特征，以及治理规则逻辑，从而为实证分析数字贸易新业态新模式提供概念内容与理论范式。

第二章为"数字贸易赋能内循环"。在数字贸易赋能内循环研究中，以典型的空间共同富裕场景——城乡之间的数字化协同为背景，研究国内市场中的乡村市场的数字化进程，以及农村经济融入数字经济市场的模式，提出以虚实价值链耦合方式带动乡村振兴、促进共同富裕的机制路径。

第三章为"数字贸易赋能外循环"。在数字贸易赋能外循环研究中，以典型的产业共同富裕场景——传统产业在国际分工与贸易中的数字化转型为背景，研究面向全球市场的传统产业实现数字化发展的价值链重构机制，以及传统对外贸易数字化发展的模式，提出以虚实耦合方式推进对外贸易新业态新模式发展的转型思路。

第四章为"数字贸易新格局"。在数字贸易赋能双循环新格局的政策研究上，以我国全面开放创新的政策场景——自由贸易试验区、跨境电子商务综合试验区以及"一带一路"合作倡议中"数字丝绸之路"的产生、推广为对象，研究面向世界经济数字化发展的新一轮开放政策的试点、推广机制和进程，重点分析我国面向全球数字经济构建双循环新格局的政策体系，如何兼顾公平与效率，在推动开放创新中兼顾区域均衡与普惠的数字化发展。

结论为数字贸易赋能双循环新格局的机制总结。根据从机制，到内循环、外循环，再到政策的研究，总结数字贸易对我国经济发展新格局的作用，形成统一的研究体系。

上述内容形成了"数字贸易赋能价值链双循环新格局构建"中对新市场、新业态、新模式，以及新规则的理论探索与模式分析，探索在国内市场数字化进程中城乡区域之间协调发展的机制路径，探索世界经济数字化转型和全球价值链重构进程中我国传统产业与传统外贸模式的转型升级，以及我国促进开放型经济数字化发展的政策机制的贯序研究脉络，从而形成对我国在数字经济时代面向共同富裕目标，构建发展新格局的系统研究。

五、本书的研究方法

面对数字技术支撑的数字市场以逐渐完善的数字虚拟价值链形式赋能区域发展与产业转型的动态进程,以及虚实价值链耦合的国内国际双循环新格局演进推进共同富裕这一复杂问题,本书在研究方法上重视对"中国经验"的提取、总结与归纳,积极形成"中国样本",因此采用了从实践中建构理论的调查研究方法,结合扎根理论的规范研究范式,以及定性比较分析(QCA)的结构或探讨,明确对于复杂问题中因素之间交互关系导向结果的多条路径的解析,形成综合的研究方法体系。

(一)调查研究法

本书团队实地调研了北京、上海、浙江、河南等地数字贸易、数字经济、农村电商、乡村经济、跨境电商、国际贸易等领域的相关企业,拜访企业主、业务经理、网店经营者、数据工程师、消费者等经济主体,进而调研相应地区典型的数字企业、主管部门、农村农户、农村电商经营者、农村干部、制造商、服务商、外经贸部门干部、外贸业务员、跨境电商经营者等经济与治理主体,开展访谈与问卷调查。结合统计资料与二手数据,探索实体产业价值链活动与数字经济价值链耦合的状况与模式,以及耦合实现的创新经济活动及新业态新模式,探讨企业推进虚实耦合进程对产业与区域价值链重构的影响,以及当地经济在空间价值链参与方式上的转变,找到企业、区域进行数字化发展在政策、资金、技术、人才等方面遇到的问题,以及各类经济主体对当地在数字贸易市场发展上的政策制度的态度。

(二)扎根理论法

扎根理论法(Grounded Theory)提供了一种从实地调研资料、文献资料与发展报道等素材中提取理论逻辑与典型模式的规范研究范式(Glaser,Strauss,1967),被广泛应用于案例研究、文献分析等领域。扎根理论为本书的问题提出、理论建构与政策体系的探索性研究(Eisenhardt,1989;Yin,2013)提供了工具。本书采用扎根理论方法对乡村振兴中的农村数字市场发展进行了案例研究,对全球价值链重构中传统产业升级的路径进行了案例研究,对我国外贸企业出口经营模式转型进行了案例分析等。扎根理论法为本书找到了城乡之间、传统与新兴产业之间,通过数字贸易赋能的方式实现协同发展,促进区域、产业、人群共同富裕的机制路径,是本书最主要的研究方法之一。

(三)定性比较分析法

定性比较分析法(Qualitative Comparative Analysis,QCA)是一种以整体与组织的思维探明因果复杂性与条件之间的相互依赖性的组态机制路径、殊途同归及非对称属性的实证工具(Rihoux & Ragin,2008;杜运周等,2017)。本书在以下三个方面应用 QCA 方法:一是作为一种定性建模的工具,在建立虚实价值链耦合关系的理论机制中进行从资料编码到理论构型的挖掘,集中应用在对农村电子商务模式的探索上,通过定性比较明确数字市场推动农村富裕的新产业模式;二是作为对多重并发的因果关系的检验工具,分析虚实价值链的耦合结构与环节间的交互关系,主要用于我国推动数字贸易市场建设的机制探析;三是作为对数字经济发展政策机制、政策试验区域的设立和推广模式与数字贸易体制在"一带一路"中的发展的研究工具。这也是本书最主要的研究方法之一。

六、本书的研究意义

要实现我国日益明确的共同富裕发展目标,针对双循环新格局构建中弥合城乡、产业差距的研究尤为重要。因此,本书基于数字贸易虚拟价值链"耦合"进实体经济发展格局的理论逻辑,探索以乡村振兴为代表的区域之间数字赋能农村农业价值链进入国内经济价值链循环,从而促进城乡共同富裕的机制路径;探索在以服装产业与外贸产业为代表的传统产业的转型升级中,数字赋能企业经营模式转变,从而推动数字化的全球价值链重构进程中产业协同发展与企业创新升级的模式;结合对数字治理、政策机制等领域的探索,从数字化发展融入双循环新发展格局的角度,提出促进共同富裕的机制与政策。本书主要有以下几方面价值。

(1)在理论上,本书在双循环新格局构建与演进中,以数字(虚拟)价值链与实体价值链耦合为视角,建立以共同富裕为目标,规避城乡、产业分化与收益分化的数字贸易理论框架与动态机制,从而弥补了数字经济理论中均衡发展与差距弥合理论的不足,也为在共同富裕进程中如何面对数字经济快速发展导致的区域、产业间差距找到解法。

（2）在实证中,本书基于实地调研获得的一手资料,通过典型案例扎根理论、定性比较等方法,针对数字贸易赋能共同富裕的典型场景（乡村振兴、传统产业国际化发展升级、数字治理等）,通过规范的概念与范畴挖掘、机制探索,回答了数字经济价值链如何耦合到传统经济价值链的问题,也为平衡区域数字经济发展、弥合数字鸿沟探明了机制与路径。

（3）在政策上,本书提出优化发展双循环新格局,提高数字贸易赋能效益,导向共同富裕发展目标,推动区域数字经济协调发展,为我国推进共同富裕、实施区域协调发展战略和数字中国战略提供协同互促的对策参考;在政策机制研究中,本书不仅结合理论分析,并重点探索我国促进数字贸易的政策实践与关键节点,开展综合考察。

第一章 数字贸易的市场机制:虚实耦合中的贸易新业态新模式

第一节 概 述

进入 21 世纪以来,人类经济发展的关键驱动力量逐渐由"工业化"朝"信息化、数字化、智能化"转变。信息化、数字化、智能化,代表了以互联网为载体、信息为关键资源、数据为关键要素的新兴市场经济模式正在建立,作为"看不见、摸不着"的一种资源、要素,信息及其产生的数据形成了一种虚拟的经济贸易形态,与传统经济的实体市场相对应形成以数字贸易表征的市场经济新业态新模式,成为新型市场经济的主要形态。

一、从信息化到数字化的迭代

托夫勒在《第三次浪潮》一书中,将人类社会划分为三个阶段:第一次浪潮为农业阶段,从约 1 万年前开始;第二次浪潮为工业阶段,从 17 世纪末开始;第三次浪潮为信息化(结合服务业)阶段,从 20 世纪 50 年代后期开始。数字经济与数字贸易的发展,是人类的社会经济活动,在信息化过程中实现的新形态、新服务和新价值,至今可分为 1.0,2.0,3.0 三个阶段。三个阶段如表 1-1 所示。

(一)信息化 1.0(1995—2005 年):计算机化

信息化阶段,是指在产业和商业交易过程中,广泛应用计算机技术,也即通过计算机软件,实现对生产和商业过程的控制阶段。在商业中,广泛采用的财务管理软件,以及客户关系管理(ERP)软件,是商业信息化 1.0 的体现。

表 1-1　全球经济信息化、数字化的发展历程

发展阶段	时间	标志性技术	解决问题	商业工具	商业企业代表
信息化 1.0	1995—2005	计算机	信息处理	信息处理	Intel、IBM、苹果、微软等
信息化 2.0	2005—2015	互联网	信息传输	信息传递与处理	亚马逊、阿里巴巴、京东、ebay 等
信息化 3.0	2015—2025	物联网、云计算、大数据、AI	信息爆炸	SaaS\PaaS\IaaS 智能商务	字节跳动、特斯拉

在工业中，采用数控机床等方式，实现了计算机对机器的管控。

(二)信息化 2.0(2005—2015 年)：网络化

网络化是以互联网在产业和商业交易过程中的应用为特征的互联网阶段，通常称之为"互联网＋"1.0。在从"单机"的软硬件，到"互联网＋"的进化过程中，产生了各种新的实现模式。在市场交易领域，最为广泛的应用模式，就是电子商务。电子商务依赖互联网技术，链接了从生产商到采购商、从贸易商到消费者的全过程，这在没有网络的情况下是无法实现的。

(三)信息化 3.0(2015—2025 年)：数字化

数字化是以数据的深度发掘与融合应用为特征的"智慧化"阶段，通常称之为"互联网＋"2.0。在信息化 3.0 阶段，互联网不仅可作为数据传递、运算的载体，而且可作为产生"指挥系统运营"的"管理中枢"，这有赖于"信息爆炸"条件下各种类型数据的综合处理，从信息的"存量"和"流量"中，产生了具有决定和指挥能力的"数据"。具有决定和指挥能力的"数据"的产生，使得生产和市场交易行为不再依赖于人的直觉、经验，或学习所产生的能力，而是互联网中数据运营的能力、过程与结果。至今，已经有大量的应用实现了信息化 3.0 的"互联网＋"，并朝着以"智能化"为趋势的新阶段演化。

二、数字时代贸易市场升级的技术基础

当前，信息通信技术(ICT)的发展，已经从传统的将网络作为信息存储、

传输和处理的平台,转为将信息资源及其内在结构活化为可供整理利用的数字资源,并通过数据收集、整合、运算、挖掘等虚拟价值链的形成,导向了数字经济与数字贸易商业模式的形成。具体体现为如下几个方面。

(一)从软件与平台到数字化服务的升级

从传统的软件外包,以及平台的工具属性升级为服务属性的市场经济商业模式,主要包括软件即服务(SaaS)、平台即服务(PaaS)、基础设施即服务(IaaS)等。

1.SaaS(软件即服务,Software as a Service)

SaaS 是一种通过互联网提供软件的模式,用户不用再购买软件,而改用向服务提供商租用基于 Web 的软件,来管理企业经营活动,获得数字内容服务,且无须对软件进行维护,服务提供商会全权管理和维护软件。对于许多小型企业或个人来说,SaaS 是采用先进技术的最好途径,它消除了购买、构建和维护基础设施和应用程序的需要。近年来,SaaS 的兴起已经给传统软件厂商带来真实的压力。

2.PaaS(平台即服务,Platform as a Service)

平台即服务是一种云计算服务,提供运算平台与解决方案复合式服务。在云计算的典型层级中,平台即服务层介于软件即服务与基础设施即服务之间。平台即服务为用户提供能将云基础设施部署与创建至客户端,或者借此获得使用编程语言、程序库与服务的综合系统,是一种体系集成。用户不需要管理与控制云基础设施,包括网络、服务器、操作系统或存储,但需要控制上层的应用程序部署与应用代管的环境。PaaS 使用户能远程享受高速算力、系统集成与复合方案。

3.IaaS(基础设施即服务,Infrastructure as a Service)

基础设施即服务是一种通过网络按需提供给所有使用者的设施使用方式,包括基于设备的处理、存储、网络和其他基本的计算资源,用户能够部署和运行任意软件,包括操作系统和应用程序。用户不管理或控制任何云计算基础设施,但能控制操作系统的选择、储存空间、部署的应用,也有可能获得有限制的网络组件(例如防火墙、负载均衡器等)的控制。IaaS 是云计算的主要服务提供模式之一,是一种软硬件通过云端充分融合共生的服务系统。

（二）从传统互联网朝数字贸易载体升级

从第一代互联网服务朝新一代互联网服务升级的方向，主要包括将传统互联网升级为物联网、云计算、大数据服务，以及通过互联网形成区块链服务。

1.物联网（Internet of Things）

物联网的实践最早可以追溯到 1990 年施乐公司的网络可乐贩售机——Networked Coke Machine。1999 年美国麻省理工学院（MIT）的 Kevin Ash-ton 教授首次提出物联网的概念。2009 年 8 月，在时任国务院总理温家宝"感知中国"的讲话后，我国物联网领域的研究和应用开发逐渐深入发展。

物联网的定义很简单：把所有物品通过射频识别等信息传感设备与互联网链接起来，实现智能化识别和管理，从而在万事万物间建立信息联系。物联网通过智能感知、识别技术与普适计算等通信感知技术，广泛应用于网络的融合中，被称为继计算机、互联网之后世界信息产业发展的第三次浪潮。物联网被视为互联网的应用拓展，应用创新是物联网发展的核心，以用户体验为核心的创新 2.0 是物联网发展的准绳。

国际电信联盟 2005 年的一份报告曾描绘"物联网"时代的图景：当司机出现操作失误时汽车会自动报警；公文包会提醒主人忘带了什么东西；衣服会"告诉"洗衣机对颜色和水温的要求；等等。物联网把新一代 IT 技术充分运用在各行各业之中，具体地说，就是把感应器嵌入和装备到电网、铁路、桥梁、隧道、公路、供水系统、大坝、油气管道等各种物体中，然后将"物联网"与现有的互联网整合起来，实现人类社会与物理系统的整合，在这个整合的网络当中，存在能力超级强大的中心计算机群，能够对整个网络内的人员、机器、设备和基础设施实施实时的管理和控制，在此基础上，人类可以以更加精细和动态的方式管理生产和生活，达到"智慧"状态，提高资源利用率和生产力水平，改善人与自然的关系。

2.大数据（Big Data）

大数据由巨型数据集组成，这些数据集的大小常超出人类在可接受时间下的收集、处置、管理和分析能力。大数据的大小经常改变，截至 2012

年，单一数据集的大小从数太字节（TB）至数十兆亿字节（PB）不等。

在一份 2001 年的研究与相关的演讲中，麦塔集团（META Group，现为高德纳）分析员道格·莱尼（Doug Laney）指出，数据增长的挑战和机遇有三个方向：量（Volume，数据大小）、速（Velocity，数据输入输出的速度）与多变（Variety，多样性），合称"3V"或"3Vs"。高德纳与现在大部分大数据产业中的公司，都继续使用 3V 来描述大数据。高德纳于 2012 年修改了对大数据的定义："大数据是大量、高速、多变的信息资产，它需要新型的处理方式去促成更强的决策能力、洞察力与最优化处理。"另外，有机构在 3V 之外定义了第 4 个 V——真实性（Veracity），作为大数据的第四特点。

3. 云计算（Cloud Computing）

云计算，是一种通过将整个网络的算力调动起来，从而实现大型程序分解运算的分布式计算技术。通过将需要处理的大型程序分解为小程序，并将小程序作为任务分发给多部服务器进行处理，从而实现算力资源的优化，并能将大的数据挖掘、运算服务在众多较小的服务器上完成，众多服务器完成小程序运行后，将结果整合成对大型程序的总体结果，并发送给服务的需求方。因此，云计算又名网格计算。

云计算的体系及关键技术包括用户界面、服务目录、管理系统、部署工具、监控和服务器集群等。按照服务类型，云计算可以分为基础设施即服务（IaaS）、平台即服务（PaaS）、软件即服务（SaaS）。

4. 区块链（Block Chain）

区块链，是指通过"去中心化"的方式，建立一个"去信任机制"的数据库的数字技术。去中心化，是指区块链中的数据，不存在传统的中心化服务器中，而是在每一个参与者的网络中；"去信任机制"是指区块链系统中的交易，不依赖于对任何交易方或第三方的信任，而仅依赖于去中心化的数据。

从会计记录和金融服务的角度，区块链是一种分布式去中心化的大型"账簿"系统，任何人都可以在任何时间，采用与其他人一致的技术标准，加入自己的信息，包括交易与服务的信息，从而拓展一个区块链系统。

在区块链中，交易信任机制是，通过参与者自身的网络节点，采用相同的技术标准，对区块链系统的数据进行存储、验证、加工、传递的一种合作机制。在区块链中，每一个参与者（的计算节点）都参与到了"记账"中，从而使商业交易不再需要第三方的会计金融服务，也不再依赖于他人的信任机制。

区块链的发展，来源于比特币的发明。比特币通过数学逻辑的分布式算法以及密码学来实现货币的产生与交换。在比特币的交易中，交易数据被打包成"数据块（Block，也称区块）"，就初步确认了交易。当"区块"被链型传递和进一步确认，即得到多个区块确认之后，交易就被不可逆转地完全确认了。

5.人工智能（Artificial Intelligence，AI）

人工智能是指以机器来模拟和拓展人的智能的技术及科学方法。人工智能由"人工"和"智能"两个词组成，人工是指"由人制造出来的"，主要是指机器，当前更多是指计算机与网络；智能，是指人的智力，是指机器形成与人可相比的智力。对于人的智力的认知，主要包括意识（Consciousness）、自我（Self）、思维（Mind）等认知与逻辑，这些也是人工智能发展的领域。

第二节　数字贸易的市场组织

在市场体系转型中，以数字化的技术能力，推动数字贸易市场成为培育新业态新模式的核心，也是我国推进"数字中国"战略的重点。然而至今，虽然数字技术深入交易场景，但是各国政府、学者与企业，对于数字贸易的概念尚未统一，对其内涵与外延仍存在争议。这不仅不利于建立面向全球统一市场的国际规则与统计体系，造成数字市场治理制度的国际争端与社会争议；也影响了数字经济中大市场效应的发挥，不利于探索数字贸易赋能国内国际双循环新格局构建的机制路径与政策设计；同时也对更多经济主体参与及分享数字化成果、推进迈向共同富裕的数字经济的发展形成挑战。因此，厘清数字贸易概念，是明确数字化发展的市场机制、培育新业态新模式、探索赋能机制的关键。

马克思指出，交易是社会再生产的重要环节。社会再生产通过生产、分配、交换和消费的传递结构进行组织，社会再生产思想接近于现代价值链理论,体现出价值增殖的链式过程(崔向阳和崇燕,2014)。贸易是对社会再生产中分配与交换环节的综合表征。价值链理论研究创造价值的动态过程,以企业价值链阐释企业内部各业务单元之间的联结与合作;以产业价值链分析企业与企业间的上下游关联;以全球价值链研究跨越国界的企业与企业间的价值传递与分工关系。价值链理论以价值形成过程为对象的研究范式,也与马克思(1880)"从人们对待满足需要的外界物的关系中产生价值"的理解相一致。因此,从经济活动的价值创造的机制理解,可以明确社会再生产中的贸易的核心内涵及其形式演化。按照科斯(1937)的交易成本理论,经济活动通过市场和科层两种机制得到组织与运行,科层的典型代表是企业,市场的最主要功能是贸易。因此,贸易的核心内涵在于形成与运行贯通价值链的市场机制。在当前数字技术引领商业变革的时代,数字贸易正是引起价值链重构的关键力量。

一、数字贸易市场形成的要素

数字贸易是市场要素全部或部分网络化、数字化(表现为价值链的虚拟化)的新型贸易形态。市场由市场参与者、市场介质和市场过程三大要素组成。笔者认为,交易市场三大要素中的一项或一项以上,出现部分或全部的数字化,价值链出现虚实耦合的贸易形式,就可以称为数字贸易。

(一)市场参与者的数字化

市场参与者以买卖双方为主,包括交易得以达成的支付、物流、政府等多种服务提供者。传统贸易的市场参与者均为实际进入市场中活动的个人或法人主体。而数字贸易中,市场参与者不仅可以是实体的人或法人,也可以是数字化的经济主体,包括对实体的人或法人的数字化映射,以及纯数字化的交易主体两类。数字化映射是指实际的交易参与者仍然是实体,但以数字化形式出现在交易过程中,如网络购物的消费者与网店,以网络 ID 的方式进行交易,但可以通过注册登记信息对应到实际的个人或法人。纯数字化的市场参与者,是指由机械的数字化的机制,自动实现的市场交易,如在金融市场中,已经出现了按照一定算法自动实现的投资、投机或对冲交易,在一定程度上脱离了交易对象人格化的限制。

(二)市场介质的数字化

贸易市场的介质包括交易对象(也被称为交易标的)和交易媒介(主要是指交易得以达成的要素)。

1. 交易对象

交易对象是指价值传递和价值实现的载体,传统上包括商品和服务两类,因此将贸易以贸易标的划分为商品贸易和服务贸易。然而,数字贸易并非单纯地以数字化的价值载体为贸易标的的贸易(虽然美国国际贸易委员会 2013 年提出的数字贸易概念是指通过网络提供产品和服务的商业活动,其认为贸易标的的数字化是数字贸易概念的核心,但其很快做了修改),这是由于,一方面数字贸易对传统贸易的革新是全方位的,并非仅仅产生了新的贸易标的,而更体现在贸易过程中;另一方面,在 21 世纪的贸易中,贸易标的往往是一个综合的载体,很难区分成商品、服务和数字三类。举个例子,一件名牌服装的销售,虽然以商品为载体,但是包含了承载品牌价值的服务,以及数字化的知识产权等综合内容。再举个例子,通过网上订餐的餐饮服务,虽然传统上是服务贸易,但是却包含了数字化的经营与食品等数字与商品内容。因此,笔者的观点是:数字贸易概念,不能以贸易标的是否完全为数字形态来进行区分。

2. 交易媒介

事实上,数字贸易对贸易介质的革新,更多体现在交易媒介上。交易媒介是指货币、市场信息等交易活动中不可缺少的要素。交易媒介的全面数字化,是数字贸易的典型特征。它首先在于货币的数字化。在数字经济发达的地区,商业交易已经在很大程度上依赖于网络支付,从而使货币实现了从本身具有价值的贵金属,到纸币等有形价值符号,再到数字这一无形的价值符号的进化。当然,更值得注意的是,作为交易媒介的货币,已经出现了比特币等去中心化的生成机制,进而以脱离实体经济中心化机制的方式,形成数字化交易媒介的独立形态。更为重要的是,信息以及信息化的数据成为新的交易介质,甚至在一定程度上与货币起到同样关键的作用。例如,根据个人信用的透支消费(信用卡、白条、花呗等),就是以信用数据的挖掘能力,一定程度上替代了货币的交易媒介职能。同时,数据信息成为实现交易的新介质。在跨境电商上，我国采取"三单对碰（运单、支付单、交易单）"的信息化机制通关，是信息成为贸易新介质的体现。

（三）市场过程的数字化

市场过程是指交易双方在其他主体的辅助下，完成交易标的交付的过程，从买方角度包括调查、选择、询问、订货、支付、发货等环节；从卖方角度包括调研、生产、营销、出货、结算、服务等环节。市场过程一般可以归纳为信息流、资金流、对象流（即贸易对象的价值形成及传递）"三流"的协同过程。传统贸易，一般是由对象流主导的过程（以商品的生产与传递为最典型），设计"三流合一"进程，成为数字贸易商业模式创新的关键。在数字贸易中，信息流以及资源化信息的数据形成与挖掘，成为主导"三流合一"的关键机制。无论是贸易起点的需求形成（买方）与需求挖掘（卖方）、数字化的生产、交易过程中的订单与支付，还是交易的实施，都以数据的传播、反映、挖掘、匹配、确认以及反馈为实现机制。贸易全流程的数据化，是数字贸易的典型特征。

综上所述，笔者认为：数字贸易是市场参与者、市场介质和市场过程等市场要素在一定程度上数字化的贸易形态。因此数字贸易并非对传统贸易的替代，或产生了一类新的贸易，而是传统贸易的数字化升级。举个例子，从商场购物到网上购物，是一种交易过程和交易介质数字化的升级。另举个例子，从传统国际贸易到跨境电子商务，也是一种交易过程和交易介质数字化的升级；而从到剧院看戏，到网上看剧，是一种包括交易标的在内的交易介质、交易过程和交易对象均数字化的升级。

二、数字贸易全球市场的治理

制度规则，是有效运行市场经济系统，保障参与者权益的核心。得益于两次世界大战前后的两轮全球化浪潮，贸易成为在全球范围内以创造更大经济价值为目的的资源配置与市场交易的主要形式。世界各国（地区）内部的经济制度，也大多数以能够完成国内经济循环及对接国际经济循环的市场机制为核心，进而形成了具有内外循环格局、在一定程度上一体化的全球市场体系。以世界贸易组织（WTO）为核心的贸易体系，为全球贸易提供制度规则的公共品，成为二战以后世界经济繁荣的基石。然而近年来，以

WTO为核心的贸易规则,越来越多地受到全球价值链运行参与与成果分配不均衡、不充分、不平等(体现为经济霸权与贸易摩擦),以及数字化改造全球价值链进程与程度的不均衡、不充分、不平等(体现为数字平台垄断、算法与数据滥用、数字贫困等)的"双重挑战",造成国际贸易领域的保护主义与贸易争端频发,各国数字贸易的体系对接与统一市场难以实现。

近年来全球价值链运行的不均衡,从根本上反映了国际分工与贸易的基础在发生转变。按照比较优势理论,一国以具有比较优势的产业领域提供出口,在具有比较劣势的领域获得进口,从而实现贸易平衡。按照资源禀赋理论,资源禀赋决定了比较优势与劣势领域。然而,这一理想的国际分工,受到了资源禀赋变迁动态性的挑战。尤其是在技术、资本、数据等具有自我累积特性的"动态要素"逐渐取代自然资源、土地等"静态要素",成为国际分工的主导要素时。随着要素禀赋的动态演化,英国、美国等国家无法长期维持在国际贸易中的优势地位,因而也无法长期从以WTO为核心的贸易规则中获得超越他国的贸易利益,进而开始以贸易摩擦的方式挑战WTO的制度规则,这在20世纪60年代以来的欧美贸易战、日美贸易战,以及近十年来频发的中美贸易战中十分明显,充分表明了以世界经济工业化分工为主导的全球价值链的动态运行,随着数字技术等的进步本身就会造成自身的不均衡、不稳定,进而以挑战贸易规则的方式产生摩擦动荡。而全球价值链运行的数字化,以及数字贸易新形态的持续出现,进一步加剧了对国际贸易规则的挑战。

(一)数字贸易并无治理规则,属于"摸着石子过河"

与数字技术发展、广泛应用,及其数字市场对消费需求、经济价值链、产业供应链产生的巨大管控、挖掘与创造能力相比,各国数字贸易的规则均不完善。

1.市场交易规则(空间市场的横向治理)

当前,数字贸易的规则更多停留在交易市场层面,以类比于传统市场管理的方式,建立数字市场的贸易体系与制度规则。然而,在数字市场与工业经济时代形成的市场与传统市场相比具有显著的不同。传统市场交易的基础,在于付出与获得的基本匹配。亚当·斯密指出,市场交换的是含有人们"辛苦与麻烦"的"有用并稀缺"的商品。然而,数字贸易市场中,往往存在着一些"不辛苦、不麻烦"的交易标的。比如,对于一部电影,增加一个备份实际上并不特别辛苦与麻烦,因而存在着边际成本趋于零的情况。一些数字化平台,正是由于提供边际成本极低的数字化服务,而一跃成为超大平台、大型企业的。此外,稀缺也成为一个相对的概念。在亚当·斯密的时代,稀缺是指整个市场的稀缺且有用;而在数字贸易中,由于数据资源对个性化需求的挖掘,稀缺、有用往往针对特定的受众。因此,以传统的市场规则来管理数字贸易市场,就会形成数字经济中的激烈竞争,甚至造成赢者通吃、平台垄断与"数字贫困"的两极分化。

2.价值链治理规则(链路市场的纵向治理)

随着数据流对企业之间的交易、生产合约的替代性越来越强,它已成为管控全球与区域产业价值链的主要工具,传统的以企业间、企业内合约制度安排为主的价值链治理规则受到挑战。一般认为,可以将价值链的治理方式,根据它是偏向科层还是市场,分为科层(企业内,或类似于企业内的刚性制度)、俘获(其他企业受主导企业管控)、关系(建立长期联系)、模块(按照产业链环节分工),以及市场(以市场机制交易)五类。企业间的价值链关系,如果偏向科层,就会产生产业链(纵向)上的垄断,以及主导企业对于其他价值链参与者的管控,导致收益分配不公。这一情况,在工业经济时代的突出表现是大型跨国公司对代加工企业、零部件供应商、服务商,甚至对消费者等的管控与垄断,导致后者收益能力弱化。然而,随着数据越来越成为一种可供挖掘的资源,一方面对于中小企业突破价值链上的大企业控制有利,数字赋能效应显著;另一方面,由于数据资源积聚在服务于产业经济的数字平台,数据资源要素的积累速度远快于传统要素,且产业价值链上的企业间的算法能力存在差异,数字平台往往成为新的(全球)价值链管控者,形成数字价值链与传统价值链在耦合过程中的信息不平等、不均衡。这种情况集中体现在数据滥采、平台滥权、算法滥用等数字(虚拟)价值链垄断上,也成了实现共同富裕的新障碍。然而,在数字化的治理中,针对这些情况,当前各国并无完善统一的法律制度,更多是"摸着石子过河"式的制度建设。因此,在制度体系、规则机制上存在差异是必然的,这种差异也造成了数字制度规则的"竞争",成了全球构建人类命运共同体的新障碍。

(二)全球数字市场无"官方"规则,发达国家竞相推出利己版本

虽然当前全球在数字贸易治理上没有形成统一规则,然而数字技术成为经济发展动力源已成共识,数字经济也已成为各国经济发展出现分化的主要原因。因此对于数字贸易规则"标准"的竞争，已成为世界贸易规则改革领域的热点。总体出现了美、欧等数字贸易规则版本。

1. 美国

美国基于其全球数字经济最发达的虚拟价值链主导地位的技术能力，以及贯通数据价值链的优势，强化美国数字企业对全球价值链的管控地位以及利益获取能力。这是"美式版本"数字贸易规则的出发点。因此，美国强调"数据的跨国界自由流动"和"数字企业的跨国经营权利"，以及"知识产权权利"。这是由于在 21 世纪的前 20 年，美国企业在数字经济平台的规模、技术、知识产权与算法能力上占优，美国数字平台企业的全球扩张，可以发挥"大市场效应"与"规模与范围经济效应"，实现"大者愈大""强者更强"，进而打压其他国家数字企业的经营空间，实现"赢者通吃"。在全球数字贸易规则形成中，"美式版本"的主张体现出美国企图主导数字（虚拟）价值链，甚至在全球数字价值链形成之初，就直接形成美国企业垄断，持续以企业优势挖掘他国数字资源，以技术、算法优势挤压其他国家数字经济发展空间的战略意图。美国在数字贸易规则中的这种"进攻性"方案，不仅挑战以 WTO 为核心的国际贸易规则的底线，压缩发展中国家培育数字经济竞争力的潜力；更不利于发展中国家跟上数字经济发展步伐，培育本国数字经济产业；也对数字经济时代人类命运共同体的构建造成障碍。

2. 欧盟

欧盟长期致力于打造"欧洲统一大市场"，发挥本地区市场空间带来的规模与范围经济效应，从而形成与美国等经济体竞争的能力，这是欧盟内法、德等国在形成本国与欧盟的数字贸易规则中的重要考量。欧盟国家众多，二战之后积极推动经济一体化，推出统一货币欧元，并形成相对统一的经济制度。然而，在数字经济领域，由于美国企业的先发优势，以及美国数字经济平台企业在欧洲的广泛经营，欧洲本土的数字经济企业实力相对偏弱，表现在如下几个方面：一是欧洲的电子商务、数字服务、软件等数字经济产业大量依赖于美国企业，美国的亚马逊、谷歌、甲骨文等企业在欧洲经营广泛，体现出价值链上的不均衡分工。二是欧洲缺乏培育数字经济发展的创业中心与金融支持，缺乏如美国硅谷、中国深圳等数字经济创新中心城市。三是近 20 年来，欧洲在数字经济基础设施与设备制造上的优势有所减弱，诺基亚、爱立信等公司的市场占有率有所下降。这些情况，造成欧盟国家一方面要促成欧洲数字贸易统一大市场的形成，另一方面要对境外企业管控数字价值链、数据滥采、平台滥权等情况做出限制。近些年，欧盟持续推出"欧洲数字单一市场战略"，提出征收"数字税"，强调对欧洲公民和欧洲企业的"数据隐私"的保护等措施，反映了全球数字价值链上的欧洲现状。

三、从虚实循环视角解析数字贸易新业态新模式

新业态，是指在传统产业经济体系中出现的新兴产业形态，其呈现出与传统产业不同的运营特征与业务流程。新业态一般通过对已有产业的分工细化和产业间的融合创新两种方式实现。在旅游业中出现"乐园旅游"是分工细化的表现，而在商贸流通业出现电子商务，是数字经济与商业融合创新的体现。新模式，是指传统的经济活动，通过新的方式得到实现。比如传统国际贸易，在数字经济时代可以通过跨境电子商务 B2B 模式实现，因此跨境电子商务是新模式的对外贸易。新业态和新模式往往相互伴随。例如当前的跨境电子商务，已经成为一种新兴的产业，具有独立的产业特性与就业人群，同时也是国际贸易模式的升级。

新业态新模式，打破了传统经济业态的边界，使得产业的区分较为模糊。在 21 世纪数字技术成为主导技术的情况下，数字化是新业态新模式创生的主要特征。据联合国贸发会议技术和物流司《2019 年数字经济报告》统计，2019 年数字经济占全球 GDP 的比重已在 4.5％至 15.5％之间，规模预计在 4 万亿到 13 万亿美元。之所以对数字经济的规模估计差距如此之大，在于数字化渗入工业、农业等传统经济中形成新业态新模式，造成区分新与旧的业态、模式变得困难。即便如此，数字经济引领新一轮世界经济发展也已成共识。中国信息通信研究院（CAICT）的《全球数字经济新图景（2020年）》中的数据显示，2019 年共有 23 个国家的数字经济规模超过 1000 亿美元，美、中、德、日、英、法六个国家的数字经济规模超过万亿美元，其中美国和中国分别以 13.1 万亿和 5.2 万亿美元，分列前两位。全球数字经济发展进入"中美引领、大国领先"的新发展格局。

笔者认为，数字经济中的新业态新模式，是通过数字化的市场与产业，与传统经济耦合形成的。新业态形成新的产业，比如在数字服务领域，出现

（跨境）电子商务、数字协同的传统服务贸易，以及以数字产品（包括数据）为标的的服务贸易，这些都是新业态的具体体现。新模式是指新的市场组织和商业运行模式，简单来说，可以将新模式理解为新的商业模式。举例来说，我国传统出口贸易，很难将商品直接售卖给国外的消费者，而通过"跨境电商B2C模式"，企业就可以在互联网平台上，针对国外的消费者进行营销、交易，并实现商品的交付，因此"跨境电商B2C"是国际商品贸易的一种新模式。

数字经济市场中的新业态新模式，通过数字技术等技术进步引起产业变革，导致产业间的融合和重组，企业内部、外部和全球价值链产生分化、融合与重组，从而产生新的产业和市场组织形态，并成为数字赋能经济循环格局更新的内在动力。然而，对新业态新模式的发展不加政策干预，会由于数字经济的集聚迭代特性，造成垄断与贫困的"两极化"产业价值链和区域空间，影响我国共同富裕的实现，以及数字经济命运共同体的形成，因此需要重点研究数字市场的特征与规律，为制度建设提供参考。

第三节　数字贸易的概念比较

数字贸易概念的"名"，其内容与逻辑，会对理顺数字贸易的产业业态、商业模式，以及参与全球治理的"实"产生影响。随着新一代互联网技术的应用，数字贸易推动全球经济创新发展的作用已得到全球共识。据麦肯锡报告：早在2014年，全球数据流动对GDP的贡献，就已超过商品贸易。然而，各国政府、国际机构与学术界至今对于数字贸易究竟为何，仍存在广泛争议。笔者认为，数字贸易的本质在于通过数字化的市场、制度与内容创造机制，实现效用提高、效率增进，从而创造价值。具体来说，数字贸易的概念中应体现有利于参与全球治理、管理统计并促进产业发展。

从参与全球数字贸易治理与管理统计角度，应当研究与探索应用WTO、IMF与OECD联合发布的《测度数字贸易手册（以下简称《手册》）》中的数字贸易概念"通过数字订购和/或数字交付的（国际）贸易"。为研究数字贸易概念，笔者整理了中、美、欧、日政府部门，国际机构及国内外学者的20个相关概念。采用五项关键属性（标的数字化、过程数字化、数据流动是否伴随交易、是否跨境、是否强调消费者保护）对文本进行分析，结果显示如下。①中美数字贸易的概念差异主要在于：一是美国的概念自2017年之后只考察"数据流动"，而中方的概念均伴随交易；二是中国的概念主要用于统计国际贸易，美国则不分国内外，反映美国欲以平台优势获取全球数据资源的企图。②欧、日强调消费者，隐含"隐私保护"的内容。③国际机构的数字贸易内容，早期由WTO在《服务贸易总协定》《信息技术协定》等框架中界定；《手册》的概念特性与我国商务部的概念相似。因而，采用《手册》的概念，一方面可基于国际机构的广泛性取得共识；另一方面，《手册》介绍了数字贸易范围、类型与测度，并与传统商品和服务贸易监管契合度高，有助于管理统计与国际标准的统一。

从产业升级与主体培育角度，应从"数字技术应用到贸易标的与贸易过程"来梳理数字贸易产业体系，区分以大数据、云计算、物联网、区块链、人工智能等为特征的"新一代互联网（数字）技术"与早期的互联网技术。按照上述五项属性，笔者梳理了16种商业模式，发现"产业互联网"正演化为"产业数字贸易"，如传统软件外包转向软件即服务（SaaS）等；"消费互联网"正演化为"消费数字贸易"，如传统电子商务转向数字内容与数字营销，可见数字贸易正成为当前经济"双循环"式升级的纽带与引擎。

数字贸易是指数字技术（ICT）起到关键作用的市场组织与贸易业态，是服务贸易与传统商务发展的高级形态。随着数字技术的进步，数字贸易表现为电子商务、数字服务贸易等发展形态。UNCTAD的数据显示，2019年全球数字服务贸易（出口）规模达31925.9亿美元，逆势增长3.75%，占服务贸易比重上升至52.0%，占全部贸易比重上升至12.9%。

由于当前全球在数字贸易的概念上尚未取得一致认知，本书对全球各国政府、机构及学术界对数字贸易的概念进行了综述、整理，并通过概念维度的建构，来分析其异同点，其对于数字贸易的产业形态的影响，以及对于各国在数字贸易规则制定与推进上的影响。随着新一代信息技术的开发与应用，市场交易领域也发生了一系列深刻变化。一方面，以货物贸易和服务贸易为主的传统贸易正经历着数字化的转型升级；另一方面，数字技术为国际贸易中的商品和服务提供了一种新的内容与交付方式。作为一种新型贸易方式，数字贸易在全球范围内蓬勃发展，并深刻影响着全球的经贸规则和商业模式。

当前，学术界和实业界对于数字贸易尚未形成统一的概念和标准。我们将从不同国家、国际组织和国内外学者的研究三个层面出发,构建分析数字贸易内涵与外延的概念维度和理论框架。

一、各主要经济体对数字贸易的界定

(一)美国

自 2013 年以来,美国国际贸易委员会(The United States International Trade Commission,USITC)陆续发布了三份关于数字贸易的调查报告,对数字贸易的概念进行了界定。2013 年 7 月,USITC 在第一份报告《美国和全球经济中的数字贸易:第一部分》中首次提出了数字贸易的概念,并将其定义为"在国内商务和国际贸易中,通过固定线路或无线数字网络提供产品和服务的商业活动"。该定义中的产品主要包括数字交付内容、社交媒体、搜索引擎、其他产品和服务等,但不包括实体货物,如通过线上交易的商品和以 CD 或 DVD 形式储存的图书、影音和软件等。同时,在贸易形式上强调了线上交易,在贸易范围上将国内商务与国际贸易融为一体。

2014 年 8 月,在第二份报告《美国和全球经济中的数字贸易:第二部分》中,USITC 扩展了数字贸易的定义,即"通过互联网或基于互联网技术进行订购、生产或提供产品和服务的国内商务和国际贸易"。这一定义在贸易标的上延伸了 2013 年版定义的范围,扩展了数字贸易中产品和服务的外延,涵盖了内容、数字通信、金融、制造业、零售贸易、商业服务、批发贸易等产业的产品和服务。

美国其他政府部门沿用了 USITC 关于数字贸易的 2013 年版定义。2017 年 3 月,美国贸易代表办公室(The Office of the U. S. Trade Representative,USTR)指出,数字贸易不仅包括在互联网上销售的产品和服务,还包括为实现全球价值链的数据和实现智能制造的服务,以及其他平台和服务。

2017 年 8 月,在第三份报告《全球数字贸易(一):市场机遇与主要的外贸限制》中,USITC 沿用了 2013 年版的数字贸易定义,即"通过固定线路或无线数字网络提供产品和服务",并提出了互联网基础设施与网络通信服务,云计算服务,数字内容、搜索与信息,电子商务、数字支付与记录,数字技术的工业应用,消费者通信服务与连接设备等六个分类。尽管这份报告认为数字贸易包括电子商务平台及其提供的服务,但排除了在线订购的实物以及具有数字对应物的实物（如书籍、影音、软件等）的销售价值。在 USITC 的三份报告中，对数字贸易的定义明确强调了线上交易的贸易形式和国内与国际兼具的贸易范围，但在数字贸易的标的物界定上呈现出"窄—宽—窄"的演变趋势。

2019 年 3 月，美国国会研究服务局（Congressional Research Service，CRS）引用了 USITC 在 2017 年版的报告中发布的定义，并指出数字贸易包括最终产品，以及依赖或促进数字贸易的产品和服务，如下载的电影产品和云数据存储、电子邮件等工具。美国政府部门主要的数字贸易定义见表 1-2。

表 1-2 美国政府部门发布的数字贸易定义

来源	时间	数字贸易的概念	文献
USITC	2013 年 7 月	在国内商务和国际贸易中，通过固定线路或无线数字网络提供产品和服务的商业活动	Digital Trade in the U. S. and Global Economies, Part 1
USITC	2014 年 8 月	通过互联网或基于互联网技术进行订购、生产或提供产品和服务的国内、国际贸易	Digital Trade in the U. S. and Global Economies, Part 2
USTR	2017 年 3 月	通过互联网提供产品和服务，也包括为实现全球价值链的数据和实现智能制造的服务，以及其他平台和服务	Key Barriers to Digital Trade
USITC	2017 年 8 月	通过固定线路或无线数字网络提供产品和服务	Global Digital Trade 1：Market Opportunities and Key Foreign Trade Restrictions
CRS	2019 年 3 月	数字贸易包括最终产品，以及依赖或促进数字贸易的产品和服务	Digital Trade and U. S. Trade Policy

（二）中国

我国管理统计、研究货物贸易和服务贸易的政府机构通过多种公开途径对数字贸易进行了定义。2018 年 9 月，商务部国际贸易经济合作研究院在"2018 全球服务贸易大会"上发布了《全球服务贸易发展指数报告（2018）：数字贸易兴起的机遇与挑战》。报告将数字贸易分为数字货物贸易、数字服务贸易和数据贸易三个类别。其一，数字货物贸易是指数字产品贸易（如芯片、机器人、人工智能装备等）和跨境电子商务；其二，数字服务贸易是指传统贸易的数字化和数字内容贸易，前者包括旅游、医疗、金融等领域的数字化,后者则包括数字音乐、电影、动漫、软件和信息技术等;其三,数据贸易是指搜索引擎、数据服务和数据的跨境流动。该定义从传统贸易出发,将货物贸易、服务贸易、数据贸易纳入数字贸易的范围,强调贸易的本质属性,相较于 USITC 提出了一种广义上的数字贸易概念。

2019 年 12 月,工业和信息化部中国信息通信研究院(CAICT)在《数字贸易发展与影响白皮书(2019 年)》中指出,数字贸易是指信息通信技术发挥重要作用的贸易形式,不仅包括基于信息通信技术开展的线上宣传、交易、结算等促成的实物商品贸易,还包括通过通信网络(语音和数据网络等)传输的数字服务贸易,如数据、数字产品、数字化服务等贸易。2020 年 9 月,数字贸易的概念在中国国际服务贸易交易会"数字贸易发展趋势和前沿高峰论坛"上被多次提及。区别于电子商务,数字贸易是采用数字技术进行研发、设计、生产,并通过互联网和现代信息技术手段,为用户提供的产品和服务,是以数字服务为核心、数字交付为特征的贸易新形态。2020 年 10 月,工业和信息化部国家工业信息安全发展研究中心(CIC)在《中国数字贸易发展报告 2020》中将数字贸易定义为以数字技术为内在驱动力、以信息通信网络为主要交付形式、以服务和数据为主要标的的跨境交易活动。上述定义强调了数字贸易的交易属性,并突出了数字化服务和产品在数字贸易中的核心地位。我国政府部门与研究机构主要的数字贸易定义见表 1-3。

表 1-3　我国有关部门发布的数字贸易定义

来源	时间	数字贸易定义	文献
国际贸易经济合作研究院	2018 年 9 月	分为数字货物贸易(数字产品贸易和跨境电子商务)、数字服务贸易(传统贸易的数字化和数字内容贸易)和数据贸易(搜索引擎、数据服务和数据的跨境流动)	全球服务贸易发展指数报告(2018):数字贸易兴起的机遇与挑战
中国信息通信研究院	2019 年 12 月	基于信息通信技术展开的线上宣传、交易、结算等促成的实物商品贸易,以及通过通信网络传输的数字服务贸易	数字贸易发展与影响白皮书(2019 年)
中国国际服务贸易交易会	2020 年 9 月	采用数字技术进行研发、设计、生产,并通过互联网和现代信息技术手段,为用户交付的产品和服务,是以数字服务为核心、数字交付为特征的贸易形态	中国国际服务贸易交易会"数字贸易发展趋势和前沿高峰论坛"
国家工业信息安全发展研究中心	2020 年 10 月	以数字技术为内在驱动力、以信息通信网络为主要交付形式、以服务和数据为主要标的的跨境交易活动	中国数字贸易发展报告 2020

(三)欧盟和日本

在欧盟和日本发布的数字贸易战略中,面向消费者和企业层面的数据流动、信息服务多次被提及。2015 年 5 月,欧盟委员会(European Commission,简称 EC)推出了《数字化单一市场战略》,指出数字贸易是利用数字技术向个人和企业提供数字产品和服务。2017 年 11 月,欧洲议会国际贸易委员会(European Parliament Committee on International Trade,简称 EP)发布了《数字贸易战略》,旨在应对数字贸易的国际规则和标准,使贸易规则更好地服务于跨境消费者。报告明确指出,通过建立数字贸易规则,确保跨境数据信息自由流动,推动实现第三国数字产品和服务的开放,促进数字贸易尊重消费者基本权利。欧盟对数字贸易的界定突出了数字贸易的战略地位,并将公民隐私和信息保护放在重要位置。

2018 年 7 月,日本经济产业省发布 2018 版《通商白皮书》,强调了应对数字贸易时代的重要性,并认为数字贸易是通过互联网技术向消费者提供商品、服务与信息的商务活动,包括跨境电子商务、通过互联网提供的产品和服务(如线上教育项目)、企业间的跨境数据交易在内都属于数字贸易。欧盟与日本相关部门主要的数字贸易定义见表 1-4。

表 1-4　欧盟和日本发布的数字贸易定义

机构	时间	数字贸易的概念	文献
European Commission	2015 年 5 月	利用数字技术向个人和企业提供数字产品和服务	Digital Single Market Strategy
European Parliament	2017 年 11 月	开放数字产品和服务,保护消费者权利,实现数据跨境自由流动	Digital Trade Strategy
日本经济产业省	2018 年 7 月	通过互联网技术向消费者提供商品、服务和信息的商务活动	通商白皮书(2018)

二、国际组织:OECD-WTO 框架下的数字贸易概念

相较于国家层面的数字贸易战略,国际组织则更倾向于为全球数字贸

易建立一个适用的统计标准和参考依据。2017 年 3 月,经济合作与发展组织研究团队就数字贸易的概念框架进行深入研究,并形成了研究报告《测度数字贸易:走向一个概念框架》。

该报告构建了一个包括贸易属性、交易标的、交易参与者在内的三个维度的数字贸易解释框架。其中,贸易属性包括数字订购、第三方平台和数字交付;交易标的包括商品、服务和信息;交易参与者包括企业、消费者和政府。基于上述三个维度,OECD 提供了 16 种数字贸易类型。2020 年 3 月,经济合作与发展组织、世界贸易组织和国际货币基金组织(IMF)联合发布了《数字贸易测量手册(第 1 版)》,将数字贸易定义为通过数字订购和(或)数字交付的贸易。上述 OECD-WTO 框架建立了一个较为宽泛的数字贸易概念,并将其分为三个部分,即通过互联网接收或下单而达成交易的产品和服务、基于互联网技术实现远程交付的跨境贸易、通过第三方平台实现的跨境贸易(见表 1-5)。

表 1-5　OECD-WTO 框架对于数字贸易的界定

来源	时间	数字贸易的概念	文献
OECD	2017 年 3 月	从贸易属性、交易标的和交易参与者三个维度构建了一个解释框架,包括 16 种类型	Measuring Digital Trade: Towards a Conceptual Framework
OECD/WTO /IMF	2020 年 3 月	通过数字订购和(或)数字交付的(国际)贸易	Handbook on Measuring Digital Trade(Version 1.)

三、国内外学者对数字贸易的界定

当前,尽管数字贸易在全球范围内迅速兴起,但学术界对于数字贸易的概念界定和统计标准尚未统一。现有文献中,学者们基于国际规则、电子商务等多种视角对数字贸易进行了初步的研究。

国外学者对数字贸易的研究主要集中于对贸易规则的探讨,如 Weber (2010)指出尽管以电子方式传输产品或服务价值的数字贸易增长迅速,但现有的世界贸易组织法律体系缺乏一个纳入数字贸易规则的完整框架。他认为数字贸易是通过电子化方式传输产品或服务价值的商业活动,其中包括电子商务、电子化的产品和服务的跨境交易。也有学者从狭义和广义两个层面解释了数字贸易的概念,Burri(2015)认为狭义的数字贸易是指通过互联网提供产品和服务的贸易,而广义的数字贸易则是指能够实现创新和信息在数字网络中的自由流动的贸易活动。

我国学者从电子商务和数字贸易的关系出发,强调了数字技术对于贸易形式的影响。马述忠等(2018)认为数字贸易是通过现代信息网络技术交易实体货物、数字产品与服务、数字化知识与信息的新型贸易活动,是传统贸易的拓展与延伸;蓝庆新(2019)认为数字贸易是以互联网为依托,以数字交换技术为手段,实现传统实体货物、数字化产品与服务、数字化知识和信息的高效交换的商业活动。

也有学者对世界各国和国际组织有关数字贸易的政策文件进行梳理,探讨了数字贸易的内涵与外延。贾怀勤(2019)将 USITC 报告中的定义分为本初定义(2013 年版)和扩延定义(2014 年版)。其中,前者认为数字贸易是通过互联网提交产品和服务的美国国内商务和国际贸易;后者认为数字贸易是指在订货、生产或提交产品和服务环节互联网和基于互联网的技术起到显著作用的美国国内商务和国际贸易。盛斌(2020)认为通过互联网及智能手机、网络连接传感器等相关设备交付的产品和服务是狭义的数字贸易定义;而广义的数字贸易可分为数字订购、第三方平台、数字交付型。上述定义总结了美国等主要经济体和 OECD、WTO 等主要国际组织对于数字贸易的界定,形成了一个较为宽泛的数字贸易概念。

综上所述,不同国家、国际组织和学者们主要从贸易标的、贸易形式、贸易范围、贸易媒介和贸易对象这五个方面来对数字贸易进行定义。其中,贸易标的是指数字贸易中的标的物是通过互联网交易的实体货物,或是能够数字化的虚拟货物;贸易形式是指数字贸易集中的交换活动,或是涵盖生产、分配、消费等其他活动;贸易范围是指数字贸易包括国内商务、国际贸易,或是仅指国际贸易;贸易媒介是指数字贸易是通过互联网技术,或是通过包括人工智能、大数据、云计算在内的新一代信息技术开展贸易活动;贸易对象是指数字贸易买方是消费者,或是企业。国内外学者的数字贸易定义见表1-6。

表 1-6 国内外学者对数字贸易的界定

来源	时间	数字贸易的概念	文献
Weber	2010	通过电子化方式传输产品或服务价值的商业活动	Digital Trade in WTO — Law-Taking Stock and Looking Ahead
Burri	2015	通过互联网提供产品和服务的贸易（狭义定义）；能够实现创新和信息在数字网络中的自由流动的贸易活动（广义定义）	The International Economic Law Framework for Digital Trade
马述忠	2018	通过现代信息网络技术交易实体货物、数字产品与服务、数字化知识与信息的新型贸易活动	数字贸易及其时代价值与研究展望
蓝庆新	2019	以互联网为依托，以数字交换技术为手段，实现传统实体货物、数字化产品与服务、数字化知识和信息的高效交换的商业活动	美欧日数字贸易的内涵演变、发展趋势及中国策略
贾怀勤	2019	通过互联网提交产品和服务的美国国内商务和国际贸易（本初定义）；在订货、生产或提交产品和服务环节互联网和基于互联网的技术起到显著作用的美国国内商务和国际贸易（扩延定义）	数字贸易的概念、营商环境评估与规则
盛斌	2020	通过互联网及智能手机、网络连接传感器等相关设备交付的产品和服务（狭义定义）；分为数字订购、第三方平台、数字交付型（广义定义）	超越传统贸易：数字贸易的内涵、特征与影响
张正荣等	2021	市场组织的各维度在一定程度上出现数字化的贸易形态	数字贸易的概念维度，国际规则与商业模式

第四节 数字贸易的虚实经济循环耦合

要理解数字贸易是什么？应当探究当前全球社会经济中，以信息、数字为资源要素的"虚拟"方式，在哪些方面改造了传统经济的市场组织与运行规律，并对经济运行的价值链体系发生了哪些作用。笔者将市场组织与贸易价值链要素要件称为维度，可以将数字贸易理解为各维度数字化的贸易形态。这些维度包括贸易标的、贸易形式、贸易范围、贸易媒介和贸易对象，这些内容中具体哪些经历了虚拟化，哪些还停留在传统商业的实体形态，是当前解构数字贸易的关键。本章对数字贸易的虚实耦合方式进行了分析，并以此为基础在后续章节中建构虚拟价值链的分析框架。

一、数字贸易逻辑维度的虚实耦合构建

结合不同国家和国际组织的政策文件和现有文献对数字贸易的定义，本书构建了贸易标的（Trade Subject）、贸易形式（Trade Form）、贸易范围（Trade Scope）、贸易媒介（Trade Media）和贸易对象（Trade Partner）等五个数字贸易的概念维度，具体含义如表 1-7 所示。

表 1-7 数字贸易的概念维度及其含义

维度	含义
贸易标的（SU）	是指通过互联网交易的实体货物，还是指能够数字化的虚拟内容
贸易形式（FO）	是指仅含有交换活动，还是指包括生产、分配、消费等其他活动
贸易范围（SC）	是指国际贸易，还是指国内商务活动
贸易媒介（ME）	是指互联网媒介，还是指新一代信息技术
贸易对象（PA）	是强调消费者，还是强调企业

这五个维度，不仅匹配了作为商业形式的贸易得以存在的交易参与者（贸易对象）、交易介质（贸易标的、贸易媒介）和交易过程（贸易形式、贸易范围），而且还对国际、国内商业活动的经营与治理所涉及的方面进行了具体化。同时，这五个维度，也是作为虚拟经济（互联网经济、数字经济）的价值链改造传统商业的主要方面。贸易标的的数字化（如饮食服务或影视服务）、贸易形式的数字化（线上下单）、贸易范围的数字化（通过网络跨越国境）、贸易媒介的数字化（物流的数字化管控）和贸易对象的数字化（以线上代号代替实体身份）等，反映出贸易的数字化进程，也是数字贸易改造国际国内商业的具体体现。

二、以布尔代数解析数字贸易的虚实耦合

本书通过引入布尔代数法，以虚拟（网络化、数字化）和实体（传统商业两种价值链的解构），根据语义对上述文献中的数字贸易概念中的虚实成分

进行赋值。如贸易标的（SU）中通过互联网交易的实体货物赋值为1，能够数字化的虚拟内容赋值为0；贸易形式（FO）中仅指交易环节赋值为1，指生产、分配、消费等其他活动赋值为0；贸易范围（SC）中仅指国际贸易赋值为1，指国内商务活动赋值为0；贸易媒介（ME）中仅指互联网媒介赋值为1，指新一代信息技术赋值为0；贸易对象（PA）中强调消费者赋值为1，强调企业赋值为0。在此基础上，如果某一定义表明上述维度中两种状态同时存在则以（1，0）表示。结合上述文献中的20条数字贸易定义进行分析，赋值结果如表1-8所示。

表1-8　对20种数字贸易形态的虚实耦合布尔代数赋值

来源	SU	FO	SC	ME	PA	来源	SU	FO	SC	ME	PA
USITC13	0	1	1,0	1,0	1,0	EP	1,0	1,0	1	1,0	1
USITC14	1,0	1,0	1,0	1,0	1,0	日本经济产业省	1,0	1,0	1	1,0	1
USITC17	0	1,0	1,0	1,0	1,0	OECD	1,0	1	1	1,0	1,0
USTR	0	1,0	1,0	1,0	1,0	OECD/WTO/IMF	1,0	1	1	1,0	1,0
CRS	0	1,0	1,0	1,0	1,0	Weber	1,0	1,0	1	1,0	1,0
商务部18	1,0	1	1	1,0	1,0	Burri	1,0	1	1	1,0	1,0
工信部19	1,0	1	1	1,0	1,0	马述忠等	1,0	1,0	1	1,0	1,0
商务部20	1,0	1,0	1	1,0	1,0	蓝庆新等	1,0	1	1,0	1,0	1,0
工信部20	0	1,0	1	1,0	1,0	贾怀勤	1,0	1,0	1,0	1,0	1,0
EC	1,0	1,0	1	1,0	1	盛斌等	1,0	1	1	1,0	1,0

　根据布尔代数赋值结果可以看出上述20条数字贸易定义存在总体的一致性和局部的差异性。一方面，基于概念界定的来源可以分为五个类别，不同类别之间的概念维度总体上存在一致性；另一方面，在同一类别中不同对象界定的概念存在部分维度的差异，并呈现出明显的演变趋势。

（一）美国：贸易标的的"数字虚拟属性"由"窄到宽、再到窄"

美国官方机构发布的5种数字贸易概念在贸易范围、贸易媒介和贸易对象三个维度上具有一致性，即认为数字贸易是综合运用互联网媒介和新一代信息技术，面向企业和消费者个体的国内商业活动和国际贸易。但在贸易标的和贸易形式上存在分歧，在对贸易标的物的界定上存在狭义和广义两种定义,前者认为数字贸易仅指线上交付的可数字化标的,但不包括实体货物,而后者认为数字贸易包括实体货物和能够数字化的标的物,这呈现出数字贸易概念由窄到宽、再到窄的变化过程。同时在贸易形式上不仅指产品和服务的交换环节,也涵盖了产品和服务的生产、分配和消费等环节。

(二)中国:国际商品贸易与服务贸易"数字化发展"背景下的数字贸易

我国相关机构发布的数字贸易定义在贸易标的、贸易范围、贸易媒介和贸易对象四个维度上具有一致性,即认为数字贸易是通过互联网和互联网技术为企业、消费者提供产品和服务的国际贸易活动,其中产品和服务包括可数字化的标的物和通过互联网交易的实体货物,在概念中突出了数字虚拟市场的交易组织属性。在 2020 年 9 月召开的中国国际服务贸易交易会的论坛上,研发、设计、生产等环节被纳入数字贸易的概念。这表明随着数字技术在不同环节的应用,数字贸易的外延得到了进一步扩展。值得注意的是,在我国发布的定义中,数字贸易属于国际贸易范畴,而国内的商业活动并未纳入这一范畴。

(三)欧盟和日本:强调数据要素跨境流动与消费者信息保护

欧盟和日本官方机构对数字贸易的界定较为统一。一方面,欧盟和日本对数字贸易的界定集中在国际贸易层面,而并未将国内的商业活动纳入数字贸易范畴;另一方面,相对于美国和中国的定义,欧盟和日本的定义更注重对消费者个人隐私的保护,强调数字贸易中对消费者数据的保护。这一特征在欧盟和日本各自参与的国际贸易规则谈判中也得以体现。欧盟在贸易规则谈判中通过签订自由贸易协定(FTA),旨在构建数字化单一市场,并且强调"隐私保护"的原则。日本通过签订日欧经济伙伴关系协定(CPT-PP)在数据自由流动层面与欧盟保持一致,同时,日本经济产业省在 2018 年《通商白皮书》中指出中日两国数字贸易交易增加来自商品、服务与信息的线上交易,但这一过程中的消费者保护问题也愈发严重。

(四)OECD-WTO:建立数字贸易的虚实结合与统计标准

2017 年,OECD 和 WTO 组建了包括欧盟统计局(Eurostat)、联合国贸易和发展会议(UNCTAD)、世界海关组织(WCO)、国际货币基金组织

(IMF)等国际组织,以及各国央行、统计部门在内的课题组,旨在建立能够在世界范围内适用的数字贸易统计标准。因此,OECD-WTO框架下的数字贸易概念较为宽泛,并将数字贸易划分为数字订购贸易、数字交付贸易和第三方贸易平台三部分,分别代表不同市场维度的虚拟化。这一框架下,贸易标的、贸易媒介和贸易对象的界定范围较大,但在贸易形式和贸易范围的界定上较为固定,集中于国际贸易和交换环节。

(五)学者定义:从内涵与外延的多重视角考察虚实耦合

上述文献中,学者们基于不同视角对数字贸易虚拟与实体的划分与结合的内涵与外延进行了界定,主要争议集中在贸易形式和贸易范围两个维度。在贸易形式上,有学者从电子商务视角出发,认为数字贸易是一种商业活动,因此属于交换环节;也有学者从贸易数字化视角出发,认为数字贸易是传统贸易的数字化转型,因此涵盖了生产、分配、交换和消费等环节。在贸易范围上,大部分学者认为数字贸易是一种新型国际贸易,因此国内贸易不属于数字贸易;也有一些学者借鉴 USITC 的定义,认为数字贸易包括国内商业活动和国际贸易。

三、虚实耦合分类的数字贸易业态模式

结合本章构建的贸易标的(SU)、贸易形式(FO)、贸易范围(SC)、贸易媒介(ME)和贸易对象(PA)五个数字贸易概念维度的数字化(虚拟化)与传统实体价值链的结合,运用布尔代数法对不同国家、国际组织和学者的定义进行比较分析。在此基础上,将上述数字贸易概念归纳为通过数字订购和数字交付的数字贸易、纳入跨境电子商务的数字贸易和纳入国内贸易和非交换环节的数字贸易等三类,并建立各个分类的概念表达式。其中,DT 为数字贸易(Digital Trade),概念维度中,大写形式表示赋值为"1",是指需要数字化,小写形式表示赋值为"0",是指为实体化的价值环节的条件,"＊"表示维度之间"与"的链接,"＋"表示维度中条件之间"或"的链接。

(一)通过数字订购和数字交付的数字贸易

第一类概念在国际贸易的前提下强调线上交付的重要性,认为仅通过

线上订购、线上交付的产品和服务才属于数字贸易，因此，不包括通过线上订购的实体货物。具体表达式为：

$$DT_1 = su * FO * SC * (ME + me) * (PA + pa)$$

(二)纳入跨境电子商务的数字贸易

第二类概念将以货物贸易数字化为主要形式的跨境电子商务纳入数字贸易的范畴，认为数字贸易的标的物不仅包括可数字化内容，还包括通过线上订购、线下交付的实体货物。但仍在国际贸易前提下对数字贸易进行界定，具体表达式为：

$$DT_2 = (SU + su) * FO * SC * (ME + me) * (PA + pa)$$

(三)纳入国内贸易和非交换环节的数字贸易

第三类概念最为宽泛，将线上订购的实体货物和线上交付的可数字化内容都纳入数字贸易的标的物，认为通过线上交易的贸易活动都是数字贸易。同时，将国际贸易和国内商务，以及生产、分配、交换、消费环节纳入贸易的范畴。具体表达式为：

$$DT_3 = (SU + su) * (FO + fo) * (SC + sc) * (ME + me) * (PA + pa)$$

四、国际规则竞争中的数字贸易

近年来，围绕数字贸易展开的国际经贸规则谈判逐渐增加。在 WTO 框架下的数字贸易规则谈判逐渐形成以"美式模板"和"欧式模板"为代表的分化趋势，同时，美国和欧洲在规则谈判中展示出的主张观点与各自对数字贸易的界定具有一定的内在联系。下面将结合本书构建的数字贸易概念维度与分类，探讨"美式模板""欧式模板"和数字贸易概念之间的区别与关联性。

(一)"美式模板"的逻辑：强化美国数字经济优势地位

自 2003 年美国—约旦自由贸易协定中推出第一个具有非约束力的电子商务章以来，美国在其主导的区域贸易协定中逐步引入跨境服务贸易、信息技术、知识产权等数字贸易内容。"美式模板"主要包括数字货物、服务的跨境流动和信息通信技术设备及其技术标准的适用两个方面，强调数据的跨境自由流动和数据存储设备非强制本地化（李杨等，2016）。结合美国官方机构对数字贸易的界定可以看出，可数字化的标的物在数字贸易中扮演着核心地位。"美式模板"中强调跨境数据自由流动和数据存储的非本地化，旨在保证其在国际贸易中的可数字化内容（如数据、软件、影音等）交易。在美国—墨西哥—加拿大贸易协定（USMCA）中，数字内容知识产权和市场准入条款被进一步加强（周念利，2019），源代码非强制本地化和数字内容版权保护已经成为"美式模板"的主要方向（周念利，2020）。美国在数字贸易规则谈判中的价值主张和其对数字贸易概念的界定具有内在的一致性，即通过其在信息通信技术（ICT）领域的领先地位，在新一轮的全球数字贸易竞争中占据优势。

（二）"欧式模板"的逻辑：加强对本地数字虚拟市场的保护

欧盟在已签订的区域贸易协定中提出知识产权、投资等章节，旨在构建数字化单一市场。2016年，在欧盟—加拿大综合性经济贸易协定（CETA）中明确推出电子商务章，并强调消费者保护与电子商务便利化之间的关系，这一点在日欧经济伙伴关系协定（EPA）中也得到了体现。总体而言，"欧式模板"目前处于初级阶段，缺乏完整独立的体系，在规则谈判中聚焦于跨境数据自由流动、知识产权保护、视听例外和隐私保护（周念利，2019）。无论是数据流动中的隐私保护，还是电子商务中的消费者权利保护，欧盟在对数字贸易的界定中极为强调消费者的角色。在2017—2019年欧盟签订的区域贸易协定的电子商务章中，视听例外和个人数据保护依然是重中之重（高建树，2020）。究其根源，一方面，欧盟的文化认同使其在数字内容贸易中强调视听例外；另一方面，注重公民权利保护的公共政策使其在数据贸易中强调对消费者个人数据的保护。

综上所述，"美式模板"和"欧式模板"集中于可数字化内容部分的国际贸易规则谈判，适用于本书归纳的第一类数字贸易概念。

（1）对于我国而言，近年来，跨境电子商务作为一种新型贸易方式发展迅速。在我国官方部门对数字贸易的界定中，认为跨境电子商务这种通过线上订购、线下交付的形式属于数字贸易的范畴，适用于本书归纳的第二类数字贸易定义。但工信部相关研究部门最新发布的报告中将数字贸易的标的界定为数字化的服务和数据，则适用于第一类数字贸易定义。（2）对于国际组织而言，OECD-WTO框架下的数字贸易统计标准将数字贸易定义为通过数字订购和（或）数字交付的贸易，即将跨境电子商务纳入数字贸易统计。这一定义与我国对数字贸易的界定具有内在一致性，同样也适用于本书归纳的第二类数字贸易定义。（3）对于学术研究而言，学者们基于不同视角对数字贸易进行研究，如服务贸易、跨境电子商务、数字经济等，使得数字贸易的边界不断扩展，适用于本书归纳的第三类数字贸易定义。因此，在国际数字贸易规则谈判中，我们需要充分理解各方规则的来源和区别。在此基础上，我国应当保持数字贸易界定与国际数字贸易规则主张的一致性，从而更好地参与国际数字贸易规则谈判与竞争。

第五节　数字贸易的商业模式

数字贸易模式，是指数字贸易新业态新模式的表现形式，在理论上可以界定为商业模式。

新业态，是指数字技术等技术进步引起的产业变革，导致产业间的融合和重组，企业内部、外部和全球价值链产生分化、融合与重组，从而产生的新的产业和市场组织形态。在数字服务领域，出现的跨境电子商务、数字协同的传统服务贸易，以及以数字产品（包括数据）为标的的服务贸易，都是新业态的具体体现。

新模式是指新的市场组织和商业运行模式，简单来说，可以将新模式理解为新的商业模式。举例来说，我国传统出口贸易，很难将商品直接售卖给国外的消费者，而通过"跨境电商B2C模式"，企业就可以在互联网平台上，针对国外的消费者进行营销、交易，并实现商品的交付，因此"跨境电商B2C"是国际商品贸易的一种新模式。

根据数字贸易虚拟化维度的不同程度，重点以"生产与交易标的及其市场组织"为维度，将数字贸易的新业态分为数字商品贸易（即电子商务和跨境电子商务）、数字服务贸易（本书特指数字技术协助完成，具有线下场景的服务贸易），以及数字标的贸易（指通过互联网实现交易标的转移的服务贸易）三类。

　　在新模式上，笔者按照交易的对象模式，将数字商品贸易分为 B2B 电子商务、B2C 电子商务、C2C 电子商务等模式；将数字服务贸易分为 B2B 数字服务贸易、B2C 数字服务贸易、C2C 数字服务贸易等模式；将数字标的服务贸易分为 B2B 标的服务贸易、B2C 标的服务贸易、C2C 标的服务贸易等模式。

　　本节主要研讨商业模式的概念、结构、创新及其要点，分别对电子商务、数字服务贸易和数字标的贸易的新业态新模式进行介绍与分析。

一、OECD-WTO 框架下的数字贸易商业模式

　　OECD 在 2017 年发布的《测度数字贸易：走向一个概念框架》中从贸易属性、交易标的、交易参与者等三个维度构建了一个数字贸易理论框架，其中，贸易属性包括数字订购（Digitally Ordered）、第三方平台（Platform Enabled）和数字交付（Digitally Delivered）；交易标的包括商品（Good）、服务（Service）和信息（Information）；交易参与者包括企业（Business）和消费者（Consumer）。这一框架主要包括企业对企业（B2B）、企业对消费者（B2C）、消费者对消费者（C2C）三种数字贸易商业模式，并根据贸易标的和贸易属性的不同列举了 16 种数字贸易类型。OECD、WTO、IMF 在 2020 年发布的《数字贸易测量手册（第 1 版）》中沿用了这一理论框架和商业模式分类，并将原有的 16 种类型扩展为 20 种，具体分类和含义如表 1-9 所示。

表 1-9　OECD-WTO 框架下数字贸易的虚实耦合模式、分类及其含义

序号	标的	数字订购	线上平台	数字交付	模式	含义与示例
1	G	1	0	0	B2B	A 国的企业通过电子数据交换（EDI）直接向 B 国的供应商采购货物，如用于生产的组件
2	G	1	0	0	B2C	A 国的消费者直接从 B 国的供应商处（如供应商网站）购买商品（用于最终消费）
3	G	1	1	0	B2B	A 国的企业通过位于 A 国、B 国或 C 国的在线平台（如 eBay）向 B 国的供应商采购货物
4	G	1	1	0	B2B	A 国的企业通过位于 B 国的在线平台（数字中介平台）向 A 国的供应商采购货物

续表

序号	标的	数字订购	线上平台	数字交付	模式	含义与示例
5	G	1	0	0	B2C	A 国的消费者通过位于 A 国、B 国或 C 国的在线平台（如 Amazon）从 B 国的供应商处购买货物（用于最终消费）
6	G	1	1	0	C2C	A 国的消费者通过位于 A 国、B 国或 C 国的在线平台从 B 国的另一消费者处购买商品（用于最终消费），如通过 eBay 购买二手货
7	G	1	1	0	C2C	A 国的消费者通过位于 B 国的在线平台（数字中介平台）从 A 国的另一消费者处购买商品（用于最终消费）
8	S	1	0	0	B2B	A 国的企业直接从 B 国的供应商处在线（供应商网站）购买服务，并以实物方式提供服务，如运输服务
9	S	1	0	0	B2C	A 国的消费者直接从 B 国的供应商处在线（供应商网站）购买服务，并且服务是实物交付的，如酒店住宿服务
10	S	1	1	0	B2B	A 国的企业通过位于 A 国、B 国或 C 国的在线平台向 B 国的供应商购买服务，并以实物方式提供服务，如维修服务
11	S	1	1	0	B2C	A 国的消费者通过位于 A 国、B 国或 C 国的在线平台从 B 国的供应商处购买服务，并以实物方式提供服务，如 Uber 的交通服务
12	S	1	1	0	C2C	A 国的消费者通过位于 A 国、B 国或 C 国的在线平台从 B 国的另一位消费者处购买服务，并通过线下交付，如通过 Airbnb 购买住宿服务
13	S	1	1	0	C2C	A 国的消费者通过位于 B 国的在线平台向 A 国的另一位消费者购买服务，如消费者之间的中介服务
14	S	1	0	1	B2B	A 国的企业直接从 B 国的供应商处在线购买服务，并以数字方式提供服务，如计算机服务
15	S	1	0	1	B2C	A 国的消费者直接从 B 国的供应商处在线购买服务，并以数字方式提供服务，如保险服务

序号	标的	数字订购	线上平台	数字交付	模式	含义与示例
16	S	1	1	1	B2B	A 国的企业通过位于 A 国、B 国或 C 国的在线平台向 B 国的供应商购买服务,并以数字方式提供服务,如图形设计
17	S	1	1	1	B2C	A 国的消费者通过位于 A 国、B 国或 C 国的在线平台向 B 国的供应商购买服务,并以数字方式提供服务,如音乐服务
18	S	1	1	1	C2C	A 国消费者通过位于 A 国、B 国或 C 国的在线平台(如 Ravelry)向 B 国消费者购买服务,并以数字方式提供服务
19	S	0	0	1	B2B	A 国的企业直接向 B 国的供应商下单订购服务,并以数字方式交付服务,如咨询服务或业务流程外包(BPO)服务
20	S	0	0	1	B2C	A 国的 A 线下服务向 A 国的消费者直接提供,如留学生通过在线讲座购买教育服务

注:根据 OECD/WTO/IMF: Handbook on Measuring Digital Trade(Version 1)整理,G/S 为货物/服务;1 表示通过数字订购、线上平台、数字交付,0 则表示未通过数字化方式实现。

二、数字贸易商业模式的分类及其含义

基于 OECD-WTO 文献和本书构建的数字贸易概念维度,从交易标的、经营方式和交易规模对数字贸易的商业模式进行分类。首先,根据交易标的分为线上订购、线下交付的货物贸易,线上订购、线下交付的服务贸易和线上订购、线上交付的服务贸易;然后,根据交易规模分为产业数字贸易(B2B)和消费数字贸易(B2C、C2C),并将表 1-9 中 OECD-WTO 框架的模式示例归纳到具体分类;最后,根据经营方式分为自营模式和第三方平台模式。总体形成对数字贸易的分类划分。

(一)线上订购、线下交付的货物数字贸易:包括跨境电子商务

货物贸易是传统贸易的主要形式之一。在数字贸易背景下,货物贸易通过互联网和新一代信息网络技术实现在线订购,并通过线下交付完成交

易，即当前以货物交易为主的电子商务与跨境电子商务。结合本书的数字贸易概念维度，线上订购、线下交付的货物数字贸易也可以表示为 SU * (FO＋fo) * SC * (ME＋me) * (PA＋pa)。在此基础上，货物数字贸易模式分为包括 B2B 自营、B2B 平台在内的产业数字贸易和包括 B2C 自营、B2C 平台、C2C 平台在内的消费数字贸易。其中，前者包括表 1-9 中的第 1、3、4 例，后者包括表 1-9 中的第 2、5、6、7 例，具体分类与含义如表 1-10 所示。

表 1-10　线上订购、线下交付（跨境电子商务）的货物数字贸易模式分类及含义

模式	分类	含义与示例
产业数字贸易	B2B 自营	A 国企业通过互联网购买 B 国供应商的货品，如企业自建网站或平台
	B2B 平台	A 国企业通过设在 A 国或 B 国或其他国家的第三方平台购买 B 国供应商的货品，如 eBay
消费数字贸易	B2C 自营	A 国消费者通过企业网站购买 B 国供应商的货品（用于最终消费），如企业自建网站或平台
	B2C 平台	A 国消费者通过设在 A 国或 B 国或其他国家的第三方平台购买 B 国供应商的货品作最终消费用，如亚马逊
	C2C 平台	A 国消费者通过设在 A 国或 B 国或其他国家的线上平台从 B 国消费者手里购买二手货

数据来源：根据数字贸易定义及跨境电子商务的类型整理。

当前我国蓬勃发展的电子商务与跨境电子商务，是一种"线上订购、线下交付的货物数字贸易"。（跨境）电子商务成为我国在数字经济时代，进一步朝贸易新业态新模式开放的最主要领域；也是我国积极建立未来化的国际商业模式，带动外贸产业链全面数字化革新的关键。跨境电子商务的发展，成了新开放模式的集中体现，也成为带动全产业链的"智能"，包括智能制造、智能流通、智能商务等全面升级的引擎。

（二）线上订购、线下交付的服务数字贸易：地理或实体依赖的服务贸易

服务贸易是传统贸易的另一主要形式。在数字贸易背景下，服务贸易通过互联网和新一代信息网络技术实现在线订购，并通过线下交付完成交易，如在线订购的运输服务、维修服务、住宿服务等。结合本书的数字贸易概念维度，线上订购、线下交付的服务数字贸易可以表示为：su * (FO＋fo) * SC * (ME＋me) * (PA＋pa)，具体分类与含义如表 1-11 所示。其中，产

业数字贸易包括表 1-9 中的第 8、10 例,消费数字贸易包括表 1-9 中的第 9、
11、12、13 例。

表 1-11　线上订购、线下交付(线下交付的数字服务贸易)的服务数字贸易模式分类及含义

模式	分类	含义与示例
产业数字贸易	B2B 自营	A 国的企业直接从 B 国的供应商处在线(供应商网站)购买服务,并以实物方式提供服务,如运输服务
	B2B 平台	A 国的企业通过位于 A 国、B 国或 C 国的在线平台向 B 国的供应商购买服务,并以实物方式提供服务,如维修服务
消费数字贸易	B2C 自营	A 国的消费者直接从 B 国的供应商处在线(供应商网站)购买服务,并且服务是实物交付的,如酒店住宿
	B2C 平台	A 国的消费者通过位于 A 国、B 国或 C 国的在线平台从 B 国的供应商处购买服务,并以实物方式提供服务,如 Uber 的交通服务
	C2C 平台	A 国的消费者通过位于 A 国、B 国或 C 国的在线平台从 B 国的另一位消费者处购买服务,并通过线下交付,如通过 Airbnb 购买住宿服务

数据来源:根据数字贸易定义及线下交付的数字服务贸易的类型整理。

这一类型的数字贸易,体现出对于地理空间的依赖性,或对于实体产品
的依赖性。比如旅游、住宿等服务贸易,当前已经可以在线上进行订购,但
是要到当地进行消费。又比如物流服务贸易,可以在线上获得订单,但是需
要通过地理空间和实体商品的转移完成服务。因此,可以将这一类数字贸
易称为"线下交付的数字服务贸易"。

**(三)线上订购、线上交付的服务数字贸易:完全通过互联网实现的
数字贸易**

随着网络信息技术的发展,国际贸易中的服务可以通过数字化方式实
现,如在线支付、大数据与云服务等。在数字贸易背景下,以可数字化服务
为标的物的服务贸易本质上是一种数据的传输和跨境流动。结合本书的数
字贸易概念维度,线上订购、线上交付的服务数字贸易可以表示为:su * (FO
+fo) * SC * (ME+me) * (PA+pa),具体分类与含义如表 1-12 所示。其
中,产业数字贸易包括表 1-9 中的第 14、16、19 例,消费数字贸易包括表 1-9

中的第 15、17、18、20 例。

表 1-12　线上订购、线上交付的服务数字贸易模式分类及含义

模式	分类	含义与示例
产业数字贸易	B2B 自营	A 国的企业直接从 B 国的供应商处在线购买服务，并以数字方式提供服务，如云服务
	B2B 平台	A 国的企业通过位于 A 国、B 国或 C 国的在线平台向 B 国的供应商购买服务，并以数字方式提供服务，如图形设计
消费数字贸易	B2C 自营	A 国的消费者直接从 B 国的供应商处在线购买服务，并以数字方式提供服务，如保险
	B2C 平台	A 国的消费者通过位于 A 国、B 国或 C 国的在线平台向 B 国的供应商购买服务，并以数字方式提供服务，如音乐服务
	C2C 平台	A 国消费者通过位于 A 国、B 国或 C 国的在线平台（如 Ravelry）向 B 国消费者购买服务，并以数字方式提供服务

数据来源：根据数字贸易定义及线上交付的数字服务贸易的类型整理。

第六节　本章小结

　　本章梳理了不同国家、国际组织和学者们对于数字贸易的贸易价值链定义，并构建了贸易标的、贸易形式、贸易范围、贸易媒介和贸易对象等五个概念维度，运用布尔代数法以虚实耦合方式对已有文献中的 20 条数字贸易定义进行赋值，基于此进一步分析了数字贸易的概念分类、国际贸易规则竞争和数字贸易商业模式。

　　第一，数字贸易概念包括数字订购和数字交付的数字贸易、纳入跨境电子商务的数字贸易和纳入国内贸易和非交换环节的数字贸易等三种类型，代表虚实耦合的贸易价值链升级新形态。其中，第一类概念强调线上交付的重要性，认为仅通过线上订购的货物贸易不属于数字贸易；第二类概念将跨境电子商务纳入数字贸易范畴，认为数字贸易标的包括实体货物；第三类

概念最为宽泛，认为通过线上交易的贸易活动都是数字贸易，并将国内商务，以及非交换环节纳入数字贸易范畴。

第二，世界各经济体在国际贸易规则谈判中的主张观点与其对数字贸易的定义具有内在一致性。以"美式模板"和"欧式模板"为例：前者强调跨境自由流动和数据存储设备非强制本地化，这与美国认为实体货物不属于数字贸易范畴的观点一致；后者聚焦于跨境数据自由流动、知识产权保护、视听例外和隐私保护，这与欧盟在数字贸易定义中强调对消费者个人隐私和数据的保护存在相似性。

第三，数字贸易的商业模式包括线上订购和线下交付的货物数字贸易，线上订购和线下交付的服务数字贸易，线上订购和线上交付的服务数字贸易。其中，第一种是通过互联网和新一代信息网络技术实现在线订购，并通过线下交付完成交易，即跨境电子商务；第二种是通过互联网和新一代信息网络技术实现在线订购，并通过线下交付完成交易；第三种是通过数字技术实现的服务订购与交付。

第二章　数字贸易赋能内循环：推进共同富裕的城乡空间协调

第一节　概　述

在数字经济成为发展新引擎的 21 世纪,在我国推进共同富裕发展的大背景下,本书提出了如何将数字贸易融入我国区域、城乡、人群之间的协同发展,促进共同富裕进程的研究问题。笔者认为,以数字化方式促进我国国内经济大循环的形成与完善,促成统一大市场,在经济循环的进程中让更多欠发达地区、落后农村地区等对现代经济参与程度不高区域的人群参与到数字经济市场化新发展模式中,从而实现经济能级的提升与发展成果的分享,是实现共同富裕的重要途径。因此,推进数字贸易赋能经济双循环,是促进共同富裕的重要机制。

面对共同富裕进程中数字市场经济城乡非均衡发展的复杂问题,本书采用扎根理论(GT)与定性比较分析(QCA)等方法从实践中挖掘"中国经验"与"中国样本"的理论逻辑,聚焦于"数字贸易赋能经济循环,促进城乡等区域共同富裕"的典型案例与模式。要实现城乡数字市场的均衡发展,关键在于在虚实价值链耦合进程中建立广泛参与、权力均衡和利益共享的运行机制。我国广大农村地区往往仍然具有绿水青山等生态资源、田园村舍等旅游资源、有机农业等天然优势、手工制造等传统技能,以及迥异于大城市的风土人情等,这些在后工业经济时代是被效率与利益导向的价值链所忽视的优势资源。数字贸易市场价值链上信息的快速传递、数据的价值挖掘机制,以及数字服务的共享性与放大机制,有利于农村地区的实体经济价值链与虚拟价值链的耦合,进而提升农村经济中数字市场与实体协同发展,耦合形成数字贸易新业态新模式的能级。虚实耦合再平衡(城乡)区域数字经济发展的市场机制,推进共同富裕的典型案例在我国层出不穷:通过电商直播方式带动农产品销售与生态旅游;通过数字技术保护并弘扬传统文化等在工业经济后期供给稀缺的商品与服务的同时,也建立了基于数字贸易虚实耦合的价值创造均衡动态融进机制。

在数字贸易赋能共同富裕中,本章在探索中国经济数字化市场发展路径之后,主要聚焦于数字贸易赋能城乡协调发展的典型场景:一是以"工业品下行"为代表的农村数字贸易市场建设,推动了城乡商品市场的贯通;二是以"农村电子商务"为代表的农业农村数字化新业态新模式;三是在农村青年创新创业中的数字市场赋能,带动了城乡共同富裕。

一、数字贸易的城乡市场循环

相较于城市市场,我国农村市场长期存在流通效率低下、流通成本过高,以及商贸交流困难等问题,造成在国内市场一体化的进程中,农村往往较难享受和城市一样发达的商品经济,较难享受优质商贸流通带来的便利,较难享受商品多样化带来的消费升级。同时,由于流通成本,农村市场的商品价格往往高于城市,也提高了农村居民获得基本生活保障的成本。因此,农村经济市场的不完善,是城乡共同富裕的障碍,也为我国构建国内国际双循环的新发展格局、建立统一大市场提出了亟须解决的问题:贯通城乡商品市场,为农村居民建设商品品类丰富、优质价廉、流通高效的市场体系。

数字贸易的发展,为建设农村商品市场提供了有效的机制路径。采用电子商务的选择与购物方式,可以让农村居民直面和城市居民同样丰富的商品市场(面对一致的电子商务线上市场),提高农村居民商品选择的丰富度;通过数字化的物流通路,采用第四方物流的数据挖掘机制,结合第三方物流的专业化能力,最大限度地降低了农村商品市场的流通成本,提高流通效率;通过基于电子商务的数字支付,不仅便利了农村居民购物,而且为针对农村农业场景的普惠金融服务提供了数据条件。因此,数字赋能农村市场商品流通,不仅是我国双循环新格局优化完善的重要内容,也是促进共同富裕的重要机制。

二、数字贸易新业态新模式的农村创业

我国农业经济，长期存在着小规模经营的传统。农产品进入市场时在很大程度上因集中采购，在集散时间、统一物流的等待时间等方面效率低下。我国传统的农业的低流通效率，往往造成商品的品质下降。同时，传统流通体系中，农产品经营主体欠缺营销能力，也让我国丰富的农产品品类难以得到体现，无法体现优质、多样农产品的附加价值。另外，我国农村经济中也出现了以农林牧渔等副产品加工为特色的制造业的发展。然而，农村乡镇的制造业，往往难以形成与大规模企业同等的市场开发、渠道建设能力，在价值实现上存在劣势。这些问题对乡村振兴战略的实施造成阻碍，也不利于农村产业经济的做大做强，也影响了城乡共同富裕的发展。

数字贸易对农业生产、农业经营，以及农村加工制造业的赋能，为农村产业经济发展找到了提高效益、提升价值的途径。通过发展农村电子商务，可以为多样化、高品质的农产品找到差异化的价值实现的市场机制；通过数字化第四方物流结合第三方物流，让基于小规模经营的农业从业者可以快速、低成本地将商品提供给广大市场；通过直播、社交媒体等新型营销模式，可以让农产品经营者直接面对消费者，不仅增强了市场影响力，而且也有利于提升商品的信任价值与服务价值；通过数字化支付，可以让农村创业者快速获得经营收益，也有利于金融系统为农村创业者提供基于数据的普惠金融服务。

更进一步，按照"边际效用随消费数量递减"的原理，城市居民对于城市环境、城市服务和城市产品的需求会因为长期居住在城市而下降，而对于农村环境、农村生态，以及农村多样化产品的需求会随着长期居住在城市而上升。然而，基于传统物流和人员移动的供需对接，由于交易成本过高、交易不确定性较大，因而成交难度大或价格高。通过数字贸易实现的数字化展示、数字化交易与数字化运营，将农村风景、农村风情、农村风物，以数字媒体等形式推荐给城市居民，这不仅是供需对接，满足了城市居民对于农村这一综合价值消费重要载体的认知与向往，而且也为进一步的农村旅游、农产品进城等服务与商品消费形式的开展提供了基础，成为降低交易成本和市场风险的有效机制。

由此可见,农村数字贸易市场的建设和农村电子商务的发展,通过数字经济虚拟价值链与农村农业实体经济价值链的耦合,形成农业农村现代化发展的有效路径,不仅成为城乡之间消费市场趋向均衡、充分、平等的实现机制,也使农村人口提高在现代化经济中的参与程度,提高在现代经济价值链运行中的参与及收益分享能力的有效机制,不仅促进了全国统一大市场的形成和完善,也是以市场化机制推进共同富裕进程的有效途径。

第二节　我国数字贸易市场的发展历程

我国自 20 世纪末引进互联网以来,互联网以及基于互联网的数字化,作为市场交易机制的职能在中国逐渐得到了提升,大致经历了从科学研究(1986—1994 年),到信息媒介(1995—2001 年),到市场工具(2002—2008 年),再到商业平台(2009—2014 年),再到市场经济的基础设施(2014 年之后)的动态升级过程。本书以互联网的流量等为指标,回顾了中国数字贸易的发展历程和各阶段的特征,并对比电子商务、搜索引擎、即时信息等功能的发展状况,探讨了中国互联网"走出去"的几种模式,指出当前中国数字经济主要以数字贸易、投资和商业模式方式走向国际。

一、数字经济与数字贸易市场发展

当前,中国已经成为全球网民人数最多的国家,也是数字经济总量仅次于美国的国家。其中,以互联网为基础、信息为资源、数据为要素的商业经济逐渐形成。2017 年 12 月"世界互联网大会"发布的《世界互联网大会蓝皮书》显示:早在 2016 年,中国以互联网为基础的数字经济规模总量就占 GDP 的 30.3%,达到 22.6 万亿元,仅次于美国。中美两国垄断了80% 以上的"独角兽企业",在全球最大的 10 家互联网公司中,主要在中国经营的腾讯、阿里巴巴、百度等入选;在电子商务领域,中国的交易额占世界交易额的 40% 以上,为全球第一;另外在移动互联网的链接上,中国的 4G 基站数量占世界的 60％以上,远远超过美国,为世界第一,中国已经成为互联网经济大国。

互联网与数字技术,是人类科技进步的产物。中国的科学家在 20 世纪 90 年代将互联网引入中国,在国家政策的鼓励下,互联网的基础设施得到了建设,并投入贸易流通等商业使用;在 21 世纪之后,一批互联网商业企业在中国迅速发展,较多开展数字服务贸易,到 2018 年,互联网在中国已经有了 8 亿多用户,产生了数以万亿的经济效应。互联网与数字技术在中国的发展,大致经历了科研、媒介、工具、平台、基础设施几个阶段。目前,主要通过对外贸易、对外投资和商业模式等方式"走出去"。

二、我国数字市场经济的发展历程

(一)信息与网络作为科研开展的阶段(1986—1994 年)

1986—1994 年,互联网作为一种科学研究的内容、方法和工具,被引入中国的科研体系。1994 年,中国实现了国内和国际互联网的全网链接。这代表在互联网研究领域,中国和国际接轨了。

互联网诞生之后,中国科研机构积极将其引入中国,并积极为其匹配网络资源和体系。1986 年,中国启动了"中国学术网"项目,并通过卫星链路远程访问日内瓦的主机节点。1987 年,第一封来自中国的电子邮件发出,邮件内容为"越过长城,走向世界",这是中国互联网最早的国际通信。

20 世纪 90 年代之后,中国开始有了网络资源。1990 年,中国拥有了属于自己的域名:1990 年 10 月,在德国卡尔斯鲁厄大学内,学者为中国建立了".CN"顶级域名服务器,并在 SRI-NIC(Stanford Research Institute's Network Information Center)注册登记,并开通了".CN"的国际电子邮件服务,表明中国开始有了自己的服务器,以及网址系统。1993 年中科院高能物理所租用美国卫星链路接入美国能源网。

1993 年,中国开始了互联网设施的建设。1993 年,在美国克林顿政府提出"信息高速公路"后,中国提出建设"三金工程"。"三金工程"是建设中国的"信息高速公路",包括金桥工程、金关工程和金卡工程。"金桥工程"建立国家共用经济信息网。"金关工程"是对国家外贸企业的信息系统实行联网,实行无纸贸易的外贸信息管理工程。"金卡工程"则是在金融机构推广使用"信息卡"和"现金卡"的货币电子化工程。其他信息化的"金字工程"还包括金智工程、金企工程、金税工程、金通工程、金农工程、金土工程和金卫工程,这一系列的"金字工程",推动了中国早期互联网的基础设施、软件和硬件建设,为后续的发展提供了基础条件。

1994 年,中国实现了互联网上的"全链接"。1994 年 4 月,中国互联网得到美国国家科学基金会(NSF)的认可,当年 4 月 20 日,NCFC 工程通过美国 Sprint 公司连入互联网的 64K 国际专线开通,实现了与互联网的全功能链接。从此中国被国际上正式承认为第 77 个真正拥有全功能互联网的国家。

(二)互联网作为市场组织媒介的阶段(1995—2001 年)

从 1995 年开始,中国邮电部电信总局开始向社会提供互联网接入服务。中国的一些企业和个人,开始把互联网作为信息传递、交流和展示的媒介。至 2001 年,一些未来在中国,乃至全球具有影响力的互联网企业得以创始,如阿里巴巴、腾讯、百度、京东等。这些企业在一开始,大多将互联网作为市场经济"信息媒介",来实现经济生活中的特定场景的交流与展示。

1995 年 1 月,邮电部电信总局分别在北京、上海设立的,通过美国 Sprint 公司接入美国的 64K 专线开通,并且通过电话网、DDN 专线等方式,开始向社会提供互联网接入服务。这标志着中国开始商业化、社会化的互联网服务。

中国的网民人数也在 21 世纪初得到了快速增长,至 2001 年底,中国已有 3370 万网民,联网计算机 1254 万台,主要采用"拨号上网"方式,直接上网也达到 234 万台。在这一阶段,互联网作为一种信息交流和展示的媒介,开始在市场交易场景中得到应用。作为媒体信息传递的工具,网易公司于 1997 年、新浪公司于 1998 年、搜狐公司于 1998 年纷纷创立;作为人们即时交流信息的工具,开发了 QQ 的腾讯公司于 1998 年创立;作为商品贸易信息展示的工具,京东于 1998 年、阿里巴巴公司于 1999 年创立;致力于网络信息检索的百度公司创立于 2000 年。这些企业,随着中国互联网经济规模的扩大,互联网服务场景的增多,得到了快速的成长。1997—2001 年中国互联网发展的主要指标如图 2-1 所示。

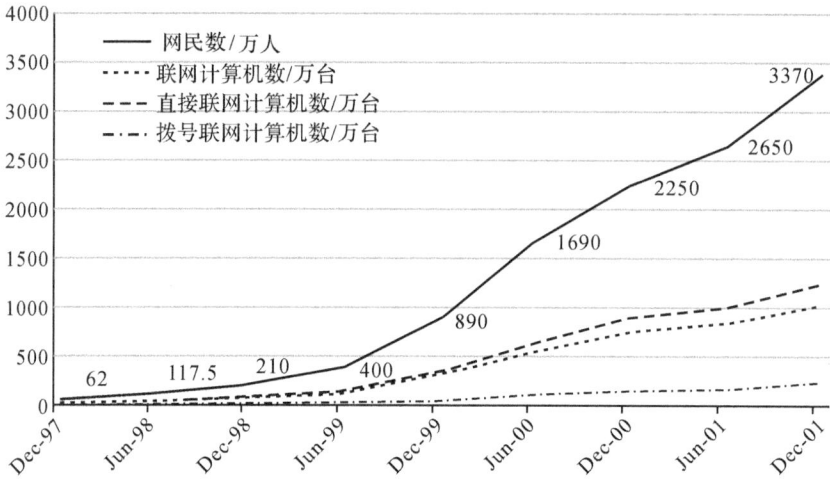

图 2-1　1997—2001 年中国互联网使用情况

（三）互联网成为数字贸易工具的阶段（2002—2008 年）

从 2002 年开始，与互联网有关的中国管理部门，出台了一系列法律规定，这一方面规范了中国的互联网市场，另一方面也为互联网的商业应用提供了空间和机遇。这一时期，互联网作为经济工具，被应用到了电子商务、搜索引擎、即时交流等场景中。

2002 年，中国出台了一系列对中国互联网影响深远的法律法规，包括：中国互联网协会发布的《中国互联网行业自律公约》；信息产业部通过的《中国互联网络域名管理办法》；文化和旅游部下发的《关于加强网络文化市场管理的通知》；新闻出版总署和信息产业部联合出台的《互联网出版管理暂行规定》；国家信息化领导小组通过的《国民经济和社会发展第十个五年计划信息化发展重点专项规划》《关于我国电子政务建设的指导意见》和《振兴软件产业行动纲要》；国务院公布的《互联网上网服务营业场所管理条例》等。这些法规规范了中国互联网经济的发展。

市场的规范，推动了中国互联网应用的发展，一方面网民人数加快增长，另一方面，互联网作为经济数字化的平台载体的商业创新，也在积极实现与发展。到 2008 年底，中国已有网民 2.98 亿人，IPv4 链接 1.81 万个，形成了巨大的链接。随着 2G 技术的应用，越来越多的人开始使用手机上网，

至 2008 年底，手机网民达到 1.18 亿人。网站开发也进入热潮，至 2008 年底
已有网站 287.8 万个。2002—2008 年中国互联网发展的主要指标如图 2-2
所示。2007—2008 年中国互联网主要商业场景使用情况如图 2-3 所示。

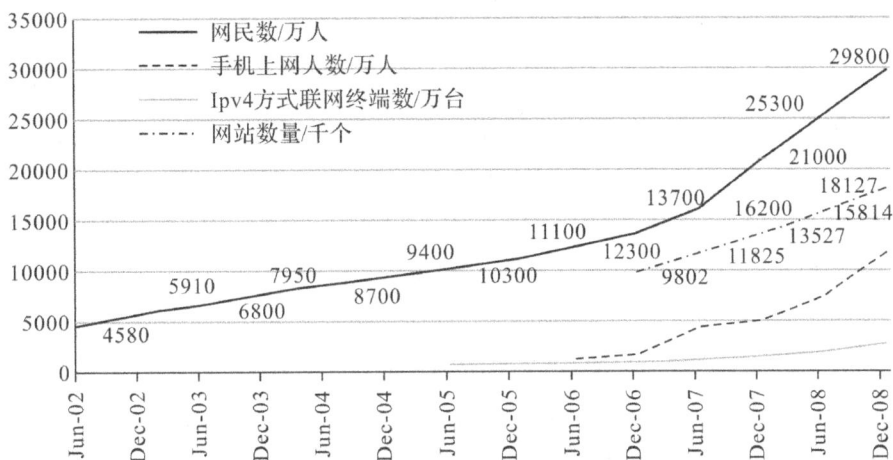

图 2-2　2002—2008 年中国互联网发展情况

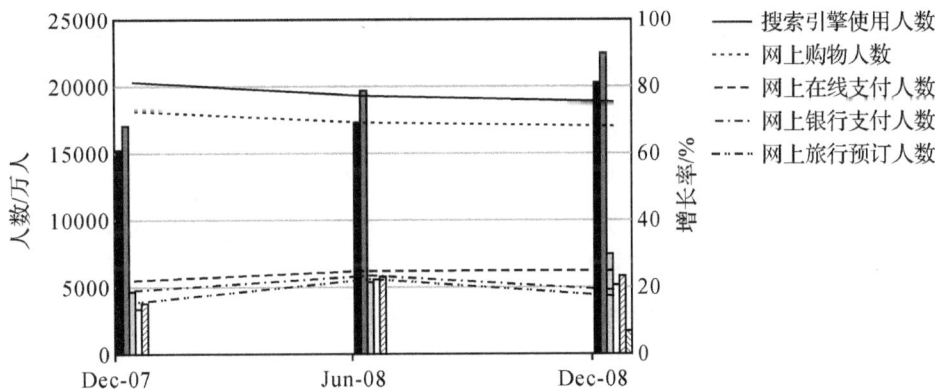

图 2-3　2007—2008 年中国互联网主要商业场景使用情况

彼时，中国人开始把互联网作为一种经济和生活工具，来实现一定的功
能。中国互联网企业逐渐升级为数字经济巨头，也把互联网数字化作为经
济工具，优化商业模式，嵌入商业场景。如阿里巴巴公司提供的淘宝、1688、
速卖通、Alibaba 等网站，分别在国内开展 C2C/B2C 贸易、B2B 贸易，在跨境
领域开展 C2C/B2C 贸易、B2B 贸易，实现了商业市场交易所需要的在线交

流、交易、支付、物流管控等工具功能。腾讯公司提供的 QQ,成为中国人网上交流、交友、协同工作的工具。百度公司通过搜索引擎,成了中国人检索信息的重要工具。

2002—2003 年,在中国等东亚、东南亚各国暴发了"非典"疫情,推动了人们通过新浪、搜狐和网易等门户网站收集信息的热情,推动其在美国的股价提升,引发了国外投资者对中国互联网科技公司投资的热潮。人们为了开展商业和交流活动,通过互联网和移动互联网来寻求"解决方案"。阿里巴巴公司在 2003 年退出了"淘宝"平台;京东推出的"京东多媒体"平台,也在 2004 年上线,两者后来成了中国前两位的电子商务公司。"非典"之后,人们开始把互联网作为信息、交流和商业的工具。互联网得到广泛应用。

2007 年,腾讯、百度、阿里巴巴市值超过 100 亿美元,中国互联网企业跻身全球最大的互联网企业之列。中国的互联网经济,基于全球最大的网民数量,开始有了与其他国家有了不同的特色。

(四)基于互联网建立起数字贸易平台的阶段(2009—2014 年)

2009 年之后,3G 的推广使得互联网在中国的应用,逐渐摆脱了"网线"的限制;中国的互联网企业,也积极将其商业模式打造成"网络经济平台",成为数字贸易市场载体的关键力量,而不仅仅是单一的信息化工具,这为国际金融危机之后的中国产业经济与市场的整合,提供了新的方式。

2008—2009 年,国际金融危机爆发,中国经济受到较大的影响。一些中国企业开始将市场转移到国内,互联网则成了企业进行商品销售、市场推广的重要平台,也成了企业间产业链合作的重要工具。

对于中国"数字贸易市场平台"的发展,一个重要的引擎,在于移动上网的网速加快。2009 年 1 月 7 日,工业和信息化部为中国移动通信集团、中国电信集团公司和中国联合网络通信有限公司发放 3 张第三代移动通信(3G)牌照,相比 2G,3G 移动上网的速度大大加快。至 2013 年底,我国 3G 用户数量达到 4 亿户,在全部移动电话用户中的渗透率达到 32.67%,3G 网络快速发展,可以满足较为复杂的互联网使用场景,推动了互联网的经济应用,实现了从工具到平台的跃迁。2009—2013 年中国 3G 普及情况如表2-1所示。

表 2-1 2009—2013 年中国 3G 移动电话用户数

年份	3G 移动电话数/万台	3G 用户在移动电话中的渗透率/%
2009	1232	1.65
2010	4705	5.48
2011	12842	13.02
2012	23289	20.93
2013	40161	32.67

数据来源:中国产业信息网(http://www.chyxx.com)。

在中国产业经济需要新的整合方式(受金融危机影响,全球价值链运行不畅),以及移动上网速度提升的"双重作用"下,中国移动网络应用进入"快车道"。2009 年 1 月至 2014 年 12 月,中国网民人数从 3.38 亿人增长到 6.49 亿人,比这个数字增长更快的是"移动互联网"网民的增长,从 1.55 亿人增长到了 5.57 亿人,中国成为全球"移动网络"最大的市场;对于"有线"上网,中国的网速也大大提升,这归功于当时的上网协议,大多从 IPv4 进化到了 IPv6,移动上网和网速提升,使得数字企业能够在网络工具中植入更多的商业模式,推动由工具到平台的转型。这一阶段,网站数量不再增长,因为更多的企业致力于将网站打造成有多项功能的"平台",以及移动互联网上的应用开发。2009—2014 年中国互联网发展的主要指标如图 2-4 所示。

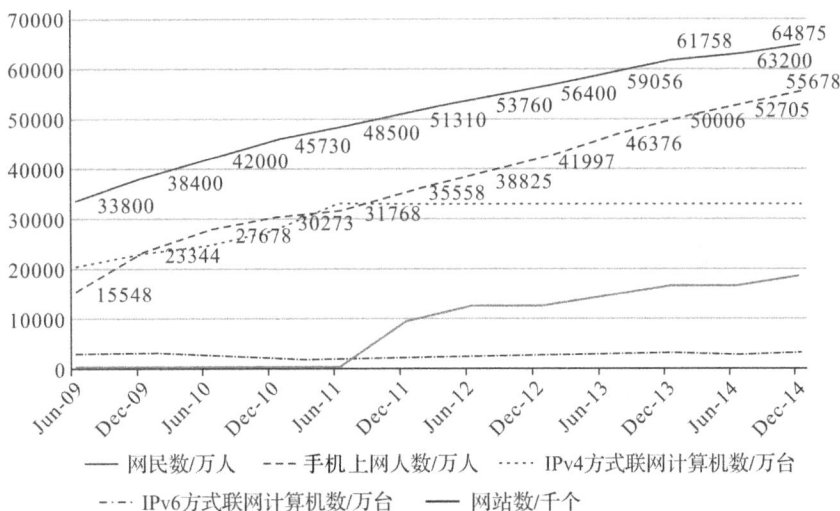

图 2-4 2009—2014 年中国互联网发展情况

在这一阶段,中国的互联网领导企业,都通过数字化,完成了从"工具"到"平台"的转型,如阿里巴巴和京东,开始从主要作为电子商务的工具,整合了物流管理、网上支付、网上银行、网上投资,以及本地生活等功能,成为中国人购物、网上理财、获得服务的主要平台;腾讯也通过 QQ 和微信两大即时通信工具,整合了网络游戏、网上娱乐、网上支付、网上金融、本地生活等功能。"平台化",推动阿里巴巴和腾讯在这一时期快速增长,成了全球前五位的互联网公司。

一些致力于在人民生活特定场景中建立数字市场服务平台的公司,也在这一时期蓬勃发展,如致力于在线订餐的美团和饿了么,致力于网络视频的爱奇艺和优酷,致力于在线出行的滴滴和快的等。

作为数字平台,互联网形成的数字贸易在这一阶段对中国经济整合的方式,与美国不同的是:中国的互联网数字化更多整合了中国的市场和消费者;而美国的互联网则更多进入了产业链。麦肯锡公司的报告对 2013 年中、美互联网做了比较,在网络零售规模和占整个零售业的比重,以及网络零售市场商品种类上,中国占优,而在企业互联网使用率,以及云服务渗透率上,美国占优,可见中国的互联网数字化在当时更多是提供了一种新的市场组织方式与交易机制。2013 年中美数字贸易线上市场比较如表 2-2 所示。

表 2-2　2013 年中美数字贸易线上市场部分指标比较

数字贸易项目	中国	美国
网络零售	295 亿美元	270 亿美元
占零售业的比重	7%～8%	6%
电商商品数量	8 亿种	5.5 亿种
活跃买家	2.31 亿家	1.28 亿家
社交网站普及率	60%	73%
云服务渗透率	21%	55%～63%
中小企业运营中互联网使用率	20%～25%	72%～85%

资料来源:麦肯锡研究报告。

互联网数字化在中国经济中应用的"平台化",以及平台功能之间的"互通",推动了这一时期中国数字经济的迅速发展,各大应用场景人数迅速增多，到 2014 年底，使用搜索引擎的人数达 5.2 亿，使用即时通信的人数达 5.9 亿，使用网上购物的人数达 3.6 亿，使用网上支付的人数达 3.0 亿，使用网上银行的人数达 2.8 亿，使用在线旅游预订的人数达 2.2 亿。从使用人数来看，至此，中国已经成了全球最大的互联网市场，推动了中国经济以实体经济与网络经济协同的模式发展。2009—2014 年中国互联网主要商业场景使用情况如图 2-5 所示。

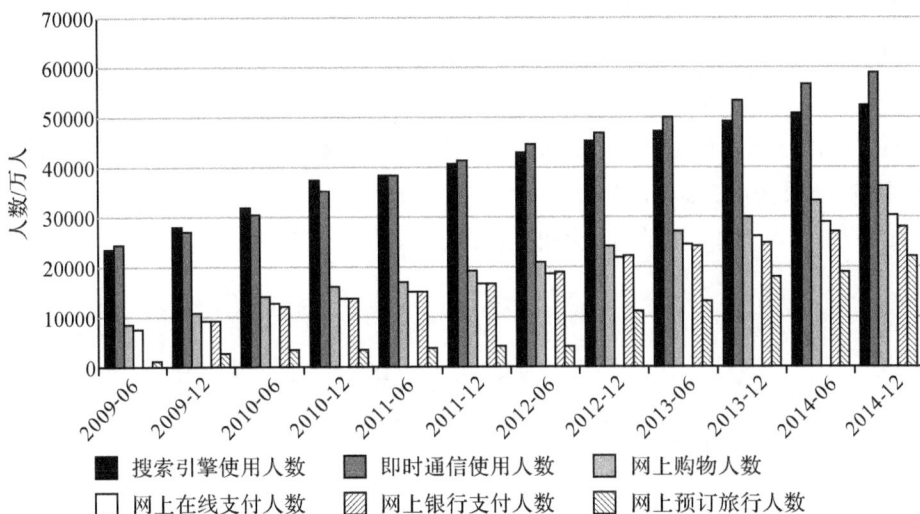

图 2-5　2009—2014 年中国互联网主要商业场景使用情况

(五)数字贸易形成市场经济基础设施的阶段(2015 年之后)

2015 年，中国提出"互联网＋"行动计划，开始将互联网应用到市场经济发展的各方面；同时，随着 2015 年后比 3G 更快的移动互联网的 4G 模式普及，中国人在各种生活场景中应用互联网，互联网数字化成了中国产业经济和市场发展的基础设施，如同水、煤、电一样，成了推动新时代经济发展的基础条件，中国进入数字经济与实体经济互相促进、协同发展的新阶段。

2015 年后，中国的互联网经济得到全面发展，其特征是与国民经济的各个方面的深度结合：工农业生产通过互联网来优化其生产效率，加强产业链的协同管理和生产的精细化；消费市场和产业市场通过数字市场来形成新的贸易和信任关系。中国在 2015 年也提出了"大众创业、万众创新"的号召，大量年轻人将数字市场作为创新创业的基础空间，创新并实现新的商业模式。从 2015 年开始,一些以互联网数字化为基础的新的经济形态,如信息经济、网络经济、共享经济、大数据经济、物联网经济、服务经济、智能经济等在中国依次成为热潮,吸引了大量的投资,成为中国经济的热点。

2015 年后,中国互联网的使用人数仍在上升,而增速下降,到 2018 年 6 月底,中国已经有了 8 亿网民,超过了欧洲和美国的人口总和;另一个趋势是中国互联网的"移动化",到 2018 年 6 月底,中国已有手机网民 7.9 亿人,占网民总人数的 98%,同时中国互联网宽带的速度也大大加快。在互联网的主要应用场景上,搜索引擎、即时通信、在线购物和支付成为应用人数最多的功能,这也巩固了中国互联网经济中百度、腾讯、阿里巴巴三大巨头的地位,三者分别以信息搜索、人员交流和网络购物为基础,建立了广泛的互联网应用服务生态,并积极整合大量新创立的平台企业和商业模式。2015—2018 年中国互联网发展的主要指标如图 2-6 所示。

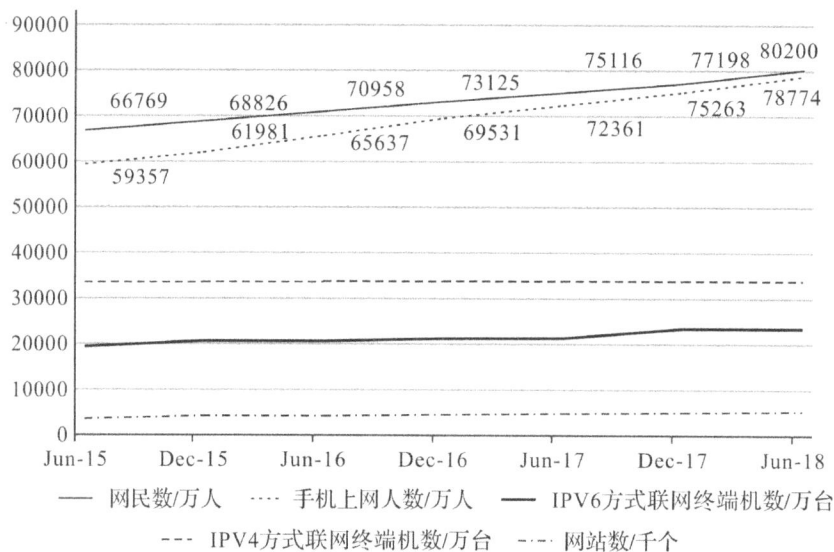

图 2-6　2015—2018 年中国互联网发展情况

2015 年后,中国数字市场的特点在于:一是在内容上从 Web1.0 上升到 Web2.0,通过互联网实现的协同和互动成为主流模式;二是从空间上,大量的商业模式摆脱了"网线"的约束,将互联网商业的竞争地转移到移动互联网领域;三是新一代的数字技术,如物联网、大数据、云计算,以及区块链得到了广泛应用,成为社会经济优化的新引擎,尤其是在近年来,这些技术又逐渐升级为人工智能技术，加速催生新产业新业态新模式；四是商业上，出现了将线上的信息化交易和线下的优化体验相结合的商业模式，被称为"新零售"；五是中国的领先互联网公司，纷纷将业务平台，打造为以消费者生活或生产者工作为核心的服务生态系统，如阿里巴巴的淘宝与天猫融合成为购物生态系统，支付宝的金融服务与本地生活功能相融合。2015—2018年中国互联网主要商业场景使用情况如图2-7所示。

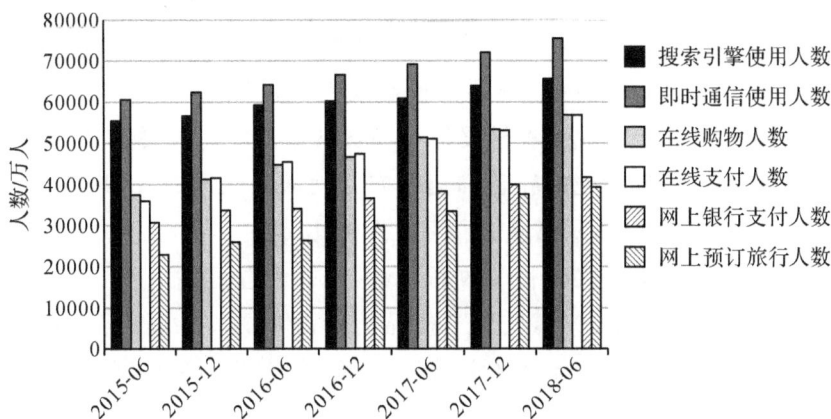

图2-7　2015—2018年中国互联网主要商业场景使用情况

第三节　数字贸易贯通内循环的城乡市场

在我国经济的市场循环中，"城乡一体化"是长期困扰贸易市场组织难题，也是造成内循环统一大市场较难实现的主要障碍之一。在此背景下，探讨数字贸易贯通内循环的机制，应当重视从农村市场出发建立起城乡双向互动的循环体系，带动区域空间中城乡市场的有效贯通。本章基于实地调研，运用扎根理论方法，针对浙江丽水农村电商发展过程中的"农村数字市场交易"问题，以当地政府、电商企业、农户为对象进行深度访谈，并收集相关资料。通过编码与分析，构建农村电商模式下"农村数字市场交易"路径的升级模型，并结合价值链耦合理论进行分析。研究发现，农村的工业品消费需求和电子商务的外部环境推动了"工业品下行"与农村电商模式的对接；农村消费的实体价值链和电商虚拟价值链的"双链"耦合实现并优化了工业品的下行；与农村本地化服务的结合，对农村消费者实际需求的挖掘，提高了"农村数字市场交易"的质量和效益，从而更好地服务于"三农"发展，助力乡村振兴。

一、数字贸易内循环中的农村市场

随着乡村振兴战略等政策的实施，城乡市场以进一步统一的方式融入经济内循环，我国农村地区消费环境日益改善，消费潜力逐步释放。其中，基于互联网的数字贸易成为农村贸易市场发展最有力的重要工具。智能手机的普及和网络基础设施的完善加速了农村地区互联网的发展，截至2018年6月，我国农村地区网民数量达2.11亿，增长迅速。在此背景下，我国农村网络零售市场呈爆炸式增长。数据显示，2017年全国农村网络零售额为1.24万亿元，同比增长39%，其中工业品消费占83%。农村电子商务的发展成为解决农村地区工业品消费需求问题、实现"工业品下行"的有效途径。但在我国大部分农村地区，由于物流条件、网络设施、上网技能等方面的问题，电商市场中丰富的工业品无法实现下行，不能满足农村市场的消费需求，阻碍了农村地区的发展。

农村消费品市场的问题由来已久，我国学者对此进行了大量研究（张守义，1982；薛莘，1984；王岳平，1998；刘伟，2010）。数字贸易中的农村电子商务模式的兴起为工业品进入农村市场提供了一种新的方式，通过互联网平台整合工业品的信息，建立特色的农村服务站点，并提供代买和配送等服务，实现工业品的下行。这种方式缩短了农村消费者与城市工业品之间的购买距离，打通了城乡间的信息流与物流渠道。在已有研究中，我国学者对农村电商模式下的农产品上行（汪旭晖，2016）、农村就业（王金杰，2017）、农村发展（王骊静，2014；曾亿武，2016）等问题进行了研究，但少有文献提及农村电商与"工业品下行"问题。如何通过农村电商实现"工业品下行"，满足农村市场消费需求？如何结合农村消费者实际需求，优化工业品的下行路径，使农村消费者能够快速、满意地获取到城市商品？这是需要进行深入研究的问题。

自Rayport和Sviokla（1995）提出虚拟价值链以来，国内外学者将其广泛应用于电子商务领域的理论研究中（Bhatt，2001；Amit，2001；杜晓君，2004；杨学成，2015）。农村电子商务是植根于我国农村发展的新型数字贸易模式，符合该理论的应用范围。对于农村电商和"工业品下行"的问题，现有文献中较少有学者从价值链视角进行研究。本节引入价值链及其耦合机制探究农村电商对于"工业品下行"路径的优化升级作用。首先，对价值链理论和农村电商的已有研究进行总结和评述。其次，通过实地调研浙江丽水农村电子商务与数字贸易市场组织的发展现状，对有关政府主管部门、电商企业、农户进行深度访谈，并收集相关资料。运用扎根理论梳理不同时期丽水农村电商与"工业品下行"的耦合方式，构建农村电商模式下"工业品下行"的路径升级模型。最后，结合价值链理论，分析不同时期工业品借助农村电商渠道下行的具体场景，探究其中蕴含的"双链"耦合原理，为农村电商的进一步发展提供理论支持。并根据"双链"耦合节点，提出农村电商优化"工业品下行"路径的策略建议。

二、农村数字市场的相关文献评述

（一）价值链和虚拟价值链

价值链是分析企业价值创造活动的重要工具，本书所研究的"工业品下行"问题是通过农村电子商务活动实现服务"三农"的价值。价值链最早由Michael E. Porter（1985）在《竞争优势》一书中提出，其从基本活动和辅助活动两个方面分析企业在经营过程中的价值创造。其中，基本活动包括内部后勤、生产作业、外部后勤、市场营销和销售、服务5种活动，构成经营活动的主体；辅助活动包括采购、技术开发、人力资源管理、企业基础设施建设4种活动，为企业的经营提供支持。传统的工业品下乡通过农村地区的"批发-分销"实现，从工业品的生产、采购到销售构成一条价值链，由农村消费者的购买实现其价值。

随着网络经济的出现，Rayport和Sviokla（1995）提出了虚拟价值链。在网络经济中，企业在市场场所（物质世界）和数字贸易组织的市场空间（信息世界）中同时竞争。企业通过信息的收集、组织、选择、合成和分配5种活动创造价值，并通过可视化管理、提供市场响应能力和利用信息技术建立新型顾客关系3个阶段增加价值。农村电商模式下的"工业品下行"建立在互联网基础上,以电商平台的信息整合和物流配送等活动,实现农村消费者的购买,从而达到用信息创造和增加价值的目的。

现有文献中,价值链和虚拟价值链是国内外学者研究电子商务领域的重要理论。Bhatt 和 Emdad(2001)指出虚拟价值链在产品宣传和客户关系管理方面具有优势,而实体链和虚拟链的集成程度是电子商务成功的关键因素。Amit 和 Zott(2001)研究发现电子商务企业在交易完成时实现价值创造,并提出了电子商务价值创造潜力的 4 个维度:效率、互补、锁定、新颖性。我国学者许仲彦(2004)在对电子商务协同发展模式的研究中,结合虚拟价值链分析其竞争优势。陈荣(2006)通过构建企业虚拟价值链模型,分析数字市场创造的成本和产品优势。李震(2008)将价值链模型与互联网信息相结合,提出电子商务的虚拟价值链分析方法。本节所研究的农村电商是数字市场在"三农"问题中的实践,具备电子商务的一般特性又兼具创新点,因此,引入虚拟价值链的相关理论进行研究。

(二)农村电子商务和农村市场的相关研究

具有我国特色的农村电商模式是在数字经济发展浪潮中,植根于农村的服务"三农"的数字贸易市场组织新模式。学者们从经济结构、制约因素、发展模式、经营效率等方面进行了深入研究。已有研究中,以影响因素研究和策略建议为主。郑亚琴(2007)通过建立农村信息网络基础设施的信息主体、信息消费、信息基础设施等指标,探究了农村电商发展的区域不平衡问题。李志刚(2007)从农产品流通、农村经济结构调整等方面进行分析,认为农村电商的实质是现代信息技术服务于"三农"。王海龙(2007)在服务意识、行业特征、基础设施、农民文化素质等方面对农村电商进行了研究,并提出了新的构想。随着农村电商的进一步发展,学者们的研究也更加深入,并引入定量研究的方法。郭承龙(2015)认为可通过建立双通道网络渠道,挖掘农村自然禀赋,实现农村电商的共生发展路径,解决当前农村电商模式的集群效率和经营效率低下的问题。董坤祥等(2016)使用系统动力学方法构建了农村电商集群发展模型,通过分析遂昌、沙集农村电商的发展模式和阻碍因素,发现了资源禀赋、经济基础等因素。穆燕鸿(2016)通过建立结构方程模型,验证农村电商发展的影响因素,包括基础设施、外部环境、内生力量、电商平台等因素,并对这些因素之间的相关性进行分析。

也有学者从农村电商对农村、农业、农民的具体影响入手进行研究（吕丹，2015；洪勇，2016），本节则以"工业品下行"问题为切入点，探究农村电商对于工业品进入农村市场的升级作用。工业品下行指通过电子商务平台实现城市中的消费品、工业品下乡，对接工业消费产品与农村市场。近年来，我国学者从不同角度研究了工业品下行对于农村发展、农民消费产生的影响。武晓钏（2016）通过研究农村物流运营服务问题，提出了基于移动互联网的对接农村城市的商贸流通体系，实现城市工业品的下行。汪燕（2016）通过研究电商企业的农村交易额发现工业品下行在农村地区具备一定基础和规模。钟燕琼（2016）指出工业品下行丰富了农民的消费选择，提高了农民的消费意愿。李国英（2017）指出工业品下行激发了农村市场的潜力，也成为新时代农村市场的发展趋势。上述文献研究表明，工业品下行对农村发展和农民消费产生了积极的影响。本书以农村电商模式下"工业品下行"的路径问题为导向，在已有研究的基础上，探究"工业品下行"路径的优化问题。

（三）数字贸易市场虚实"双链"耦合机制相关研究

在物理学领域，耦合指系统间通过相互作用形成动态关联的过程。近年来，此概念被学者们引入价值链之间相互作用的研究中，"双链"耦合指不同价值链条之间协同发展的过程，已有文献中，我国学者在研究不同产业链之间的协同时多采用此理论。吴勤堂（2004）在研究产业集群与区域经济发展时引入耦合一词，描述产业集群和区域经济增长、结构升级的作用机理。杨红（2009）研究农业和旅游业的协同发展问题时，认为产业耦合是不同产业间的非线性竞争与协同过程，最终实现系统向更有序的方向发展。本书通过探究原有工业品市场到农村市场这一过程中存在的实体价值链与农村电商模式的虚拟价值链之间的耦合机制，分析农村电商如何优化"工业品下行"的路径问题。

综上所述，通过数字贸易组织农村电商市场对于我国农村地区的经济社会发展具有重要意义，但在"工业品下行"过程中仍存在地理位置、物流配送、服务等阻碍因素。学者们对于农村电商宏观层面的研究较多，但并未就工业品下行问题进行深入研究，而且已有的农村电商研究中较少采用虚拟价值链理论，缺乏实体价值链与虚拟价值链的耦合研究。本节以农村电商模式下的"工业品下行"问题为研究对象，运用扎根理论，以丽水农村电商实地调研和访谈资料为基础进行编码，构建农村电商模式下"工业品下行"的路径模型。结合价值链理论，分析从工业品市场到农村市场这一过程中原有的实体价值链与农村电商模式的虚拟价值链之间的耦合机制，为当前我国农村电商的发展模式优化提供有效的策略建议，实现品质好、实用性强的工业品快速下行，以满足农村升级的消费需求，提高农村居民的生活水平。

三、基于实地调研的农村数字贸易机制研究设计

(一)研究方法

本节以农村"工业品下行"问题为研究对象，探究农村电商模式发展过程中的"工业品下行"如何进行，以及乡村振兴视角下，农村电商如何优化升级"工业品下行"的路径，并结合实体、虚拟价值链的"双链"耦合机制展开分析。本书从"是什么"出发，对"如何"这一问题进行探索性研究，故采用案例研究方法较为合适(Eisenhardt，1989；Yin，2013)。目前学术界对于农村电商和"工业品下行"问题无具体分析框架，因此本书运用扎根理论，进行探索性研究，填平经验与理论之间的"鸿沟"(Glaser & Strauss，1967)。扎根理论的研究过程如图 2-8 所示。

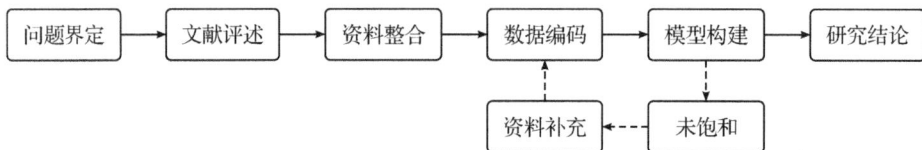

图 2-8　扎根理论的研究过程

(二)研究设计

本节研究分为三个阶段，第一阶段为实地调研与访谈，通过实地调研丽水莲都、青田、龙泉、遂昌等地，对当地农村电商的政府主管部门、企业、农户进行深度访谈，获取研究所需的一手资料；第二阶段为资料整理和补充，收集并整理丽水农村电商企业的相关资料以及行业内论坛报告等二手资料；第三阶段为编码与建模，对上述资料进行编码，构建农村电商模式下"工业品下行"的路径升级模型，并进行饱和度检验。

(三)资料收集与整理

本节研究以丽水农村数字市场为调研对象,收集丽水以电子商务为代表的数字市场企业管理者、员工,政府相关部门负责人、公务员,丽水当地农村电商服务对象等相关资料,并于 2018 年 7—10 月进行深度访谈、会议调研,其中深度访谈 14 人次,研讨 3 次,获得会议发言报告和资料 13 份。资料目录见表 2-3。

表 2-3　对丽水数字市场的实地调研和会议调研资料

内容	时间	对象	形式	内容
电商发展	2018 年 7 月	地市农村电商管理部门负责人、基层公务员等共计 3 人次	深度访谈	丽水现阶段农村电商发展情况,丽水农村电商呈现的特点等
企业经营	2018 年 8 月	遂昌、龙泉、莲都等地农村电商企业、园区的负责人共计 6 人次	深度访谈	针对丽水农村电商的发展模式,对相关人员进行了深度访谈
农户访谈	2018 年 8 月	位于丽水遂昌金竹乡、遂昌松阳镇等地的农户,共计 5 人次	深度访谈	针对农村电商为农民生产、生活带来的综合效益,农民的参与度等进行了深度访谈
政策解读	2018 年 10 月	参加中国农村电了商务大会,整理会议发言 10 人次,报告 3 份	会议发言	国家对农村电商的政策措施,以及当前农村电商的模式发展

注:根据访谈与会议资料整理,共计 27 份,23.6 万字。

四、农村数字市场调研结果分析

本节通过资料编码和饱和度检验两个阶段对已有资料进行研究分析。其中,编码主要指根据扎根理论的研究方法对基础资料进行开放编码、主轴编码和选择性编码的过程;饱和度检验指对通过编码所建立的模型进行效度检验,更新和增补数据直至模型饱和。

(一)开放编码

开放编码是将原始资料打散,赋予概念,并根据概念重新组合的过程。

根据"一切皆是数据"（Glaser，1998）的原则，将调研所得的访谈录音、会议资料等整理为文字，对原始资料进行分解、贴标签处理，提炼概念206条。其中，用于建模的概念有153条，用于饱和度检验的有53条，部分编码过程见表2-4。上述概念进一步归纳为36个副范畴、9个主范畴。

表 2-4　原始资料开放式编码过程示例

部分原始资料	贴标签	概念
大学生创业的"新农人"较少，"农二代"是当前电商人才孵化最稳定的部分，他们在农村的生活基础好（LD-1-2-1）	农村大学生	创业人才
部分农民情愿到实体店，做线下的一些购买，因为可以看到实物，哪怕线下购买不好，也可以退换货（LD-1-3-1）	偏好线下购买	农民购买习惯
2017年，笔者开始总结自己的服务模式和经验，大规模进行对外输出。涉及西藏、新疆等30多个省份，包括参加培训、平台搭建等，广西、海南、山西等实地接入（XW-2-1-3）	经验对外输出	模式输出
成立第一年（2010），笔者组织免费的电商培训，前来参加培训的学员有500多人，其中还有不少学员来自遂昌以外的县市（GJ-1-1-5）	培训吸引力	电商培训
笔者希望打造地方性产业生态链，上游为供应商，下游为网店，中间是服务合作商，网店协会可以打造一个综合服务平台（GJ-1-2-1）	综合服务平台	平台定位
2016年，被浙江省商务厅列为全省电子商务进万村的指定承建单位，作为全国农业农村信息化推进会、全国农村电子商务现场会的重点考察单位，获得了各界领导的高度赞扬（GJ-1-4-1）	指定单位与获赞	政府支持；社会认可
凡是在赶街网上购买的商品都提供平台担保，若存在质量问题可进行退换货（GJ-1-5-3）	担保与退换	商品退换服务
现在整个3.0的业务，植入综合业务区块，包括政府的保险、电动车上牌、乡镇物流快递和农产品上行（GJ-2-3-1）	政府保险、电动车上牌	本地化服务
平台上的产品，针对的是农村消费者，围绕着他们的生产、生活相关内容，去做定位与选品。跟农村生活没有关系的商品，他们可能不会去选择（GJ-2-6-2）	农村相关产品	对接实际需求
农村电商依托赶街模式，搭建服务农民的合伙人体系和商品体系，站点进行分拣、包装、配送等公共服务，并利用村级服务站点，建立村级金融服务（HY-1-3-1）	公共服务、金融服务	综合服务化

(二)主轴编码

主轴编码是指梳理和分析各个概念之间的关系,整合出更高层次的范畴,并建立分析模型的过程。根据丽水农村电商的发展阶段,按照"环境(条件)-行为-结果"将主范畴分为三个部分。其中,工业品下行 1.0—3.0 是"工业品下行"路径演变过程中农村电商的发展环境;从农村基础服务到公共服务再到综合服务,是农村电商模式对于"工业品下行"路径的构建;从初步发展到形成模式再到全面发展,是指随着农村电商的发展,"工业品下行"渠道逐渐打通、服务质量提高,最终服务"三农"发展。具体归纳为表 2-5、表 2-6和表 2-7。

表 2-5 丽水模式 1.0 下"工业品下行"路径的逻辑关系

编号	主范畴	副范畴	范畴内关系内涵
1	工业品下行 1.0	初步政策引导、电商基础设施、农民上网能力、农村基本需求	以丽水农村电商起步阶段的外部环境为主要内容形成范畴。2010 年,丽水在全国率先成立了农村电子商务建设工作领导小组,引导农村电商起步。但由于电商基础设施落后、农民上网能力不足,该时期农村工业品消费市场基本需求难以得到满足
2	农村基础服务	农村电商协会、初级电商培训、搭建电商平台、建立农村物流	以该阶段丽水农村电商实践的内容形成范畴。遂昌县成立了第一个农村网店协会,提供免费的电商培训,初级的电商培训逐渐推广开来。在此基础上,开始搭建农村电商平台,建立相应的物流配送
3	初步成果	农村网店涌现、电商创业人才、农村就业环境、网购服务匮乏	以该阶段丽水农村电商的发展成果为内容形成范畴。经过一系列电商实践,丽水各县区出现农村网点,第一批电商人才投入农村电商创业中,改善了农村的就业状况。但该时期,城市"工业品下行"的服务依旧匮乏

表 2-6 丽水模式 2.0 下数字市场"工业品下行"路径的逻辑关系

编号	主范畴	副范畴	范畴内关系内涵
1	工业品下行 2.0	政策扶持加强、国内电商市场、农村网络基础、农村市场需求	以丽水农村电商快速发展阶段的外部环境为主要内容形成范畴。这一时期,政府加大对农村电商的政策扶持,同时国内电商市场发展迅速,大量工业品进入电商市场。农村网络接入、硬件设备逐渐完善,"工业品下行"形成一定规模

续表

编号	主范畴	副范畴	范畴内关系内涵
2	公共服务体系	市级服务中心、县级运营中心、乡镇物流中心、村级服务站点	以该阶段丽水农村电商实践为内容形成范畴。2013年，全国首家地级市农村电商公共服务中心在丽水投入运营。随后丽水逐渐形成"市级—县级—乡镇—村"四级公共服务体系，它们功能各有不同。该时期"工业品下行"规模迅速增长
3	模式形成	农民网购能力、农村物流体系、区域电商发展、电商模式输出	以该阶段丽水农村电商实践效果为内容形成范畴。电商企业关注到"工业品下行"的市场潜力，深入乡村打通"工业品下行"的渠道等。丽水农村电商成长迅速，并开始对外输出农村电商模式

表 2-7　丽水模式 3.0 下数字市场"工业品下行"路径的逻辑关系

编号	主范畴	副范畴	范畴内关系内涵
1	工业品下行 3.0	乡村振兴系列政策、移动互联网发展、农村消费提升、电商模式成熟	以丽水农村电商全面发展阶段的外部环境形成范畴。新时代，党的十九大报告中提出乡村振兴战略，"一号文件"指明农村电商发展。随着移动互联网的普及和农村市场的消费升级，丽水农村电商发展模式更加成熟
2	农村综合服务	信息整合发布、电商售后服务、农村生活服务、创业与扶贫	以该阶段丽水农村电商实践为内容形成范畴。该阶段，丽水农村电商逐渐演变为涵盖农村信息服务、工业品售后服务、农村便民服务、创业服务以及扶贫工作的综合体，打造丽水农村地区本地化、一体化的农村电商综合服务体
3	全面发展	双流通渠道、现代农业、农民生活质量、布局全国农村	以该阶段丽水农村电商发展效果为内容形成范畴。经过数年的农村电商实践，形成"工业品下行"与"农业品上行"的双流通渠道、"互联网＋农业"的现代农业体系，城市工业品满足了农民消费需求，提高了农民生活质量，这一模式逐渐在全国范围内得到推广

(三)选择性编码

选择性编码是在概念类属关系中选择核心部分,将其相关的概念纳入理论模型。根据丽水农村电商的发展阶段和主范畴之间的关系,构建丽水电商 1.0—3.0 时期农村电商模式下的"工业品下行"路径模型,见图 2-9。

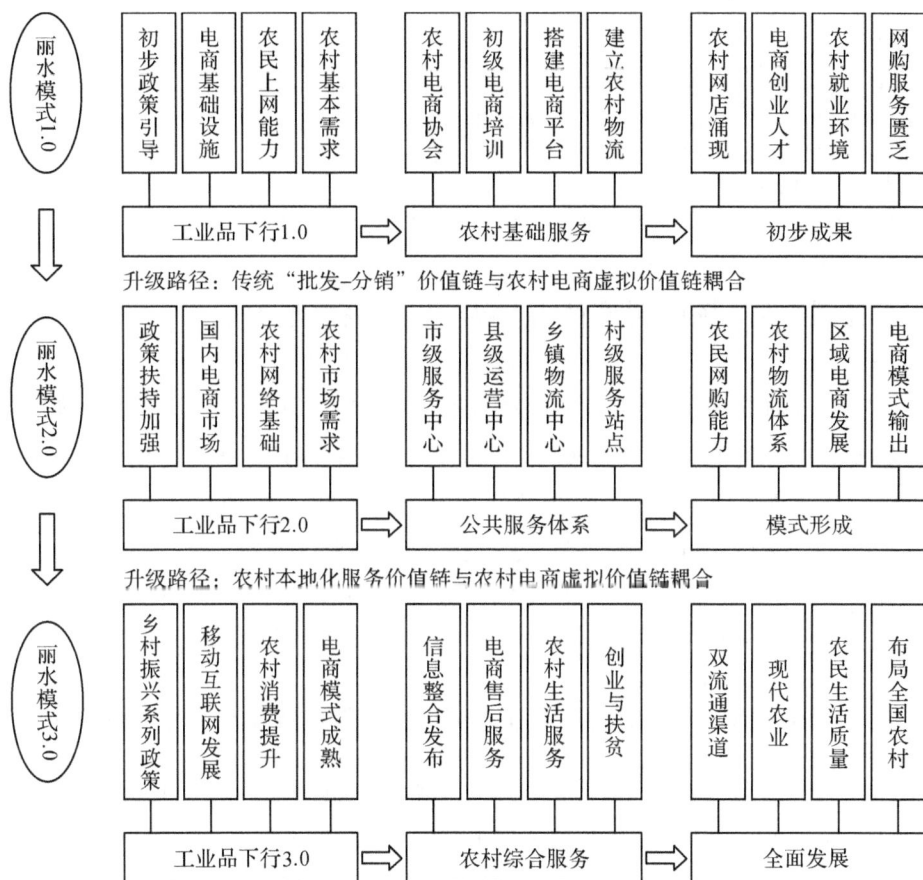

图 2-9　丽水模式演进过程中的数字市场"工业品下行"路径升级模型

(四)理论饱和度检验

为检验理论的饱和度,本节以预留资料所得的 53 条编码与已形成的编码进行比对,未发现新的范畴和关系,可认为上述建立的理论模型是饱和的(示例见表 2-8)。

表 2-8　部分饱和度检验编码

部分原始资料	贴标签	概念
在我看来,电商进村至少有这三个问题,第一个是很多农民家里没有宽带、没有电脑,上不了网;第二是农村老人和儿童居多,会上网买东西的人少;第三是没有物流公司送货。即使在经济相对发达的浙江农村,快递服务也还无法覆盖到所有的农村(GJ-1-3-4)	宽带、电脑问题;不会上网;快递覆盖	硬件设施;网购技能;物流配送服务
人才培育协议,在孵化的时候提供免费帮助;在店铺盈利之后,比如淘宝店铺获得三颗钻后,签订另外的合同(LD-1-8-2)	人才培育方式	电商培训

五、数字市场虚实价值链耦合机制的模型分析

农村电商数字贸易模式下的数字市场"工业品下行"路径,是以互联网为基础的虚拟价值链与农业转型、新农村建设、农民生活服务优化的实体价值链耦合实现的,即"双链"耦合的过程。从丽水农村电商模式的扎根研究中可以得出,农村电商模式下的"工业品下行"路径如何进一步优化,关键在于如何将"工业品下行"融入本地化农业生产、农村建设和农民生活的具体场景中,以"双链"耦合点的优化,提升"工业品下行"的质量与效益。

(一)丽水模式 1.0:农村市场需求倒逼农村数字市场对接"工业品下行"

丽水模式 1.0 始于 2010 年前后,当地政府顺应电商发展趋势,成立农村电商工作小组,引导丽水农村电商的基础设施建设,此时的农村电商旨在建立"农产品上行"的电商渠道。在政策的引导下,丽水农村电商取得突破性进展,形成"培训＋创业孵化"的体系。如成立遂昌网店协会,提供电商培训、平台搭建、物流建设以及营销等服务;如麦特龙仓储式超市,为"农产品上行"提供仓储与物流方案。在"工业品下行"方式上,由于丽水农村地处浙西山区,交通条件落后,仍以传统的批发分销方式供给农村工业品需求。

这一阶段,"工业品下行"的问题表现为农村工业品需求增加,传统下行

路径无法满足。而此时城市消费品、工业品集聚在电商平台上，形成品类齐全的工业品电商市场。2010年，我国电子商务交易规模达4.8万亿元。同时，丽水政府引导的电商培训、宣传以及网店创业潮的形成，提高了电商在农村的认知度，开始逐步建设初级的物流、信息流等电商设施。在外部市场和内部条件的共同作用下，农村市场的工业品消费需求倒逼农村电商对接"工业品下行"路径，以满足农村消费者的工业品需求（如图2-10所示）。

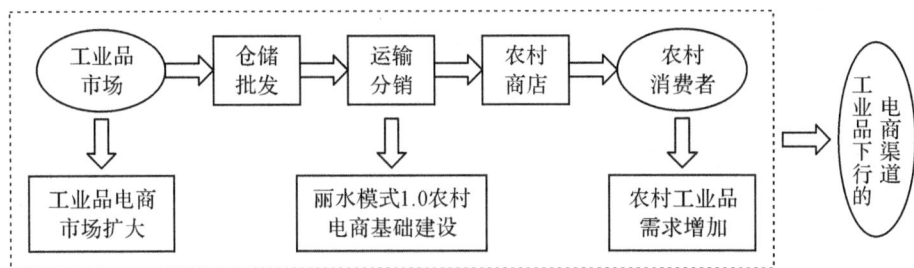

图 2-10　丽水模式1.0数字市场"工业品下行"价值链

（二）丽水模式2.0："县-乡-村"公共服务体系优化数字市场"工业品下行"

丽水模式2.0始于2013年前后。经过1.0阶段的建设，"培训＋创业孵化"模式在丽水农村地区营造了良好的电商氛围，农村电商创业青年持续增加。随着政策落地和资金投入，丽水农村电商逐步建立起"县—乡—村"三级公共服务体系。其中，县级运营中心承担运营管理、货物分拨、供销渠道等功能；乡镇物流中心主要负责物流配送以及村级分拨；村级服务站点具有代买与配送功能，通过电脑展示商品，协助农村消费者下单、支付完成购买，并负责收货与"最后一公里"配送。2013年6月，首个农村服务站在遂昌县王村口镇成立；7月，全国首家地级市农村电商公共服务中心在丽水投入运营；12月建立了浙江首家淘宝地级市馆——淘宝网"特色中国·丽水馆"。同年，阿里研究中心发布了关于"遂昌模式"的报告，丽水农村电商获得了广泛关注。

这一阶段，丽水农村地区互联网基础设施逐渐完善，出现了具有网购设备和"最后一公里"配送的农村服务站点。但是，农村消费者缺乏网购设备和技能的问题仍然存在，只有通过农村服务站点来实现工业品购买。具体表现为服务点通过配备电脑等设备，向农村消费者展示电商市场中的工业品信息,并进行代卖、线上支付、代收等服务,线上完成交易。然后经"县—乡—村"三级公共服务体系的渠道,将农村消费者所购得的工业品送达。通过农村服务体系的实体价值链和电商虚拟价值链耦合,初步解决了农村的网购环境与物流条件不足阻碍"工业品下行"的问题,打通了数字市场通往农村的"最后一公里"。据此,本节结合价值链理论,总结了丽水模式 2.0"工业品下行"的虚拟价值链(如图 2-11 所示)。

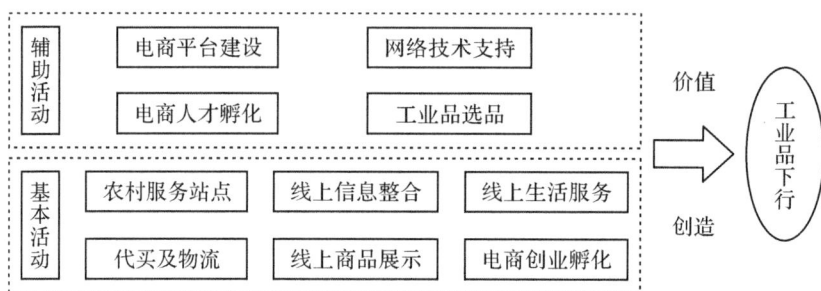

图 2-11　丽水模式 2.0"工业品下行"虚拟价值链

通过三级服务体系的实体价值链和数字虚拟价值链的"双链"耦合机制,丽水模式 2.0 解决了"工业品下行"的物流问题和农村消费者购买问题。其中,存在两个环节的耦合:"县—乡—村"三级站点是农村服务实体价值链和电商虚拟价值链上物流环节的耦合点;农村服务站成为链接农村消费者实体服务和虚拟服务的耦合点。"双链"耦合机制实现了"工业品下乡"的路径,初步满足了农村工业品消费需求。但在该时期,"工业品下行"依然存在价格高于城市、服务时效长等问题,而且面对着城市消费品所形成的工业品市场也存在着工业品适用性等问题(如图 2-12 所示)。

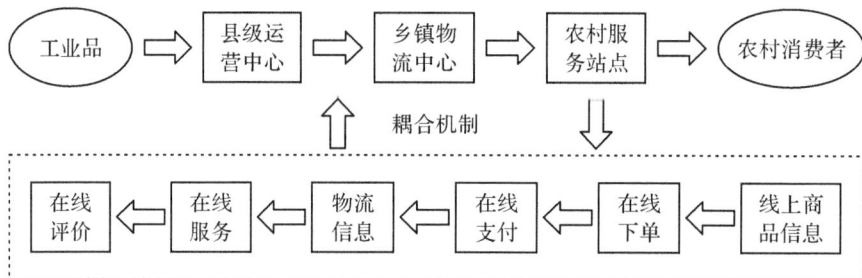

图 2-12　丽水模式 2.0 下"工业品下行"的"双链"耦合机制

(三)丽水模式3.0:"工业品下行"本体化服务融入农村电商综合服务

丽水模式3.0出现在2017年前后,移动互联网的发展与智能手机的应用,丰富了农村消费者的购买方式。截止到2018年,全国手机网民达7.88亿,农村网民规模达2.11亿。农村消费者获取工业品信息的途径更加多样化,购买也更加灵活,因此原有的农村服务站点转向工业品的本地化服务。针对2.0中存在的物流效率与工业品适用性的问题,遂昌的赶街公司开始推广"站长合伙人"模式,开发农村服务站的多种经营方式,服务"工业品下行"。

在政策方面,乡村振兴战略的实施以及2018年"一号文件"中涉及农村电商基础设施、"互联网+农业"等方面的措施,对丽水农村电商的发展具有指导作用。对物流和网络基础设施的改善,让"工业品下行"更好地服务于农村地区。

这一阶段,"工业品下行"的问题为如何提供农村消费所需的工业品及服务的问题。由于农村物流能力与消费者购买技能的提升,原有的三级服务站面临着经营方式的转变。农村工业品由刚性需求逐渐转变为多样化、品质化的需求,物流体系的建立也使得"工业品下行"的种类增多。因此,丽水模式3.0通过构建"工业品下行"的本地化服务,使之服务农业发展、农村建设和农民生活。"工业品下行"逐渐融入农村综合服务体系中,与农村服务价值链、农业产业链耦合。

通过农村数字贸易模式的虚拟价值链和农村综合服务的实体价值链耦合,实现"工业品下行"的路径优化(如图2-13所示)。如农村消费者通过农村电商平台购买用于农业生产的工具、化肥等生产资料,是农业产业链与电商虚拟价值链的耦合;如通过电商平台购买电动车,农村服务站点会提供上牌服务,为农村消费者提供更加便捷的服务,是电商虚拟价值链和农村服务链的耦合;如通过线上分期付款购买消费品,是电商虚拟价值链和农村金融服务价值链的耦合。3.0时期的"双链"耦合机制开发了农村工业品的新市场,将城市工业品对接到农村消费者的实际需求中,实现以"工业品下行"为载体、服务于"三农"的农村电商模式。

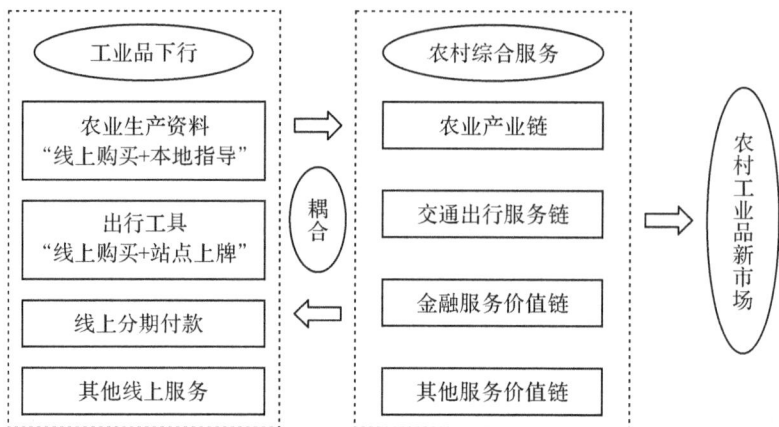

图 2-13　丽水模式 3.0"工业品下行"的"双链"耦合

六、基于调研案例的农村数字贸易研究总结与展望

(一)基于调研的农村数字贸易市场研究结论

本节以"实体-虚拟"价值链的耦合为视角,运用扎根理论案例研究方法,对浙江丽水农村电商发展过程中的"工业品下行"路径问题进行研究,得出以下结论:

(1)工业品下行 1.0 时期,内外联动背景下的"工业品下行"路径呈升级趋势。内部动力表现为农村工业品需求和传统工业品下行路径的不匹配,该时期"批发-分销"模式的下行方式无法满足农村的工业品需求,以"农产品下行"为主的农村电商基础建设为工业品下乡提供了思路。外部动力表现为工业品电商市场为城市地区提供丰富的消费品,倒逼农村地区优化物流、购买等问题,实现工业品下行的电商渠道。

(2)工业品下行 1.0—3.0 的路径升级表现为"环境-行为-结果"的逻辑过程。丽水农村电商是以政策措施为导向、农村网络设施建设为基础、电商模式升级为动力的发展模式,通过电商培训、体系搭建、物流建设等行为打通工业品的下行渠道,实现农村电商服务"三农"发展的价值,培育丽水农村电商的竞争优势。

(3)本土化服务开拓农村工业品"新市场"。本土化服务是工业品下行

3.0 时期的发展结果,由于电商基础设施的完善,工业品能够更高效地进入农村市场,但在满足农村消费者的具体需求方面,仍然存在缺口。通过本地化服务,实现工业品与农村生产生活实际的对接,提高工业品下行的经济效益和社会效益,并深层次挖掘农村的消费市场。服务升级所开拓的"新市场"代表符合农村生产生活实际的市场,提升了农村工业品消费的质量。本地化服务激发了农村的实际需求,使工业品能够更好地服务于"三农"发展。

(二)本节研究的理论贡献与推广启示

在理论研究方面,本节引入价值链理论探究我国农村数字贸易组织的电商对"工业品下行"的升级机制。电子商务作为互联网背景下的一种新型商业模式,逐步融入经济、社会的发展中。在上述研究的基础上,本书形成了一种基于实体价值链和虚拟价值链耦合的质性研究方法,其中"双链"耦合机制是问题的解决方向,耦合节点蕴含着解决方法。本节通过探究浙江丽水农村的"工业品下行"与农村电商融合的升级路径,研究其中的价值链耦合机制,为其发展提供了理论支撑。

在推广实践方面,我国当前农村电商主要以农产品下行、工业品上行和东西部电商扶贫为导向。尽管本书以"工业品下行"为主题,但研究发现,在丽水农村电商 1.0—3.0 的升级过程中,上述三个导向有不同程度的体现,并呈现出相互融合的趋势,其中"工业品下行"问题最为突出。因此,在我国其他农村地区推行农村电商的过程中,除了本书所提及的农村电商基础设施、服务站体系和本地化综合服务体系建设等内容外,更应当注重农村电商的战略规划,丰富其功能性建设,将农产品、工业品的流通和精准扶贫工作融入农村电商的发展中,以农村电商的发展带动农业生产、农村消费、农民服务的升级发展,助力我国的乡村振兴。

(三)本节研究的展望

本节将传统价值链和虚拟价值链的理论引入农村电商的研究中,是对现有理论的延伸,但仍然无法满足农村数字市场组织以及电子商务发展的理论需求,笔者将在后续的研究中进一步引入能够为农村电商乃至数字贸易、数字经济发展提供足够支撑的理论,进行相关领域的深入研究。同时,本书对于农村电商模式的研究源于丽水农村电商的实践,这种模式与我国其他地区农村电商发展存在何种异同，需要笔者在未来研究中进一步挖掘。

第四节　数字贸易带动农村经济进入内循环

在我国市场经济循环中，"农产品进城"是内循环的重点与难点，其数字贸易的实施方案具有普遍意义。这首先在于农产品具有重要的经济和生活价值，是必需品；其次在于农产品具有标准化程度低、保藏条件高、运输难度相对高等条件；再次在于农产品的生产条件相对于工业经济缺乏规模性，却又存在周期性，这对农产品的生产、运输、流通和消费造成了巨大的障碍。另外，农产品是农业生产和农民获得收入的主要渠道，农产品进城不仅关系着农业生产和城乡市场供给，还关系到乡村振兴和农民致富。因此，通过数字贸易组织新市场，促进农产品进入市场循环的通路，是数字时代构建新发展格局的应用之一。本书基于"淘宝村集聚县"数据，以"钻石模型"为能力形成框架，运用模糊集定性比较分析方法（fuzzy-set Qualitative Comparative Analysis，fsQCA），探讨我国县域农村经济通过电商发展的模式差异及其驱动因素。研究发现：县域企业积极推进信息化战略，是农村电商发展的核心基础；要素条件与相关产业是推动县域农村电商发展的核心动力。我国县域农村产业数字贸易主要呈现三种发展模式：县域产业服务电商创业型（154县），又分为农业服务电商创业型（68县）和非农服务电商创业型（86县）；财政推动创业型（21县）；支持性环境促进型（5县）。结合实证结果，提出推动县域农村电商发展的相应对策。

一、农村经济数字贸易新业态新模式发展

近年来，我国农村电子商务（简称：农村电商）蓬勃发展，2018年实现交易额1.60万亿元，同比增长30.8%。农村电商通过工业品下行（张正荣等，2019）与农产品上行（杨旭等，2018），带动了农村信息化、农产品商品化与农村产业发展（王小兵等，2018）。农村电商的发展，形成了一批模式各异的

"集聚县",遂昌模式(董坤祥等,2016)、沙集模式(周月书等,2013)、沭阳模式(张庆民等,2019)、曹县模式(郭红东等,2019)等被广泛研究,但这类研究较多集中在单个案例的归纳上,缺乏广泛的比较分析。对农村电商发展驱动因素的研究集中在地区(周冬等,2017,对四川省六县的分析)层面,缺乏全国范围的比较分析。

钻石模型,提供了研究区域经济、产业能力形成的驱动因素的理论范式,被用于服务经济(顾国达等,2007)、特色产业(杨惠芳,2017)、科技进步(潘教峰等,2019)、农村经济的等领域(陈旭堂等,2018),也被用于农村电商能力形成的分析(周冬等,2019;Lee & Mueller,2017)。因此,本书采用"钻石模型",作为建构与解构县域农村电商发展模式与驱动因素的理论基础。

本节基于"钻石模型",建构农村电商发展驱动因素模型,分析县域产业需求、要素条件、企业战略、支持产业,以及政策与机遇对农村电商发展的驱动作用(必要条件分析),探讨县域农村电商的多重发展模式(组态分析),并基于实证结果提出相应对策。

二、农村经济数字贸易模式的文献综述

本节研究我国县域农村电商发展模式及驱动因素。因此,文献综述就数字贸易在我国农村所实现的电商发展模式、驱动因素两方面展开。

(一)我国农产品电商的发展模式研究

我国农村电商实现了农户与市场的有效链接,推动农资和消费品(刘静娴等,2019)、工业品(张正荣等,2019)进入农村,推动农产品进城(杨旭等,2018),带动了农村经济振兴。但仍存在政策依赖(张正荣等,2019)、竞争同质化(王晓红,2016)问题,这需要不同县域依照当地条件与发展程度,寻找最合适的农村电商发展模式。

对于农村电商发展模式,众多学者从县域当地条件的角度,通过案例研究,总结出遂昌"传统行业＋商务平台"平台化模式(董坤祥等,2016)、沙集"农户＋互联网＋企业"信息时代创业模式(周月书等,2013)、沭阳"互联网＋农业"产业融合模式(张庆民等,2019)、曹县"农业＋培育人才创业"模式

（郭红东等，2019）。从模式结构的角度，可分为寄生模式、非对称模式、偏离模式、对称模式和一体化模式等（郭承龙，2015）。但已有文献对县域农村电商的研究较多停留在对特定地区（典型案例）的农村电商模式的案例分析与归纳上，以总结现象并给出策略建议为主，或仅进行特定地区的驱动因素分析，缺乏结合相关数据从全国的综合视角开展的对我国县域农村电商发展模式的归纳。这是由农村研究领域缺乏相关的数据以及农村电商发展模式的多样化造成的。

（二）我国农产品电商发展的驱动因素研究

关于农村电商发展的驱动因素，已有研究包括县域产业（Leong 等，2016）、区域特色（Maribel，2016）、资金供给（郭承龙，2015）、农村基础设施建设（谢天成等，2016）等。但大多未形成统一的分析框架，而钻石模型作为地区产业和能力形成的驱动因素的总体结构，被广泛研究。

自波特提出"钻石模型"理论（Michael Porter，1990）以来，此模型被广泛应用于多种产业发展驱动因素的建构，如：土耳其基础产业（Bakan & Doğan，2012）、阿尔及利亚电子商务（Chaabna & Wang，2015）、湖南省农业发展（王晰等，2007）、绍兴纺织产业（Lu Lijun & Yu Binbin，2010）等。钻石模型，也被用于县域农村电商发展的驱动因素分析，包括县域农村电商发展要素模型（陈旭堂等，2018）、广东军埔村的电商产业竞争力（Lee & Mueller，2017）等，但较多以某个县域的案例展开分析，较少就全国多种发展模式展开比较分析，缺乏对模式形成的多重并发因果关系的探讨。

在钻石模型的构建中，需求条件以国内外需求（张春香，2018）、产品销售需求（陈旭堂等，2018）等为代表；要素条件以劳动力资源（王晰等，2007）、人力资本等为代表；企业战略以企业结构、市场细分（杨惠芳，2017）等为代表；支持性产业以上下游产业等（付娟，2008）为代表；政府以政策支持（张春香，2018）、财政支持（付娟，2008）等为代表；机遇以经济发展、国际环境（施卓宏等，2014）等为代表。因此，本书结合县域农村电商发展情况，引入代表性指标来进行驱动因素模型的建构。

综上所述，县域农村电商发展呈现多模式并进、多因素并发，以及多种因果条件共同作用的态势，有必要开展更广范围的多案例比较研究，以揭示农村电商多重并发因果的复杂性。

三、农村经济数字贸易模式研究设计

(一)研究方法

定性比较分析(Qualitative Comparative Analysis,QCA)方法被认为是探索"联合效应"和"互动关系"的有效方法(Ragin,2008),近年来已经被广泛应用于管理学科各领域(杜运周等,2017)。本书基于 Chari & Chang(2009)提出的多重理论解释框架,采用模糊集定性比较分析(fsQCA)方法开展研究。基于以下原因:

(1)农村电商模式往往有复杂的形成过程,且是来自不同层面、多种因素共同作用的结果,QCA 能很好地解释多重因素的"组合逻辑";

(2)我国关于县域农村电商的数据较为缺乏,尚不足以支撑大面积的统计计量分析;

(3)县域农村电商模式,虽然是一种在近几年出现的新现象,但在我国呈现出一定的普遍性和多样性,因此采用兼具定性和定量研究优点的"中间视角(毛湛文,2016)",即 QCA 方法,具有较强的合理性。

(二)结果变量

由于农村电商领域缺乏统计基础,本书以阿里研究院发布的《淘宝村名单(2018 版)》数据,作为县域农村电商发展的度量,选取 3202 个淘宝村所在的 332 个县中的 215 个代表县域(2228 个淘宝村所在县),作为本书的研究对象。"淘宝村"是一种中国特色的农村电商集聚形态,是一个地区农村电商发展的缩影(崔丽丽等,2014)。

(三)解释变量

以钻石模型为分析框架,本书确定县域农村电商发展的六种驱动因素,以七个指标为代表:在县域农村电商发展中,最核心的需求来自产业发展的商贸需求,即产业基础对电商的需求;新产业发展中,人才是最重要的要素条件,可分为加工人才与服务人才;在农村电商发展中,企业战略更多体现为信息化战略;相关支持产业以金融为代表;政府以财政方式对电商发展进行支持;互联网的普及为农村电商发展提供了机遇(如图 2-14 所示)。

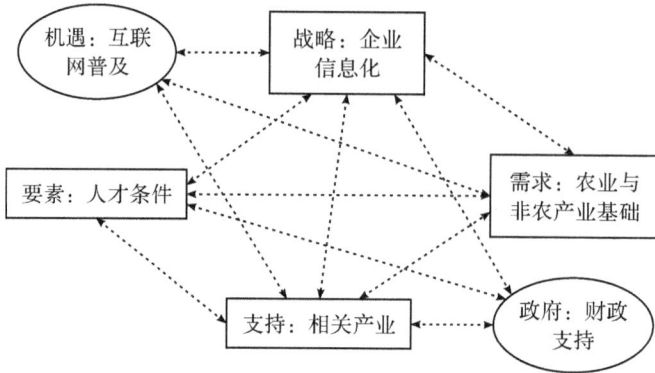

图 2-14 县域农村电商驱动要素分析框架

参考相关文献，结合案例实际，驱动因素的代表指标形成过程和具体解释如表 2-9 所示。

表 2-9 前因条件设计梳理

变量性质	农村电商驱动因素	代表指标	代表指标的解释
解释变量	需求：产业发展需求	农业基础	县域农业的发展需求能够驱动农村电商创业（周冬等，2019）；加工业等非农产业的发展也能提供农村电商创业的基础
	要素：人才要素	加工人才	人才要素能够代表县域发展农村电商所需的要素条件（崔凯等，2018），加工、服务人才提供了县域产业服务创业的内生动力
		服务人才	
	战略：信息化战略	企业网站数	农村企业信息化战略是农村企业的代表性战略（董坤祥等，2016）
	相关产业：金融支持	贷款余额	相关产业对农村电商的促进作用可由县域金融业代表（黄满盈等，2011）
	政府：财政支持	财政支出	政府政策与财政因素可作为县域政府驱动农村电商的代表因素（曾亿武等，2015）
	机遇：互联网发展	互联网普及程度	互联网技术的应用可为农村电商赋能（陈旭堂等，2018）

注：本书驱动因素代表指标数据，采用《中国县域统计年鉴（2017）》中的数据。其中，样本县的农业增加值、第二产业从业人员增加值、第三产业从业人员增加值、每百家企业拥有网站数、年末金融机构各项贷款余额增加值、公共财政支出增加值、互联网普及率，作为农业基础、加工人才、服务人才、企业网站数、贷款余额、财政支持、互联网普及程度的指标数据。由于各要素形成农村电商发展能力存在动态性，因此采用 2016 年前因变量数据及 2018 年结果变量数据。

四、农村经济数字贸易模式的定性比较分析

(一)数据校准

参考 Ragin 的《QCA 设计原理与应用》，对代表指标的 QCA 赋值进行不断的验证和校准，直到结果符合 75％以上的案例涵盖以及路径组态优化的要求。为了使数据校准更加科学，本书成立由 2 名教授、3 名博士和笔者研究团队组成的校准小组，收集多种来源的案例资料，结合具体实际，为变量赋值，提供"合理性"，并以具体案例，对 QCA 形成的组态进行解释(见本章第五部分)。本书最终形成的数据指标及县域案例的集合隶属分数，如表2-10 所示。

表 2-10　农产品上行数字贸易模式分析的变量维度与赋值

前因/结果变量	符号	维度	校准与赋值			
			1	0.67	0.33	0
农业发展需求	PIA	高/较高/中/低	[40.43, +∞)	[20.51, 40.43)	[4.667, 20.51)	(−∞, 4.667)
加工人才	SIA	多/较多/中/少	[7.34, +∞)	[−0.66, 7.34)	[−9.88, −0.66)	(−∞, −9.88)
服务人才	TIA	多/较多/中/少	[3.08, +∞)	[−0.09, 3.08)	[−9.20, −0.09)	(−∞, −9.20)
企业信息化战略	WEB	高/较高/中/低	[2.50, +∞)	[−8.00, 2.50)	[−20.00, −8.00)	(−∞, −20.00)
相关产业	FIN	多/较多/中/少	[100.09, +∞)	[−4.57, 100.09)	[−574.98, −4.57)	(−∞, −574.98)
政府支持	PUB	强/较强/中/弱	[13.35, +∞)	[2.73, 13.35)	[−47.67, 2.73)	(−∞, −47.67)
互联网发展	INT	高/较高/中/低	[70.00, +∞)	[56.60, 70.00)	[43.30, 56.60)	(−∞, 43.30)
县域农村电商	Z	大/较大/中/小	[52,134]	[2,52)	[1,2)	0

基于校准，形成数据集，如表2-11 所示(由于篇幅原因，仅列举 10 个样本)。

表 2-11　农产品上行数字贸易模式分析的数据集

样本编号	县域名称	PIA	SIA	TIA	WEB	FIN	PUB	INT	Z(result)
1	义乌	0.33	0.33	0.67	0.67	0.33	1	0.67	1
2	曹县	0.67	0.67	0.67	0.67	0.67	0.67	0.33	1
3	温岭	0.33	0.33	0.33	0.67	0.67	1	0.67	1
4	睢宁	1	0.67	0.67	0.67	0.67	0.33	0.33	1
5	乐清	0.33	0.33	0.33	0.67	0.67	1	0.67	1
...	...	...	...	...	...	...	...	...	...
211	揭西	0.67	0.67	0.67	1	0.67	0.33	1	0.33
212	柳江	0.67	0.67	0.67	0	0.67	0.67	0.33	0.33
213	息烽	0.33	0.67	0.67	0.67	0.67	0.33	0.33	0.33
214	鹤庆	0	0.67	0.33	0.67	0.67	0.33	0	0.33
215	长安	0.67	0.67	0.33	0.67	0.67	0.67	0.33	0.33

（二）真值表的构建

使用 fsQCA 3.0 软件，进行模糊集运算，对数据进行首次"合成"，形成真值表（真值表包括 2 行，$k=7$，如表 2-12 所示，列举 10 条覆盖案例较多的组态）。

表 2-12　农产品上行数字贸易模式分析的真值

PIA	SIA	TIA	WEB	FIN	PUB	INT	案例数	覆盖案例
0	1	1	1	1	0	0	42	博兴、成武等
1	1	1	1	1	1	0	28	曹县、沭阳等
1	1	1	1	1	0	0	20	单县、巨野等
0	1	1	1	1	1	0	18	清河、肃宁等
0	1	1	1	1	1	1	16	晋江、平阳等
1	1	1	1	1	1	1	11	临安、普宁等
0	1	1	1	1	0	1	10	海宁、石狮等
1	1	1	1	1	0	1	9	安溪、饶平等
0	0	0	1	1	1	1	5	温岭、乐清等
0	1	1	1	1	0	1	5	永康、武义等
...	...	...	...	...	...	...	...	...

(三)单个条件的必要性分析

1. 一致性和覆盖度

为了寻找条件组合中,能解释结果发生的组态,引入一致性(Consistency)和覆盖度(Coverage)概念,以衡量多种组合对结果的解释力度。

覆盖度的取值范围为0~1,是组合 X 作为导致结果 Y 的唯一条件的可能性,可类比于多元回归中的拟合度,越接近于 1,表示 X 集合的唯一解释性越强。原始覆盖率和净覆盖率可用于衡量当结果的发生具备多种原因组合时,每种组合的作用效果。覆盖度的计算方式为:

$$\text{Coverage}(X_i \leqslant Y_i) = \sum \min(X_i, Y_i) / \sum Y_i$$

式中,X_i 表示个体 i 在组合 X 中的隶属度;Y_i 表示个体 i 在结果 Y 中的隶属度(下同)。

一致性的取值范围为0~1,当一致性为 1 时,X 完全隶属于 Y。在此,一致性等价于回归分析中的置信度,一般来说,该数值不小于 0.75 即可被接受。一致性是衡量必要条件的重要标准,当一致性水平大于 0.9 时,则可认为该条件是结果的必要条件(Ragin,2009;Schneider & Wagemann,2012)。一致性的计算方式为:

$$\text{Consistency}(X_i \leqslant Y_i) = \sum \min(X_i, Y_i) / \sum X_i$$

2. 必要性分析

在 fsQCA 中,当结果发生时,某个条件总是存在,那么该条件就是结果的必要条件(Ragin,2008)。

表 2-13　农产品上行数字贸易模式分析的必要性检验

前因条件	农产品上行数字贸易模式	
	一致性(Consistency)	覆盖度(Coverage)
PIA	0.758	0.809
SIA	0.908	0.773
TIA	0.920	0.775
WEB	0.968	0.741
FIN	0.929	0.734
PUB	0.830	0.830
INT	0.785	0.898

表 2-13 为使用 fsQCA 3.0 软件分析的驱动农村电商的必要条件检验结果。从中可知,SIA、TIA、FIN、WEB 的一致性水平均高于 0.9。这反映出企业信息化战略、加工人才和服务人才相关产业支持因素存在的重要性。同时,其他前因条件呈现出不同的一致性,反映出农村电商发展多样,以及发展模式并非唯一。各前因条件的覆盖度都处于较高的水平,说明选取的指标对农村电商发展的驱动因素有较好的代表性,反映出指标选取的合理性。

(四)条件组态的充分性分析

组态分析揭示的是多个因素构成的多重组合引发的结果充分度。从集合论角度,就是探索多个因素构成的组合代表的集合是否为结果集合的子集。

阈值:(1)一致性阈值:已有研究根据具体的研究情境采用了不同的一致性阈值,如 0.75(唐鹏程等,2016)、0.8(Fiss,2011)等,本书设定一致性阈值为 0.8。(2)频数阈值:频数阈值则需要根据样本规模而定(Schneider & Wagemann,2012),对于中小样本,频数阈值为 1 即可,而对于大样本,由于衡量和编码的误差,要求将频数阈值设置为至少是"5"或者至少是"10"(Ragin,2009;Verweij 等,2013),本书样本数为 215,因此设定频数阈值为 5。(3)案例涵盖要求:使用 fsQCA 3.0 软件"删除并编码",需满足 75% 的案例涵盖要求(杜运周、贾良定,2017),本书经赋值后的案例结果包含了 76.3% 的观察案例。

基于真值表,采用 QCA 的标准分析(Standard Analyses)。同已有研究一致,本书汇报复杂解,并辅之以简约解。相同的核心条件表示一组解决方案(组态),即受多重驱动因素协同作用的农村电商发展模式,得到三种组态,组态 1 又分为两种子型(1a、1b),见表 2-14。

使用一致性来衡量条件组态的充分性,Schneider & Wagemann(2012)指出认定充分性的总体一致性水平,以及各组态一致性水平不得低于 0.75。本书总体解的一致性为 0.795,接近 0.8,且组态 1、2、3 的一致性分别为 0.794、0.986、0.995,高于临界值,可认为各组态解都是实现农村电商发展的有效模式。总体解的覆盖度为 0.884,说明结论对于研究主题有较强的解释性和极高的代表能力,各组态均为县域农村电商发展的驱动因素组合。

表 2-14 农产品上行数字贸易模式分析的充分性分析

前因条件	结果的组态解			
	1a	1b	2	3
农业发展需求	●	◎	◎	◎
加工人才	●	●	●	◎
服务人才	●	●	●	◎
企业信息化战略	●	●	●	●
相关产业	●	●		●
政府支持			●	●
互联网发展			●	●
原始覆盖度	0.854	0.619	0.568	
唯一覆盖度	0.250	0.015	0.015	
一致性	0.794	0.986	0.995	
总体覆盖度	0.884			
总体一致性	0.795			

注:●表示条件存在(Presence of The Condition),◎表示条件缺席(Absence of The Condition),"空格"表示该条件出现与否对结果并不产生影响(Ragin & Fiss,2008;Fiss,2011);本节研究结果中间解和复杂解一致,故不作区分;1a、1b 由组态 1 拆分而来,即 SIA * TIA * WEB * FIN=(PIA+~PIA) * SIA * TIA * WEB * FIN;农业发展需求的"非"状态对应可能存在非农产业发展需求。

(五)农产品上行数字贸易模式分析的稳健性检验

参照 Schneider(2012)和张明等(2019)的方法,本书使用调整一致性水平方法进行稳健性检验,将一致性从 0.8 提高至 0.85,案例频数仍为 5。依据调整后不同组态的集合关系状态和拟合参数差异(Schneider & Wagemann,2012)评判,调整后的总体解依然保持 0.884 的总体覆盖度与 0.795的总体一致性,且结果的组态解,与原分析的必要条件组合一致,因此本节的实证研究结论是稳健的。

五、农村经济数字贸易模式的研究讨论

根据四条组态解包含的核心条件及其构型，本书将推动农村经济发展的数字贸易组织模式归纳为三种。模式一：县域产业服务电商创业型（对应组态 1）。模式二：财政推动创业型（对应组态 2）。模式三：支持性环境促进型（对应组态 3）。模式一又可分为农业服务电商创业型（1a）和非农服务电商创业型（1b）。根据实证结果，本书得到了县域农村电商的核心驱动条件：各组态的核心条件都包括企业的信息化战略（WEB），即必要条件，为驱动农村电商的核心基础；根据必要性检验中一致性大于 0.9 的驱动因素，相关产业（在组态 1a、1b、3 中）和要素条件（在组态 1a、1b、2 中），是其对应的农村电商模式发展的核心动力。

(一)模式一：县域产业数字贸易服务电子商务创业型

县域产业服务电商创业型：是指在县域农业或非农产业具有一定的优势的基础上，将人才要素结合到优势产业所生产产品的电子商务运营中，实现为产业服务的电商创业的发展模式。模式一对应的条件组态（组态 1）表现为：县域农村电商发展＝加工人才 * 服务人才 * 企业信息化战略 * 相关产业（Z＝SIA * TIA * WEB * FIN）。本书样本中的大部分农村电商集聚县（154 个），采取了县域产业服务电商创业型的发展模式（对应组态 1 的 raw coverage 为 0.854），包括浙江省杭州市临安区、浙江省嘉兴市海宁市、山东省菏泽市曹县、江苏省宿迁市沭阳县、广东省揭阳市普宁市、山东省滨州市博兴县等。

1.子模式一：农业数字贸易服务电子商务创业型

农业服务电商创业型：是指县域基于自身的农业优势，遵循信息化道路，将人才要素结合到特色农产品的电子商务运营中，形成的服务产业的电商创业模式。子模式一对应组态 1a：县域农村电商发展＝农业发展需求 * 加工人才 * 服务人才 * 企业信息化战略 * 相关产业（Z＝PIA * SIA * TIA * WEB * FIN），涵盖了本书案例中包括曹县、沭阳县、临安区等在内的 68 个县的案例。例如，曹县基于其具有优势的芦笋种植业，为芦笋等农产品的电商创业提供了产业需求条件（郭红东等，2019）；沭阳县颜集镇依靠花木种植

业,通过"互联网＋农业"产业融合(周应恒等,2018),驱动当地的农业电商服务创业。

案例1:杭州临安区的农业基础较好(PIA),对农产品电商提出了需求。临安农业增加值在县域 GDP 中的占比超 8%(2016 年的数据,下同),显著高于长三角地区县域平均水平。临安地处浙江杭州西部,以山地、丘陵地形为主,是山核桃种植和生产加工的重要集聚区,电商创业初期,临安立足山核桃的资源优势,带动了以网售山核桃为主的县域电商发展,早在 2007 年便已形成农村电商集聚雏形。之后,临安农村电商多样化了特色农产品品类(SKU,Stock Keeping Unit,即网售商品品类数目),形成了涵盖竹笋、天目小香薯、香榧等临安特色农产品的电商体系,产生了"三只松鼠"等著名农产品电商品牌。临安大学生创业园自开园以来规模不断扩大,吸引、培育了大量电商相关人才(SIA、TIA),人才创业,成为驱动临安农村电商的关键因素。临安区内金融发达(FIN,如临安金融机构贷款较上年增长 59 亿元,居本节研究样本的前 15%),成为农村电商发展的有效支撑。临安区内企业普遍采用信息化战略(WEB),企业信息化程度较高(58%),电商规模企业数量多(超过 20 家),65%的山核桃通过农村电商渠道销售,临安的农村电商覆盖率已达 90%以上。以临安区为代表的具有农业基础优势的县域(模式一之子模式一),依托良好的农产品资源,提出了农业服务电商创业的"需求",孕育出了农产品网络销售的模式,驱动了农村电商的发展。

2.子模式二:非农数字贸易服务电子商务创业型

非农服务电商创业型:是指具有非农产业优势的县域,将人才要素结合到乡村加工业产品的电子商务运营中,以网络实现销售,推动服务非农产业的电商创业模式。子模式二对应组态 1b:县域农村电商发展＝非农发展需求 * 加工人才 * 服务人才 * 企业信息化战略 * 相关产业(Z＝～PIA * SIA * TIA * WEB * FIN),涵盖了本书样本中包括海宁等在内的 86 个县的案例。如:睢宁以家居、乐器、装饰品等工业化商品优势为基础,实现了农村非农产业的电商创业,成为产业升级的典型(董坤祥等,2016)。

案例2:嘉兴海宁市以"皮革"加工著称。其二产增加值在 GDP 中占比为 54%,拥有较强的非农产业基础和电商服务需求。2012 年,海宁成立皮革城网上商城,将优势皮革工业与电子商务相结合;基于强势的皮革加工业进行电商创业。多年来,海宁市多举措培育电商人才,设立电商孵化中心,开展校企合作人才孵化项目；2014年以来，海宁市定期举办"电商大讲堂"、企业座谈会等活动，推动农村电商发展所需的人才（SIA、TIA）创业优势持续优化。海宁市联合金融部门在企业创业融资方面给予支持（FIN，如海宁金融机构贷款较上年增长33亿元），支持电商创业的能力较强。海宁依托资源优势，线上销售平台整合程度高（整合线下200余个销售渠道），促使当地企业推广信息化战略（WEB，58％）。以海宁市为代表的具有非农产业发展需求的县域（模式一之子模式二），依托良好的优势产业产品，驱动了非农产品电商销售模式的发展。

（二）模式二——财政推动数字贸易服务电子商务发展型

财政推动创业型：是指县域农业优势缺位时，政府将财政支出投入包括农村电商等专门领域，推动人才要素通过农村电商创业发展的模式。模式二对应组态2：县域农村电商发展＝非农发展需求＊加工人才＊服务人才＊企业信息化战略＊政府支持＊互联网发展（Z＝～PIA＊SIA＊TIA＊WEB＊PUB＊INT）。本书所选案例中的浙江省金华市永康市、福建省泉州市晋江市、浙江省温州市平阳县等21个案例都可被这个条件组态所解释。政府在农村电商发展早期十分重要（周冬等，2019），政府可以通过政策或财政手段营造良好的制度环境与产业环境，驱动农村电子商务发展。

案例3：金华永康是全国知名的"五金之乡"，五金加工业发达（～PIA）。永康市设立经济开发区电子商务创业园，形成了良好的人才条件（SIA，TIA），显著地改善了永康市的农村电商创业环境。永康企业信息化战略广泛普及（WEB，58％），较高的互联网普及率（INT，66％）给永康农村电商竞争力的形成提供了驱动力。永康市政府大力扶持农村电商的发展，专门设立电商办，每年配套较高的专项电子商务扶持资金（PUB，如公共财政支出较上年增加19亿元，居本书研究案例的第9位）。永康市采取"电商办＋公共服务中心＋协会"的模式，逐渐形成了一套完善有效的机制。强化财政补助，扶持了包括"哈尔斯""炊大皇""杰诺""飞剑""卓远""匡迪"等在内的一批农村电商龙头企业，提升农村电商专业营运水平。以永康市为代表的政府扶持力度较大的县域（模式二），结合人才要素，驱动了政府推动人才创业模式的发展。

（三）模式三——支持性环境促进数字贸易服务电子商务发展型

支持性环境促进型：是指在县域农业基础和要素条件缺位，尤其是人才基础缺乏的情况下,通过相关产业、政策推动、互联网普及等条件,营造良好环境,带动县域农村电商产业发展。模式三对应组态3:县域农村电商发展=非农发展需求 * ～加工人才 * ～服务人才 * 企业信息化战略 * 相关产业 * 政府支持 * 互联网发展（Z= ～PIA * ～SIA * ～TIA * WEB * FIN * PUB * INT）。本书所选案例中的浙江省台州市温岭市、浙江省温州市乐清市、福建省泉州市南安市等5个案例均属模式三。县域经济通过"互联网＋农村流通业"（王晓红,2016）等支持性环境培育路径驱动农村电子商务。

案例4:台州温岭加工（第二产业人才较上年减少1.1万人）、服务（第三产业人才较上年减少0.96万人）人才流失,创业基础减弱。为此,温岭营造了较好的农村电商支持环境（FIN,金融机构贷款较上年增长36亿元,居215个研究案例前30%）;且温岭市互联网普及程度（INT）与企业信息化程度（WEB）均属较高水平;温岭市政府持续扶持当地农村电商发展（PUB,公共财政支出较上年增加22亿元,居本书案例的第5位）。良好环境的培育,带动了温岭农村电商发展,至2018年,温岭形成97个淘宝村,数量居全国第三。可见,良好的电商发展环境的培育（模式三）,可推进县域农村电商集群的形成。

六、农村经济数字贸易模式研究结论与展望

(一)本节研究结论及理论贡献

本节研究我国县域农村电商发展模式及驱动因素。以"钻石模型"为分析框架,本书建立了县域农村电商发展因素模型,基于"淘宝村集聚县"数据,对全国215个农村电商集聚县的发展模式展开模糊集定性比较研究（fsQCA）。研究发现:县域农村电商发展,呈现多原因协同、多模式并进的特征。企业采取信息化战略,是县域农村电商发展的核心基础。

在154个样本县中,人才要素与相关产业是农村电商发展的必要条件,与县域产业基础协同,形成了推动农村电商发展的充分条件,即产业服务驱动农村电商人才创业发展模式（模式一）,其又可分为基于农业产业（子模式一,68县）和非农产业（子模式二,86县）两类。在21个样本县中,要素条件是农村电商发展的必要条件,与政府支持、互联网发展协同形成了推动农村

电商发展的充分条件，即财政驱动农村电商人才创业发展模式（模式二）。在5个样本县中，相关产业是农村电商发展的必要条件，与政府支持、互联网发展协同形成了推动农村电商发展的充分条件，即支持性环境促进农村电商发展模式（模式三）。

本书的理论贡献在于：首先，数字贸易组织的农村电商发展是近年来的"新事物"，又在我国全面推广。引入fsQCA方法，可以对这一具有探索性研究价值，又需要归纳总结的内容，进行兼具定性与定量优点的比较研究。其次，对于县域农村电商这一存在"多重并发因果关系"的内容，采用fsQCA研究，可以在一定程度上避免数据缺少无法证实的难题。再者，就全国"淘宝村集聚县"农村电商发展模式的形成，借助钻石模型，构建了驱动因素分析框架，拓展了已有的产业竞争优势研究，增强了理论与实践的联系。实证结果也可为县域农村电商发展提供经验总结与理论支持。

（二）政策启示

在推动县域农村电商产业数字贸易市场的培育过程中，应当认识到：（1）发展农村电商的基础在于农村经济信息化，应着力提升县域企业与农业组织的信息化水平；（2）发展农村电商最主要的途径，在于结合当地的优势产业，就特色产品进行网络营销；（3）加大鼓励新生代外出务工人员和大学毕业生返乡创业，有助于培育县域电商发展的核心资源；（4）在我国农村互联网普及率持续提高的基础上，政府的精准财政支持，可以成为推动县域农村电商发展的关键因素；（5）完善相关支持产业培育，建立完善的配套服务体系，有助于形成良好的县域电商创业环境。

（三）不足与展望

由于已有研究在不同数字贸易市场中的农村电商发展模式的驱动因素的具体内容上存在分歧，本节借鉴了钻石模型，建立了较为统一的分析框架，研究的前因条件组合可能存在疏漏，在后续研究中，将通过更多的案例考察，提高理论的适用性，丰富理论支撑。另外，由于农村电商领域缺乏统计数据，本书以2018县域"淘宝村"数量为结果变量数据，以2016年县域发展指标为前因变量数据，得到了初步结论，后续将在更新统计数据的基础上开展更深入的研究。

第五节　数字贸易新业态新模式的创新创业

随着数字贸易技术、市场的完善,以数字贸易市场组织开展的电子商务创新创业,成为市场经济培育新业态新模式的重要力量,数字贸易的新业态新模式也为我国城乡创新创业提供了广阔的土壤。其中,城市数字经济中的创新创业得到了广泛的研究。然而,在我国农村也涌现了一批以农业生产、农村生活场景为基础,以数字贸易为导向的创新创业案例。本书在乡村振兴背景下,探索数字贸易模式推动的农村创新创业的典型案例,通过对浙江丽水农村的考察,分析如何推动生态产品实现在数字贸易市场的价值转化,通过大力发展农村电商,实现"点绿成金"。在这个过程中,农村大学生充分发挥优势,运用互联网思维创新创业,在链接农产品和互联网市场方面起到了重要作用。通过案例分析发现,农村大学生已成为丽水电商发展的重要推动力量。面对当前农村电商的人才缺口,本书针对培养大学生人才,提出了三点建议:(1)增加区域经济相关课程;(2)扩大高校教师队伍;(3)培养大学生村官队伍。

一、数字贸易实现"绿水青山就是金山银山"

2005 年 8 月 15 日,时任浙江省委书记的习近平同志在考察浙江安吉佘村时创造性地提出"绿水青山就是金山银山"的重要理念。对丽水来说尤为如此,丽水市位于浙江省西南部,生态资源丰富,被誉为"浙江绿谷"。因山区面积大、交通不便等劣势,丽水在工业化进程中处于落后状态,但也因此保留了绿水青山的生态资源。近年来互联网的快速发展与广泛应用,为丽水带来了新的发展契机。由过去"想致富,先修路"到如今运用互联网技术将大山里的优质农产品展现给全国消费者,丽水大力发展农村电商,探索出了一条生态产品价值转化途径。

案例研究(Strauss,1987),是探讨乡村振兴的重要方式,可以明确市场经济的"最后一公里"的物流组织(Aized & Srai,2014),对于农村创业和产业振兴的作用。而浙江丽水等地丰富的农村创业故事，以"互联网＋绿水青山"的方式，推动了农村生态经济与生态产品的发展，也带动了农村青年创业致富。在发展农村电商的过程中，农村电子商务人才的缺乏是阻碍农村电商发展的根本原因。大量从事传统农业的农民，以及因年轻人进城、进镇而留守在农村的老人、妇女和儿童，在利用互联网信息化进行生活消费、生产组织等方面处于能力和信息的"弱势"，因受教育程度低、文化素质不高、思想观念落后保守，对网上购销行为持不信任态度。加之农民收入十分有限，怕风险导致的经济损失，因而对电商持怀疑乃至排斥的态度。若没有"新鲜血液"的注入，丽水农村电商的发展举步维艰。

诸多返乡的农村大学生为丽水农村电商的发展注入了鲜活的生命力。电子商务对大学生来说并不是新事物，网络购物也已成为常态。加之大学生受过高等教育，对新事物有较强的接受能力，通过培训很快能掌握运营电商的基本能力。另外，农村大学生相较于普通大学生，对土生土长的农村地区有浓厚的家乡情感，有较大的意愿留在家乡工作。这部分人熟知家乡的特色，对农业生产有一定了解，有能力将农产品转换为网销品。

农村电商集群为创业提供了载体（董坤祥等，2016）。在丽水农村电商的创业者中，农村大学生占到了大多数，其中也不乏放弃城市的高薪工作回乡创业的青年人。他们有的依托自家田地，销售父辈的农作物起家；有的依托当地传统产业，如宝剑、青瓷，进行产品创新，适应网上销售；有的做起了因电商而兴起的相关服务业，配套整个农村电商的发展。其中，潘东明在丽水农村电商的发展进程中起到了重要的推动作用。

二、基于典型案例的数字贸易创新创业分析

（一）潘东明的创业事迹

潘东明是土生土长的丽水遂昌人，大学毕业后一直在上海打拼，从事管理咨询、广告行业。虽然人在他乡，但他对家乡有着很深的情结。某次休假，潘东明回到遂昌老家，在和母亲闲聊时，意外勾起了对儿时长粽的回忆。但包长粽的工序复杂，已极少有人制作，技艺濒于失传。于是，待母亲包了长粽，煮好出锅后，潘东明拍下照片，传上微博。没料到，再次打开微博时，各式消息"轰炸"而来。"足足有6000多条，大部分都是询问哪里可以买

到。"小城"土货"一下子吸引了这么多注意力，潘东明隐约觉得，将互联网思维带去农村大有裨益。

2010 年，适逢遂昌政府打算建立一个电商管理组织，蓄谋已久的潘东明辞去上海的工作，回乡创业。此后，在潘东明的领导下，遂昌的农村电商逐步形成了被外界津津乐道的"遂昌模式"。潘东明为创业初期的大学生提供了诸多指导和帮助，逐步成了遂昌农村电商发展的带头人，也因此被评为"浙江省十大杰出青年"。

（二）遂昌的"赶街网模式 1.0"：协会＋培训＋分销，推动数字交易发展

2010 年 3 月，遂昌县网店协会成立，潘东明担任协会会长。协会采用统一进行开店培训，统一采购、仓储、配送、包装、服务的运营服务模式，帮助会员实现零库存、零风险就可开网店创业。在视觉营销方面，由平台共同聘用一个设计师，整合资源，节省成本；在仓储方面，潘东明突破传统的仓储模式，通过众筹建立麦特龙仓储式超市，开业五周便实现盈利，很快成为协会的重要收入来源。这样的模式吸引了包括失业青年、未就业大学生尤其是农村大学生和传统供应商在内的大量创业者。吴丰就是其中的一员。

2007 年，吴丰因为家中变故，从嘉兴职业学院辍学，在老家遂昌的一个小厂当会计。有一天，爱逛淘宝的吴丰发现，有人在网上卖起了遂昌常见的竹炭，于是她开始兼职开网店卖竹炭。但为了冲信誉，竹炭生意亏本居多。后来听说遂昌成立了网店协会，她专程跑到县城去上课，学习网上销售农产品的技巧。回到家，她把自家米酒放上货架，还把母亲酿酒的过程拍成视频，放在商品介绍里。"有图有真相"，吴丰的做法打动了热衷网购的城里人，没有掺水的土烧不仅在江浙地区受欢迎，甚至广东、山东、辽宁、黑龙江等外省人也来采购。生意好的时候，她一个月能卖 300 多斤米酒。

渐渐地，吴丰发现，得益于遂昌的生态环境，山里随处可见的松针、野草和刺果等，对城里人来说都是稀奇的宝贝，能卖出好价钱。还有发糕、红薯干等自家做的土特产，越"土"，越受到城里消费者青睐。现在，自家的生产常常无法满足网上的订单，吴丰就到村里去收购，让村子里的人逐渐消除对电子商务的怀疑。吴丰还被评为第二届丽水十大新锐网商。

在潘东明的引领下，"协会＋培训＋分销"的"遂昌模式"在不断的创新中逐渐成熟，这种组织化管理使网店经营者从"单兵作战"到"抱团作战"，成功将网店协会打造成具有地方性生态产业链的综合服务平台。一个人口只有5万的小县城，已开出1800多家网店，有6000多人从事网店经营，2014年实现销售总额5.3亿元。

此后，这种模式不断引起各方关注。2013年1月，淘宝网"特色中国·遂昌馆"开馆，上网销售农特产品和旅游产品，成为全国第一家淘宝县级特色馆；2013年10月，阿里研究中心、中国社科院信息化研究中心共同发布《遂昌模式研究报告》，"遂昌模式"被认为是中国首个以服务平台为驱动的农产品数字贸易市场建设的典型模式。

（三）遂昌"赶街网模式2.0"：县级运营中心＋村级服务站，促成数字交易服务

潘东明并不满足于眼前的成就。他发现除了农产品进城，农民在消费方面还存在很多痛点和需求没有解决。考虑到农村基础设施落后，农民整体受教育程度低，很多电商模式无法像城市那样快速地、自主地发展起来，潘东明决定构建一个专为农民服务的商业模式。2013年，"赶街网"正式上线。同年6月，中国首个农村电子商务服务站在遂昌县王村口镇吴处村成立，这是赶街"县乡村三级农村电商服务体系"的开端。

赶街通过调研，发现农村人不愿意尝试网购的主要原因有不会使用电脑、村里不通快递、担心售后问题等。起初，赶街在每个村找一家便利店，作为电商合作伙伴，并为每一个村的网店提供一个可以上网的电脑，由便利店老板为村民提供在赶街网上购物的代理服务并承担售后服务。后来，赶街通过对站长的培训，不断提高服务的专业化水平，以村级网点为据点，不断整合服务内容，完善服务站的盈利模式。如今村级服务站还承担农产品数据采集服务，辅助农产品上行，以自建加社会化物流整合的方式，打通县乡到村的"最后一公里"双向物流配送。2014年阿里巴巴公司实地考察赶街时，盛赞这是最好的农村电商模式。

赶街模式2.0阶段的"县级运营中心＋村级服务站"，更是引领了当时国内农村电商的发展潮流。经过5年的探索，赶街提出了"一中心、三体系"的农村电商发展模式。"一中心"指建设一个解决问题的组织保障体系（以县级电商服务中心为核心）。"三体系"是指理念与能力建设体系（以培训服

务为中心)、农产品销售问题(以供应链管理服务为中心)、农村电商消费问题(以村级服务站体系为中心)。"最后一公里"问题只是农村电商发展中的一个关键问题,而农村电商要真正发展起来,需要整套服务体系的强大支撑。

几年间,从寥寥星火到全国铺设 8000 余个村站点,从默默无闻到为国家制定电商标准,立志"打造中国最大农村电商服务平台"的潘东明,正朝着梦想一步步迈进。

(四)遂昌"赶街网模式 3.0":赶街 App＋乡镇服务中心,形成数字服务体系

2017 年下半年,为进一步满足农村人对现代化服务的需求,潘东明再次对赶街电子商务公司进行重大业务模式创新,推出了"赶街 3.0"的新战略,其核心特征是:本地化、产品化、社会化、生活化、市场化;并引入了人人分销、人人配送、人人中介、人人代理、人人猎头、人人婚介等众包概念,为农村电商走出创新的路子。"赶街 App＋乡镇服务中心"是"赶街 3.0"战略的两个支柱,赶街 App 是中国第一款真正为农民量身定制的移动互联网产品,乡镇服务中心则是线上业务和线下业务融合的节点,两者相辅相成,共同构成本地生活服务闭环。

赶街合伙人体系是赶街 3.0 模式的重要组成部分之一,即县域合伙人、乡镇合伙人和村级合伙人。相比于 2.0 模式,该模式中的乡镇服务中心均为独立经营的站点,由赶街合伙人全职经营,同时也对合伙人的工作职责提出了更高的要求。乡镇合伙人的第一批招募和试运营就取得了超预期的成绩,为 3.0 模式的可行性提供了实践经验。

乡镇合伙人将获得赶街总部许可授权和县域合伙人支持,以 O2O 的方式直接服务村民,并负责该乡镇的村级合伙人发展和运营。通过赶街乡镇服务中心,合伙人可向村民提供综合生活服务,在实现商业服务和政府服务下乡的同时,也为农民增收提供了新的渠道。

村级合伙人是赶街 3.0 战略在农村市场的"末梢神经",是赶街服务农民的终端和主体。村级合伙人主要承担两大功能:第一,通过"赶街 App"轻松代理政务代办、就业指导、金融保险、精选特卖等各类农村生活服务业务,以遂昌四网一平台"跑小二",农业农村部的信息进村入户工程"益农信息

社"为代表的政务系统作为叠加服务，强化涉农信息资源整合，实现普通农户不出村、新型主体不出户就可享受便捷、经济、高效的生产生活信息服务；第二，搜集村里农产品信息，提报所属乡镇合伙人，对接城市端消费者，最终实现农产品上行。相比过去 1.0 和 2.0 模式，3.0 模式的佣金更高。

赶街充分利用自己的平台优势，为农民争取到更多的实惠与便利。赶街采用 B2C 的商业模式，平台出面直接与供应厂商合作，减少中间商赚差价。同时，平台整合服务，打包成项目方便村民办理。比如近年火热的光伏项目。赶街各级服务站在政府政策的引导下，在村民间广泛宣传光伏发电的优势，并就如何审批安装光伏问题开展咨询服务。同时赶街对比了当地提供光伏的几家公司，在产品参数、安装服务、公司规模、售后服务等方面综合考察，多次洽谈价格，为村民争取最大的优惠。另外，赶街还与农商银行、邮储银行进行合作，提供两家银行"光伏贷"项目的咨询服务。赶街平台作为服务机构，联合政企，将政策宣传、审批流程、光伏购买、光伏贷款整合在一起，切实服务于农民。对于小地方的村民来说，以前花近十万元购买光伏这样的高新技术产品是想都不敢想的，更不用说没钱还能到银行低息贷款。而现在村民办事有地方向，直接上赶街买光伏，不用担心过程中会被不良商家欺骗。

三、基于典型案例的农村创业研究结论与建议

大力发展农村电商，形成农村电商发展模式（陈旭堂等，2018）必须破解人才瓶颈制约。要把人力资本开发放在首要位置，畅通智力、技术、管理下乡通道，造就更多乡土人才，聚天下人才而用之。当前丽水的农村电商行业还存在很大的人才缺口，而农村大学生是最容易也是最适合培养的群体。该群体不仅对家乡农村有深厚的情结，而且掌握现代化发展的基础知识和认知。因而要根据电商发展需求，在营销、物流、供应链等方面设立专门的培养体系，让农村大学生能够生在农村、学在农村、留在农村、建设农村，从而缩小城乡差距，促进农村地区的现代化发展，助力乡村振兴。可从以下几个方面入手。

（一）增加数字经济与数字贸易的相关课程，深入农村地区

农村电子商务的发展需要复合型人才，不仅需要熟悉电子商务的操作

流程,更要对农产品有一定的认识。当前高校的传统模式往往将商科和工科人才完全独立培养,不适合现代农村电商发展需要。高校可结合区位经济发展情况,增加相应课程。如丽水学院可为学商科的学生增加一门农业基础类课程,为学农业的学生增加一门网络营销类的课程,从而提高学生综合素养,为现代农村电商产业发展提供人才保障机制。

(二)优化数字经济与数字贸易的高校教师队伍,实现产教融合

教师是培养学生的关键因素,在新形势下,高校需要完善实践育人的新机制。农村电商的发展日新月异,普通高校教师远离发展一线,难以教授符合现实发展需要的教学内容。高校应充分利用社会资源,如龙头服务商中负责电商培训工作的专业讲师团队、当地涌现的新锐网商等,打造一支创业导师团队,以讲座形式为学生进行授课。在增加教学形式的同时,拓宽学生眼界,了解行业最新动态,有助于学生顺利就业。

(三)培养大学生创新创业队伍,促进数字化商业变革

大学生进入产业经济,既有丰富的理论知识,又具有活跃的创新思维,创业激情和使命意识强烈,为民服务的宗旨意识也较强。且扎根在农村一线,对所在村镇的村情、村策及民俗都比较了解,是助推农村电商发展的最佳人选。当前,大学生村官主要通过协助加强基层党组织建设、开展电商业务培训和技术指导、自办网店、完善农村物流体系、推广电商众筹等多种方式助力农村电商扶贫,为促进我国农村电商扶贫发展发挥了重要而积极的作用。为促进其在农村电子商务发展中更好地发挥作用,地方政府部门应从组织推动、政策扶持和服务、资金保障、平台载体建设等方面为其提供良好的保障。

第六节　本章小结

本章以数字贸易贯通我国经济国内循环为研究对象,致力于探索数字贸易贯通商品经济国内流通的机制与模式。数字贸易对国内经济循环的贯

通，是一个随着数字技术逐渐深入到商业经济的进程，体现出互联网化、信息化、数字化的技术赋能机制，逐渐融合到以产业价值链为典型形态的经济循环机制中，形成数字化的虚拟价值链和产业经济的实体价值链相互耦合的经济循环运行机制。本章在分析具体的市场循环新模式之前，首先就我国数字技术的进步，带动数字商业形态的变迁进行了回顾，指出自20世纪80年代以来，数字贸易在我国从一种科研的领域，逐渐成为市场交易中的信息媒介，进而成为商业交易的有效工具，并在20世纪90年代，逐渐建立起以"平台经济"为特征的数字贸易运行机制，成了数字化的价值链运行的核心节点，并在进入21世纪之后，数字贸易成为我国经济组织价值链体系的基础设施，成为市场经济运行的基本条件。

在针对数字贸易赋能内循环的研究中，本章采用了以实地调研辅助典型案例研究，并归纳出典型模式与路径的"从实践中总结理论"的研究范式；并将数字赋能内循环的研究重点，放在了我国市场流通长期不畅的"农村"区域，考察城乡之间通过数字化实现的经济双向互动与市场的统一协调。这一机制，主要反映在数字贸易的市场组织，成为城市的工业产品进入农村市场，繁荣农村消费的重要渠道；以及农村经济中的产品，通过电子商务模式进入城乡市场，带动农村居民致富与乡村振兴；以及在农村出现了以新业态新模式实现的创新创业等实践案例中。通过归纳和总结市场、产业和创业案例，本书明确了数字贸易是赋能城乡市场一体化、打通长期运行不畅的农村产业市场化的有效通道，以及培育乡村创业者的有效机制，也是带动乡村振兴、城乡消费一体化和共同富裕的重要机制。

第三章 数字贸易赋能外循环:推进共同富裕的产业基础升级

第一节 概 述

在开放型经济领域,我国着力构建"以国内大循环为主体、国内国际双循环相互促进的新发展格局"。而我国20世纪80年代以来的传统出口,长期存在"两头在外、附加值低"的特征,充分体现出我国出口产业链为全球价值链提供"服务附加"的能力不足,这是由传统出口产业"重生产、轻服务、重订单、轻商务"的固有思维造成的,也反映出工业经济时代,受流通距离、文化差异和营销成本的制约,我国企业无法针对国际市场开展"敏捷"的研发设计、本地营销的劣势,因而贸易利益较多被境外采购商、品牌商等获取。上述问题,也正是我国推进贸易强国建设中有待突破的关键。

随着世界经济由工业主导朝以数字化为动力的服务经济转型,互联网极大地缩短了国际市场与出口企业的距离,通过数字贸易,以数字化为内容、载体与机制,集生产、服务、流通的外贸产业服务境内循环综合系统,打造外贸新业态新模式,可直接对接到国外消费者与采购。在"内循环"中,提供多环节贯通、价值附加程度高的数字服务,从而以数字贸易方式实现在全球价值链中的价值提升与创造,成为当务之急。

一、数字赋能经济外循环的贸易增值

改革开放后,我国外贸产业充分利用劳动力资源优势,成为"世界工厂",形成出口加工生产能力。然而我国外贸产业,并未止步于"加工"。①20世纪90年代初在长三角、珠三角等地形成以国有外贸公司为龙头,以

"交易"为核心的"外贸服务业"；②20世纪90年代后期涌现的"专业市场"，成为为"后厂（产业集群）"服务的"前店（商贸集群）"，催生了"市场采购"贸易模式；③入世后，以园区为载体，广东、江苏、浙江等省强化了出口"供应链服务"的综合能力；④21世纪10年代，跨境电商迅速发展，数字贸易的在线市场（阿里巴巴、亚马逊等市场平台）、贸易金融服务（腾讯、蚂蚁等金融服务）、大数据物流（菜鸟）等第四方物流体系随即产生，极大地提升了外贸出口在线服务能力；制造和外贸企业也随之强化研发、设计、品控、在线营销等服务能力。

二、数字贸易赋能外循环的新业态新模式

数字贸易中对外贸易新业态新模式的不断出现与升级，是数字经济时代传统出口产业升级的方向，具体体现在：以国际市场与出口产业区的数据挖掘、传递、运算与匹配为价值提升主轴，贯通产业价值链各服务主体，形成数字化出口产业生态、逐步提高生态循环过程中的境外与区域价值比重、减少对境外的依赖性的动态升级过程。

数字贸易出口新业态新模式主要产生于三个领域，可通过出口产业"微笑曲线"上三个标准环节来衡量：一是属于服务，被附加到最终商品的国际消费价值上；二是在传统出口中，这些内容多由境外服务商提供；三是通过数据的挖掘、流动及实施，服务可以在境内完成，并通过数字技术对实物商品的形成与传递进行精准管控。主要包括研发、设计、供应链服务、选品、交易、物流、支付、金融、品牌、客户服务、售后服务等。通过数字化，上述内容正在实现"境内化"贯通，即为"出口产业数字服务内循环"。

需要指出的是：虽然贸易价值链为"线性"，但数据的循环优化，可在任何两个（或数个）环节间实现，从而实现数据驱动的服务境内循环，以及境内境外数据与商品的"双循环"。另外，新业态新模式往往是在国内创生成长，是数据驱动的服务生态的动态完善。如以亚马逊平台数据为主轴的服务商集聚，即是通过"内循环"服务于"外循环"的具体体现。

三、以跨境电商为主的数字外贸新业态新模式特征

得益于传统外贸转跨境电商的发展，我国建立起以平台与服务商为载

体的"互联网+"出口服务体系。在朝数字贸易转型时期(2019年后),我国跨境电商新业态新模式具有三项特征:①境内外平台(速卖通、亚马逊等)持续拓展(或引入第三方)服务内容,以数据挖掘作为主线,"卖家服务闭环"逐渐完善,尤其是在广东、浙江、北京、上海等地。②以市场数字化推进产业链数字化,为研发、设计、选品、供应链管理等服务提供工具,服务于我国传统出口产业集聚区。③数字化解决出口的境外"最后一公里"难题。营销、品牌、客服等环节转为线上"数字内容"服务;配送、售后等须由当地服务商操作的环节,成为"数字海外仓(枢纽)"服务(如eWTP),建立了持续优化的数字服务生态。④通过政府(综合试验区)、平台与服务商(如连连支付)的数据贯通,驱动"出口产业数字服务内循环"的运行加快与生态扩容,推动跨境电商的品牌化、敏捷化与价值化的综合升级。

基于上述分析,本章在数字贸易出口中主要探讨数字贸易中跨境电子商务的发展及其对产业升级、企业转型和市场升级的作用,而在数字贸易进口中,则着眼于跨境进口对消费升级的拉动作用。

第二节 数字贸易外循环的跨境电商与数字服务

经济外循环,是指通过将商品、服务、技术、商业逻辑等内容连接到境外,贯通境内外市场或实现资源整合的过程。中国经济外循环的通畅,是中国数字贸易市场组织的重要功能。当前,中国数字经济融入外循环的方式,主要通过跨境电子商务与数字服务贸易(通过数字平台"走出去"等方式)实现。本节对我国跨境电子商务与数字经济"走出去"展开分析。

一、跨境电子商务实现对外贸易数字化转型

对外贸易是中国开放型经济的最主要内容,2013年,中国成为全球第一贸易大国。2017年,中国进出口总值27.79万亿元,其中,跨境电商交易规模为7.60万亿元,同比上升14.5%,可知跨境电商已占我国外贸总量的27.35%。通过"互联网+",跨境电子商务降低了中国对外贸易的交易成

本,加大了"中国制造"产品在国际市场上的营销力度,也推动了海外商品进入中国市场,对接中国市场的消费升级与需求扩张。我国跨境电子商务发展迅速,2013—2017 年的增长趋势如图 3-1 所示。

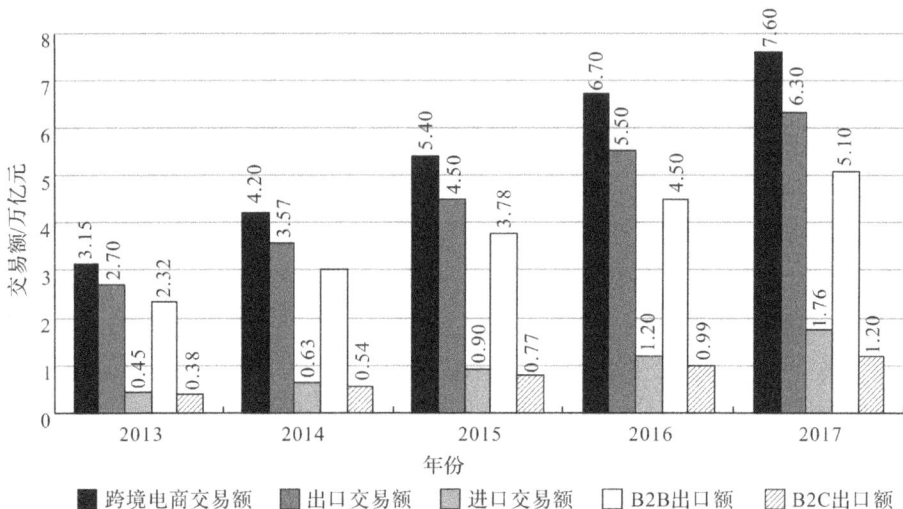

图 3-1　中国跨境电子商务近年发展趋势

1999 年至 2018 年,我国跨境电子商务发展总体可以分为三个阶段。

(一)起步阶段(1999—2001 年)

跨境电子商务在我国发展的标志是,1999 年阿里巴巴公司的成立。起步阶段中国跨境电子商务企业的主要商业模式是提供网上展示、线下交易的外贸信息服务,主要服务于跨境 B2B 外贸出口交易,通过向展示信息的企业收取会员费的方式实现平台盈利。

(二)成长阶段(2002—2012 年)

2001 年底中国加入 WTO,推动中国跨境 B2B 交易从线下走到线上,带动跨境 B2C 和 C2C 交易起步。我国 B2B 跨境电商企业开始将线下的交易、支付、物流管理等内容,纳入互联网上来进行,实现跨境贸易的电子化,完善了数字贸易流程,从而逐步成为在线交易平台。在 B2C 和 C2C 方面,以香港、深圳及东部口岸城市的小企业和个人创业者为主,主要依托当时全球最大的第三方电子商务平台 eBay 将中国产品以邮政小包或快递方式销往欧美发达国家的消费者。

（三）发展阶段(2013—2018年)

2013年之后,中国跨境电子商务服务商崛起,促进了跨境电子商务贸易链前端以"供应链管理"为核心的产品品质优化,以及后端以"海外仓"为核心的服务优化,推动了中国跨境电商进入服务时代。

2017年,我国跨境电商实现交易额7.6万亿元。其中,以出口B2B为主,达5.1万亿元;在B2C领域,进口1.8万亿元,出口1.2万亿元。"一带一路"沿线,是中国对外贸易增长较快的地区。2017年,中国与"一带一路"沿线国家的进出口总额达到1.44万亿美元,同比增长13.4％,高于中国整体外贸增速5.9个百分点,占中国进出口贸易总额的36.2％。其中,跨境电子商务,是中国与"一带一路"沿线国家(地区)贸易的重要增长引擎。以俄罗斯为例,根据俄罗斯电子商务协会与俄罗斯邮局的调查报告,2016年中国网店销售额占俄罗斯跨境在线贸易总额的52％,俄罗斯90％的外国邮包来自中国。

二、跨境电子商务重构外贸价值链的机制

在数字贸易的跨境电商模式中,外贸企业通过数字化推动价值链重构,实现了区别于传统外贸企业的价值创造活动和商业模式。在此过程中,企业内部的价值链重构行为与外贸产业价值链、全球价值链产生关联,具体表现为:以数据采集、数据挖掘和数据管控为工具,企业价值的创造活动与产业价值链主体有效互动,从而促进企业在全球价值链的分工定位与价值创造机制发生变化。

（一）数字贸易跨境电商重构企业内部价值链的组织模式

企业从基础层面和辅助层面对传统外贸企业的内部价值链进行重构,具体表现在调研、设计、运营、销售、服务等5个基础环节和基础设施建设、人力资源管理、辅助技术开发、供应链管理等4个辅助环节,从传统的管理,进入数据化的整合式组织和管理。通过对接以信息网络技术为支撑的跨境电商模式,外贸企业在信息获取、内部沟通、线上运营、销售渠道、客户服务等方面

表现出区别于传统外贸企业的经营方式，是对传统外贸方式的破坏式创新。

(二)跨境电商数字贸易重构产业价值链的合作模式

在传统的出口产业中，我国制造企业以品牌代工方式为主，进行加工贸易，在产业价值链中仅有较少的利润分成。在消费终端，我国外贸企业无法与消费者进行直接沟通，无法了解目标市场的流行趋势和需求变化，处于被动接受的地位，且由于支付方式、通关流程等造成贸易周期长，市场反馈不及时，无法进行调整。

在跨境电商数字贸易模式下，企业价值链重构行为与供应商、服务商、消费者建立互动关系。在供应商环节，跨境电商企业的数字化运营，通过设立供应链运营中心，与国内优质的生产制造企业建立紧密的合作关系，并通过研发数字化系统加强产品设计环节和生产制造环节的沟通；在服务商环节，基于数据的物流和支付提供跨境电商经营的核心支撑作用，通过仓储物流中心的设立，跨境电商企业建立了从备货到发货的高效流程，同时为国外消费者提供多种跨境物流和跨境支付的选择，提升交易环节的满意度；在消费者环节，综合采用目标市场调研和平台消费数据等方式，设计开发适应消费者需求的产品，并设立独立的客户服务部门和完善的退换货流程，保证消费者的购物体验，同时通过国际社交媒体、网红直播等方式，增强与消费者的沟通，提升境外消费者与采购商满意度。

(三)跨境电商数字贸易重构全球价值链的整合模式

在传统贸易模式中，我国较多外贸产业长期处于"微笑曲线"的底端，以加工制造获取价值增值为主。跨境电子商务数字贸易能够借助跨境电商平台和互联网媒介进行产品的研发与设计、品牌运营、营销推广等环节。在产品的研发与设计上，企业依据目标市场流行趋势和消费者偏好，不断迭代新产品；在品牌和商标上，通过目标市场的品牌和商标注册，获取正当的知识产权保护；在营销管理上，借助跨境电商平台、国际互联网媒介、搜索引擎优化等新型网络营销手段，推广产品和品牌。

区别于传统外贸企业的经营方式，跨境电商企业通过数据平台(较多来自平台企业)对目标市场流行趋势和消费者需求进行调研，自主研发设计产品和品牌，并借助跨境电商平台推广、国际社交媒体运营、面向海外受众网红直播合作等方式,进行产品和品牌的国际营销和推广。

综上,跨境电子商务数字贸易实现了外贸企业的内部价值链重构,并通过具体的价值创造活动(如研发设计、跨境物流、线上支付等)与国内的产业价值链、全球价值链产生紧密关联。由此表现为从内部价值链重构向产业价值链协同、全球价值链的数据化升级的过程。其中,内部价值链重构表现为基础和辅助层面的链式过程的数据贯通;并通过价值创造活动与产业链上各主体之间的协同发展,以及由"中介"角色向研发设计、品牌营销等多环节、高端环节的数据化管控的升级过程。

三、我国数字服务企业的外循环发展

(一)数字服务企业的投资外循环

随着中国数字服务企业的壮大,中国也逐渐开始了对外服务与投资"走出去"发展,其中对外投资是输出服务的重要形式。欧洲是中国对外投资的重要目的地,因此本书以中国数字企业对欧洲投资为例探讨以投资实现的数字服务"外循环"。据统计,2016年中国对欧洲的直接投资为106.9亿美元,占中国对外直接投资的5.45%。其中,数字服务企业的对外投资是中国对外投资的重要组成部分,中国对欧洲的数字服务企业投资具有鲜明特色。中国对外投资发展如图3-2所示。

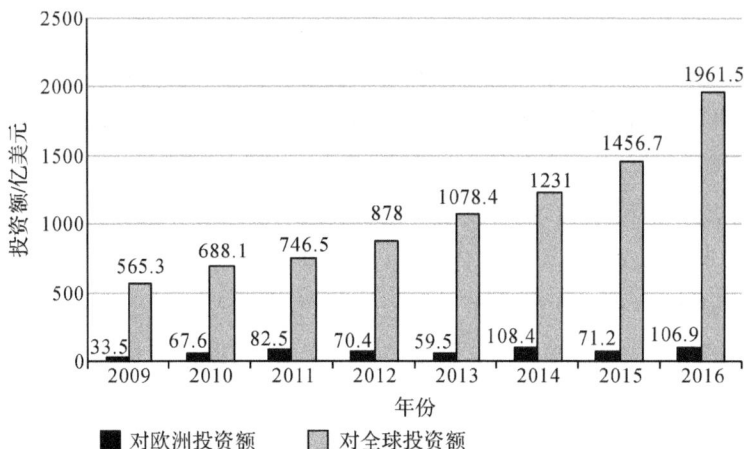

图3-2　中国对外直接投资与对欧直接投资发展

2016年中国对欧洲最大的10项对外投资中，有4项出现在了数字经济领域，其中，金额最大的是腾讯公司以41亿美元收购芬兰的Supercell公司84.3％的股权。腾讯是中国最大的互联网/移动互联网即时通信和网络社区服务商，也是中国最大的网络游戏服务商，而Supercell公司是创新的移动游戏设计商，通过这一并购，腾讯在游戏产业价值链上，通过整合境外上游产品资源，对接到国内下游消费市场，巩固了其在全球网络游戏产业的领先地位。至今，腾讯已开展了上百项海外投资与并购。2016年，中国电子商务巨头阿里巴巴，也开展了大投资的海外并购，分两次共出资40亿美元，从德国创新孵化公司Rocket Internet公司，收购了东南亚最大的电子商务平台Lazada公司的大部分股票。在东南亚国家的电商产业价值链上，阿里巴巴公司通过并购Lazada，实现了将中国国内的优质供应链资源、跨境电商运营服务，与东南亚领先电商平台之间的整合。这一投资，有利于强化阿里巴巴在全球电子商务市场的竞争优势。中国最大的在线酒店预订服务商——携程公司，在2016年也出资14亿英镑，收购了英国在线打折机票预订网站Skyscanner，这一并购实现了中欧网络旅行预订业务的产业链整合，强化了携程公司数字平台（虚拟经营）对交通旅游（实体资源）的全球耦合。

（二）数字服务企业的业务外循环

我国的数字服务企业，积极通过将自己的业务拓展到国外，实现更大的应用。目前，我国数字服务企业的"走出去"发展，以"工具"走出去和"平台"走出去为主。

以"工具"走出去，是指我国数字服务企业提供的产品，成为国外用户开展某一互联网活动的工具。2016年前后，我国数字服务企业在海外用户量最大的四个工具，分别为百度、UC（属于阿里巴巴公司）、猎豹（由金山公司创建）和茄子快传（即SHAREit），各有超过8亿的海外用户，其中茄子快传的海外用户超过了10亿。数据显示，2017年初，百度全球范围内拥有20亿用户，覆盖200多个国家和地区，月活跃用户超3.6亿；UC浏览器月活跃用户突破了4亿，季活跃用户超过6亿；猎豹全球安装量34.64亿，月活跃用户6.12亿，80％来自海外市场；茄子快传用户全球已超10亿，月活跃用户近4亿，海外用户占比极高。

以"平台"走出去，是指中国互联网企业提供的平台，成了国外用户在一定的商业场景中的实现平台。2016年前后，中国互联网企业中，将平台推到国外最成功的，是阿里巴巴公司。阿里巴巴的跨境 B2B 平台（alibaba.com），成为境外采购商，尤其是中小采购商获得商品的主要平台之一；阿里巴巴公司的跨境 B2C 平台（aliexpress.com），成为境外消费者网购的主要平台之一，尤其是在俄罗斯、波兰等地，成为客户数量和交易流量最大的跨境消费平台；阿里巴巴集团也积极推动"海外版支付宝"，作为支付金融服务"走出去"的载体。腾讯公司的微信平台，近年来也加快了"走出去"步伐，目前已经拥有 2 亿海外用户。

第三节　数字贸易推进外循环的产业价值链重构

在本节中，采用案例研究探索以跨境电子商务为代表的国际数字贸易，如何推动产业价值链在数字重构中升级。以服装服饰产业链为典型案例（结合具体企业案例分析），通过梳理跨境电子商务背景下企业的经营活动构建企业价值链，并基于耦合视角，探索数字贸易推进企业的价值链重构路径和产业价值链的升级机制。

研究发现，跨境电商背景下服装外贸企业的价值链重构路径表现为内部价值链的链式重构与产业价值链的体系协同、全球价值链升级的耦合过程；服装外贸企业借助数字贸易的跨境电商模式与供应商、服务商、消费者建立互动机制，通过内部价值链与产业价值链耦合，实现并提升企业的竞争优势，提升产业链的整体水平；全球价值链升级表现为跨境电商服装企业通过数字化的产品设计和品牌营销，提升企业的全球价值链定位，通过内部价值链与全球价值链耦合突破传统对外贸易企业的"低端锁定"。

一、国际数字贸易中的跨境电子商务

在数字贸易体系中，跨境电子商务是跨境交易主体借助国际电子商务平台和互联网媒介达成交易、进行跨境结算支付，并通过国际物流运送商品、完成交易的商业活动（马述忠，2018）。随着跨境电商综合试验区、跨境电商试点城市等一系列政策措施的落地，以及跨境物流、支付等环节的完

善,我国的跨境电商产业发展迅猛,2018 年跨境出口电商交易规模达 7.9 万亿元。在此背景下,我国企业纷纷布局跨境电商,参与新一轮的贸易竞争,数据显示某跨境电商平台 2018 年新增中国卖家数量超 40 万家,实现了中小出口企业的"虚拟人集聚"。该现象引起了学者们的广泛关注,较多学者从发展形势、政策监管、策略建议等宏观层面对其进行分析与讨论,也有学者针对外贸企业在发展跨境电商过程中存在的供应链风险、销售渠道、竞争策略、评价指标等问题进行深入研究,但较少有学者研究在此过程中企业的价值链重构问题。作为一种贸易方式,跨境电商在我国传统贸易的数字化转型、促成数字贸易中扮演着重要角色(马述忠,2018),我国企业应当如何借助跨境电商获取新的竞争优势,这是需要进一步研究的问题。

自 Porter 提出价值链的概念以来,如何进行价值链重构这一问题被学术界和商业界广泛关注。价值链重构指企业通过对内外部价值链的优化、重组、创新,形成新的经营活动,并获取竞争优势的过程。现有文献中,学者们主要从企业价值链(许晖,2015)、产业价值链(崔晓杨,2016)和全球价值链(Gereffi,2003;刘志彪,2015)三个层面进行价值链重构的相关研究。跨境电子商务实现了外贸企业价值创造活动的颠覆式创新,并整合我国生产制造的产业链资源,为企业面向国外消费者进行产品设计与品牌营销提供了可能。照此逻辑,跨境电商背景下企业的价值链重构与产业价值链、全球价值链关系密切。已有研究中,较多从上述价值链中的某一部分进行研究,较少有学者关注重构过程中不同价值链之间的耦合机制。本书以杭州森帛服饰公司为例,采用案例研究方法,通过梳理案例企业的跨境电商经营活动,构建跨境电商背景下的企业价值链,研究企业的价值链重构行为,基于耦合视角探究内部价值链重构与产业价值链、全球价值链之间互动关联所形成的企业价值链重构路径,为我国传统外贸企业的转型开展数字贸易和突破"低端锁定"提供理论支持。

二、跨境电商推动产业价值链重构的文献综述

(一)价值链的相关概念

自 Porter(1985)提出价值链概念以来,学术界和商业界将其广泛应用于理论研究和商业实践,并相继提出虚拟价值链(Rayport & Sviokla,

1995)、产业价值链(Porter,1985)和全球价值链(Gereffi,2001)等理论范式。

Porter 的价值链和 Rayport 等的虚拟价值链被用于分析企业层面的价值创造活动,因此也被称为企业价值链。Porter 从基础活动和辅助活动两个层面分析企业的价值创造活动,认为企业通过上述两种连续活动将原材料转换为最终产品,实现价值创造,建立竞争优势。其中,基础活动指内部后勤、生产作业、外部后勤、市场营销和销售、服务等 5 种活动;辅助活动指采购、技术开发、人力资源管理、企业基础设施建设等 4 种活动。Rayport 和 Sviokla 在网络经济背景下提出了虚拟价值链的观点,认为企业在实体市场和虚拟信息市场中同时竞争,通过信息的收集、组织、选择、合成、分配等 5 种基础活动创造价值,借助可视化管理、提供市场响应能力、利用信息技术建立新型顾客关系等 3 种辅助活动增加价值。

随着对价值链研究的深入,Porter 注意到企业的价值链存在于一个更大的系统中,这个系统还包括供应商、渠道商和消费者等主体,这些主体组成的系统被称为产业价值链。区别于经济学中的产业链概念,产业价值链侧重于分析由产业内分工所形成的链条上各个企业的价值创造活动,这些企业相互关联,共同实现价值创造,建立产业竞争优势。有学者将产业价值链定义为以技术为基础、以消费者需求为导向、具有相互关联的企业集合。

在全球化和国际分工背景下,价值链的概念被用于分析国际贸易中不同国家的价值活动。Kogut(1985)在研究价值链的垂直分离时提出了价值增加链的概念,Gereffin(1994)结合价值链提出全球商品链,并在后续研究中将其定义为全球价值链,指国际贸易中企业的研发、设计、生产制造、营销、售后服务等价值增值活动。在"微笑曲线"理论中,这些价值增值活动又被分为上游(研发设计)、中游(生产制造)、下游(营销与服务)三个环节。

上述价值链的概念被用于分析不同场景下企业的价值创造活动,本书引入价值链的概念分析企业在跨境电商背景下的经营活动,并构建新型贸易方式下服装外贸企业的价值链。

(二)价值链重构及其路径

价值链重构指企业通过对内外部价值链上各个环节的优化、重组、创新,形成新的经营活动,并获取竞争优势的行为。现有文献中,学者们主要从企业价值链、产业价值链、全球价值链三个层面研究价值链重构的行为,并提出相应的重构路径。

在企业层面,价值链重构问题是指基于 Porter 提出的价值链,对企业的内部经营活动进行优化、重组、创新,寻找能够适应不同竞争环境的价值创造活动。许晖(2015)以高耗能化工企业的绿色生产转型为主线,探讨了企业在绿色生态位跃迁过程中的价值链重构行为,研究发现了压力筛选作用下的内外部知识整合和价值链延伸等企业绿色价值重构路径;朱长宁(2016)针对休闲农业市场的供需失衡问题,提出以顾客核心需求为导向的企业内部价值链重构策略,助力农村休闲旅游业的发展。也有学者(姬军荣,2009)从企业的知识管理和分析能力视角深入研究,并提出了价值链重构路径;马秀丽(2004)提出了降低成本和差异化战略的价值链重构策略;谭力文(2006)基于企业内外部环境分析提出了相应的价值链定位方式。

在产业层面,价值链重构是通过对由供应商、渠道商、企业、消费者组成的价值系统进行垂直分解和水平分拆,从而重组各个环节上的企业分工与协作,形成整个产业的竞争优势。李平(2006)从模块化的视角研究了产业价值链的重构过程,指出其核心环节在于模块价值的构建,从而影响产业的组织结构和模块企业的行为,使产业价值链的价值分布呈现出新的特征;杨雪锋(2013)从系统关联和产业融合两个方面分析了产业价值链上各个企业的联系活动和价值的协同增值,提出了产业链耦合、社会资本整合和环境资本重置的再生产业价值链的重构路径;邵安菊(2013)基于产业内分工视角提出了个体企业到跨企业再到整体跃迁的产业价值链重构路径。也有学者(兰宏,2012)结合嵌入理论和路径依赖理论,利用 CES 效用函数验证了价值链重构对大飞机产业嵌入性依赖的正向作用。

在全球层面,价值链重构是对价值链上各个环节的国际分工进行重新定位,使国家和企业能够突破区域的限制,重新构建价值创造活动,获取竞争优势。国外学者较为关注通过原有价值链的升级来实现全球价值链的重构,Gereffi(2003)基于对全球价值链治理模式的研究,提出了"OEM-ODM-OBM"的升级路径;Kaplinsky(2015)从国家层面论证了创新体系的必要性,并提出财政激励机制的升级策略。而我国学者针对全球价值链的"低端锁定"问题,对全球价值链的重构路径进行了大量研究。许晖(2014)基于全球价值链的"嵌入-升级-治理"模式提出制造服务一体化和低价值链高端嵌入的重构路径;刘志彪(2015)指出通过人才集聚、技术创新、产品设计优化等方式培育新的比较优势，从而嵌入全球创新链，进行价值链重构；毛蕴诗 (2016)从企业实践和理论层面出发，指出提升品牌营销和研发设计能力，从而向价值链高端环节转移的重构路径。也有学者从区域间经济合作探讨了全球价值链重构路径，提出亚太经济互联（盛斌，2018）、金砖国家经贸合作 (王星宇，2019)等途径。

上述文献中，学者们对价值链重构的研究聚焦于企业内部价值创造活动、产业价值链中的企业定位，以及全球价值链中的产业升级问题，着重分析相应场景中的价值链重构行为。而较少有学者关注重构过程中不同价值链间相互关联的问题。在跨境电商场景下，企业借助信息网络技术和互联网媒介，整合我国的制造业资源，进行自主研发、设计，创建品牌和营销模式，生产国外消费者所需求的产品，面向全球市场进行销售。这是对传统贸易方式的颠覆式创新，是通过企业内部价值创造活动的重构，并与产业价值链和全球价值链高效协同，实现新的竞争优势。基于此，本书通过分析跨境电商背景下服装外贸企业的价值创造活动，研究其相对于传统服装外贸企业的价值链重构行为，并探讨在此过程中的不同价值链间的关联，从而探究其价值链重构路径。

(三)跨境电子商务与价值链的相关研究

近年来，作为国际数字贸易主要形式的跨境电商的迅猛发展引起了学者们的广泛关注。我国学者从政策环境（来有为，2014；安春生，2017）、渠道选择策略（马述忠，2017）、跨境物流平台（金虹，2015）、营销服务（高翔，2016）等方面对跨境电商的各个环节展开了深入研究。

现有文献中，较多学者根据价值链的相关理论探讨我国的跨境电商及企业的价值创造问题。张夏恒（2017）从全球价值链的视角提出了跨境电子商务的运行模式，推动我国企业嵌入全球价值链；刘晶（2017）研究指出跨境电子商务对于我国企业突破"低端锁定"具有重要作用，并推动我国贸易价值链升级；赵志田（2017）基于问卷数据分析了跨境电子商务背景下我国制造企业的价值创造机理，认为我国制造企业的跨境电商价值创造水平较低，在支付、物流等环节具有较大的增长潜力；赵明亮、臧旭恒（2018）结合跨境电商链接指数、中国全球价值链增加值、双边增加值贸易等指标，探讨了 eWTP (电子世界贸易平台)背景下跨境电子商务对于我国对外贸易和全球价值链重构的推动作用。

上述文献将价值链引入跨境电子商务领域的相关研究中，可以看出跨境电子商务与企业价值创造、产业发展和全球价值链重构具有重要关联。但较少文献探讨企业在进行跨境电子商务经营活动中不同层次价值链的互动机制。本书将采用案例研究方法，通过分析企业在新型贸易模式下的价值创造活动，以及与不同层次价值链的互动行为，探索跨境电商背景下的企业价值链重构路径。

(四)本节研究框架

综上所述，在跨境电子商务背景下，企业价值链是指运用价值链分析方法研究企业通过跨境电子商务模式进行生产经营的价值创造活动。在此背景下，价值链重构是指企业通过跨境电子商务模式对传统的贸易活动进行优化、重组和创新，在新一轮的贸易竞争中获取优势的过程。同时，这一过程伴随着企业价值链和产业价值链、全球价值链的外部关联。基于此，本书构建跨境电子商务企业价值链重构路径的研究框架(见图 3-3)，以杭州森帛服饰借助跨境电商模式获取竞争优势为例，研究新型贸易方式下企业的价值链重构路径。

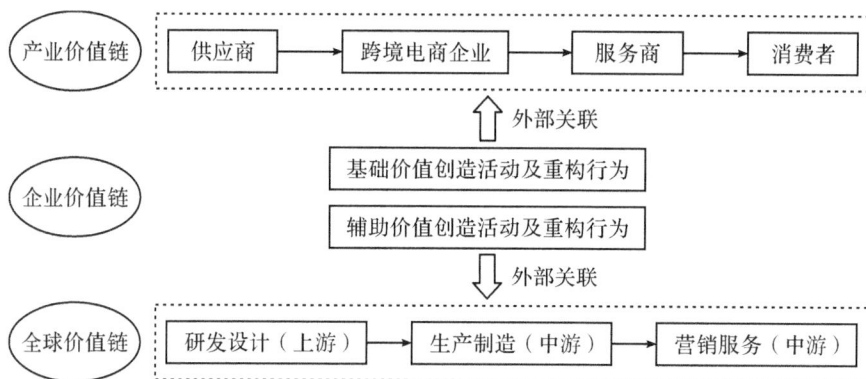

图 3-3　本节的研究框架

三、跨境电商推动产业价值链重构的研究设计

(一)研究方法

在跨境电子商务背景下，服装外贸企业的经营活动如何变化？这一过

程中又是如何进行价值链重构的？本书从"是什么"出发，针对"如何"的问题，开展探索性研究，采用案例研究方法较为合适（Eisenhardt，1989；Yin，2017）。在跨境电商背景下，服装外贸企业的经营活动发生了颠覆式的变化，本书采用单案例研究深入挖掘特定情境中研究对象的行为过程和作用机理（Dyer et al.，1991）。本节以杭州森帛服饰为例进行单案例研究，通过梳理其在数字贸易方式下的价值创造活动，分析企业相对于传统贸易方式的价值链重构行为，以及在此过程中与产业价值链、全球价值链的外部关联问题，从而探究跨境电商背景下服装外贸企业的价值链重构路径。

（二）案例研究对象选择

本节选取杭州森帛服饰作为案例研究的对象，基于以下原因：(1)森帛服饰作为杭州最早创立的跨境电子商务服装销售企业之一，经历了跨境电商发展的各个阶段，并建立了较为完整的跨境电商经营活动和服装跨境电子商务产业链，具有一定的代表性；(2)森帛服饰通过自主研发设计，并创立自有品牌，借助跨境电商平台和互联网媒介进行国际营销，产品覆盖全球大部分国家，在行业内具有较强的影响力，并形成了较为成熟的跨境电商经营模式；(3)服装外贸是我国传统贸易中的重要行业，森帛服饰通过对接跨境电商新模式，对服装外贸的生产制造、品牌设计和销售产生深刻影响，贯穿企业、产业和全球价值链三个层面，是跨境电商与我国传统行业相结合的典型代表。

（三）资料来源与收集

本节的资料来源包括实地调研、深度访谈、公开资料等。其中，一手资料包括：(1)实地调研与深度访谈。笔者多次对森帛服饰进行实地调研，深入了解企业的组织结构、经营模式等信息。2018 年 10 月至 2019 年 1 月期间，对企业创始人、管理人员和技术人员进行了深度访谈，共计 9 人次，每位受访者访谈时间为 50～120 分钟。访谈资料以书面和录音形式保存入库，并统一转化为用于编码的文字材料；(2)企业市场数据、会议记录等资料，包括产品及品牌信息、市场和财务数据；(3)与企业管理人员往来的邮件、短信等联系信息。二手资料包括：(1)企业官网、速卖通、亚马逊等平台店铺，包含店铺产品、价格、物流服务商、支付手段和消费者评价等资料，记录整理用于编码；(2)新闻报道资料，包括《焦点访谈》《东方时空》、以色列电视台等国内外媒体的报道资料；(3)电子商务研究中心、雨果网等机构的研究报告。以上资料均整理归类，构成本书案例研究的基础资料，见表3-1。

表 3-1　对案例企业的实地调研、访谈和公开资料

来源	时间	对象	形式	内容及资料整理
实地调研与访谈	2018 年 10 月	实地参观森帛服饰的杭州临平运营中心	实地调研	对森帛服饰的组织结构、跨境电商经营模式等信息进行初步了解(B1—B2)
	2018 年 12 月	森帛服饰的市场、财务、供应链等部门主管，计计 9 人次	深度访谈	森帛服饰的跨境电商发展现状，企业内部设计、销售等环节以及与供应商、服务商对接环节的数字化情况(A1—A9)
	2018 年 12 月	森帛服饰的运营部门主管人员及其提供的资料	电话邮件	深入了解森帛服饰的跨境电商经营活动，及其供应链管理的新特点(C1—C6)
公开资料	2018 年 12 月	企业官网、速卖通和亚马逊店铺的相关信息	平台店铺	收集森帛服饰的商品信息、跨境支付方式、物流选择、客户反馈等信息(D1—D2)
	2018 年 12 月	CCTV 等主流媒体报道资料，共 6 份	媒体报道	案例企业管理人员在公开场合发表的观点、企业近年来的战略布局等(E1—E6)
	2019 年 1 月	电子商务研究中心、雨果网等机构的报告，共 3 份	研究报告	跨境电商研究机构针对森帛服饰撰写的案例研究报告和分析性文章(F1—F5)

注：笔者将已有资料整理为 6 类(A—F)，作为研究的基础材料。

(四)信度和效度分析

根据 Yin 的证据三角形，本书通过企业实地调研、主要创始人、公开资料整理等渠道进行研究，对一手资料和二手资料进行编码，并验证不同来源编码之间的吻合度和重叠。同时，在实地调研和访谈过程中通过书面、录音、图片等方式进行记录，并撰写文字报告，增强研究的效度。在信度方面，两位研究者分开进行编码，并根据 Miles 和 Huberman(1994)提出的编码可信指数测算，本书中编码的可信指数在 90% 以上，以保证研究结果的信度。对本节研究案例企业的调研资料如表 3-1 所示。

四、跨境电商推动产业价值链重构的案例描述

杭州森帛服饰成立于 2015 年，以跨境电商平台为载体，通过自主研发设计和供应链管理，销售休闲度假风格的女装，服务于全球范围内的跨境线上消费者，是一家集服装设计、研发、销售和服务于一体的跨境电子商务服装企业。经过三年的发展，森帛旗下拥有 5 家跨境电商全资子公司和 7 个跨境电商自主女装品牌，产品覆盖全球 200 多个国家，服务对象包括英、俄、西、葡等语系消费者。森帛服饰整合国内优质的传统服装制造业的供应链资源，借助跨境电商模式对接国际消费者的服装购买需求，通过企业内部价值活动的优化、重组、创新，实现服装外贸企业的竞争新优势，并对我国服装外贸产业和企业在全球价值链上的分工环节产生影响，构建了对外贸易的新业态新模式。

在传统贸易中，我国服装外贸企业扮演着国内生产商和国外需求方之间的中介角色，通过获取国外客户的订单，在国内寻找适合的生产制造商，完成样品和成品的转送，从中赚取差额。因此，传统的服装外贸企业大多不具有价值链上的生产制造、研发设计等环节，仅利用信息传递获取少量利润，跨境电商的出现改变了这种交易方式。本书将结合 Porter 的价值链概念，从基础活动和辅助活动两个方面来分析森帛服饰公司的跨境电商经营活动，并探究在此过程中区别于传统贸易方式的企业价值链重构行为，以及重构过程中的外部关联机制。

(一)基础层面的价值创造活动与价值链重构行为

根据 Porter 的价值链理论，基础活动指企业价值链中的核心创造环节。本节通过梳理访谈资料，构建森帛服饰的 5 个基础价值创造环节(见表3-2)。区别于传统服装外贸企业的单一角色，森帛服饰集调研、设计、运营、销售和服务于一体，借助跨境电商平台的信息整合能力和互联网技术媒介的信息交换能力，实现了数字贸易经营。通过整合供应商的生产制造能力、物流和支付服务商的服务能力和消费者的需求导向等，森帛服饰与供应商、服务商和消费者之间形成了互动关联。其基于跨境电商平台和互联网媒介建立独特的客户服务体系，及时有效地与国外消费者进行沟通，提升包括产品认知、物流及支付方式、退换货等购物环节的消费者体验。企业基础层面的价值创造活动与内容见表 3-2。

表 3-2　基础层面的价值创造活动与内容

价值活动	价值创造内容
调研与信息收集	1. 目标市场实地调研。组织专业人员实地调研,收集目标市场的一手资料,指导产品的设计研发 2. 跨境电商平台调研。收集速卖通等跨境电商平台的公开数据和消费者评论,用于新品开发 3. 基础设施选址调研。根据跨境物流、人力、场地等因素,选择适合的仓储物流中心和运营中心 4. 供应商调研。综合生产成本、技术能力、供货效率等因素,根据合作方式选择产品供应商
产品设计与研发	1. 产品设计团队。组建对接市场端和供应端的设计团队,综合市场流行元素和生产制造能力 2. 产品的定向开发。根据一手和二手调研数据分析,着眼于某一市场流行元素,开发对应产品 3. 产品的类目开发。针对不同类型的消费者,设计开发相应的产品类目,如童装、大码女装等 4. 跟随式产品开发。根据市场主流品牌,结合自身设计与研发能力开发相关产品,提高产品销量
运营与战略管理	1. 平台店铺运营。针对跨境电商和市场趋势,在速卖通等平台开设多家店铺,整合顾客资源 2. 品牌孵化平台。创造 Simplee、BIKInX、Glamaker 等品牌组合,定位多品牌孵化战略 3. 推广与公关运营。与浙江多所高校、企业合作,组织跨境电商培训,推动商业模式总结与创新 4. 收购与资本运作。针对自身产品运营和品牌理念,进行资本运作和企业收购,增强企业竞争力
销售与营销策略	1. 销售渠道。以跨境电商平台为载体,面向全球 200 多个国家、多种语言环境的消费者进行销售 2. "网红"推广。如邀请俄罗斯网红 Malabar 到企业参观,并进行网络直播销售,提升产品销量 3. 社交媒体营销。通过 Facebook、instagram 等社交媒体,增强与消费者的沟通,维护客户关系 4. 平台推广策略。根据平台标准和规则,进行产品的推广,增强消费者黏性,提升消费者满意度
服务与资源增值	1. 客户反馈处理。通过设立独立的客户服务部门,24h 处理消费者反馈,并提供解决方案 2. 退换货服务。对存在质量问题的产品直接赔付,优化消费者购物体验,增强消费者复购率 3. 物流及支付保障服务。规定期限内无理由退款,根据消费者需求提供不同价格的物流服务 4. 渠道及平台增值服务。借助仓储、供应链和平台优势,为跨境电商企业提供仓储、规划等服务

注：根据价值链文献和案例资料整理所得。

　　基础层面的价值创造活动如何重构传统外贸企业的价值链？这也是近年来跨境电商企业如雨后春笋般涌现的重要原因。区别于传统贸易方式，跨境电商企业凭借互联网平台，通过跨境物流和在线支付，缩短了国外消费者和我国产品生产商的实际距离。在基础价值创造活动中，森帛服饰通过整合、重组、创新的方式重构了企业价值链，具体表现为对调研、设计、运营、销售和服务等基础价值创造环节的重构，包括信息和资源的整合，销售渠道、营销方式和定价机制的重组，产品类目、品牌孵化和服务模式的创新，最终实现了国外消费者的购买，从而进行价值创造。基础活动中的价值链重构资料及其编码如表 3-3 所示。

表 3-3　基础活动中的价值链重构资料举例

方式	行为变量	编码例证	原始资料例证
整合	信息整合	实地调研	设计专家和平台专家定期前往目标市场，挖掘流行元素（A2）
		消费者数据	研发部门通过爬取速卖通上的消费者评论，寻找新的产品类目（A5）
	资源整合	供应商资源	找到一家急于摆脱 Zara 节奏的代工厂，成为专门供应商（F3）
重组	销售渠道	平台店铺	通过跨境电商平台，将中国的服装远销全球 200 多个国家（E6）
	营销方式	营销组合	邀请俄罗斯网红来中国参观，并进行直播销售，日销 6000 单（A7）
	定价机制	产品定价	在速卖通的一家店铺中，消费者能够按照价格分类选购商品（D2）
创新	产品类目	主打产品	国外消费者在不同场合着装不同，森帛定位于休闲度假风女装（C2）
		童装和大码	根据市场细分，增加 Simplee Kid、Plus 适应不同类型消费者（A4）
	品牌孵化	品牌组合	通过内部孵化、合资合作等，森帛目前拥有 7 个品牌（A1）
	服务模式	消费者服务	海外消费者不迷信大牌，更注重产品的质量和售前售后的服务（F2）
		增值服务	探索仓储中心和供应链的服务输出，增加公司盈利模式（A2）

基础层面的价值创造活动是企业跨境电商经营的核心部分。通过构建跨境电商的核心功能模块，企业对接新型贸易经营模式，实现了对传统外贸企业价值链的重构，并呈现出基于基础层面的链式重构路径（见图3-4）。

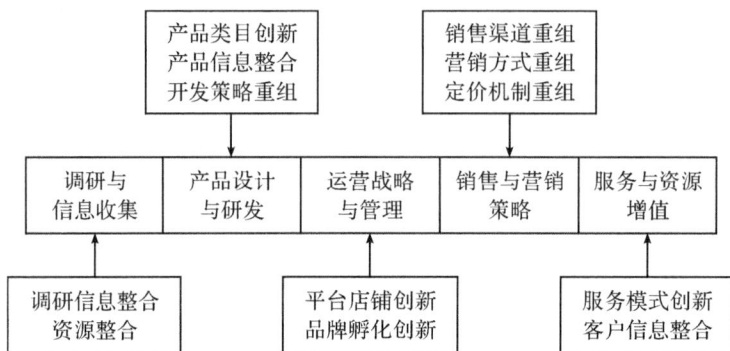

图3-4　森帛服饰企业价值链的基础活动及其重构行为

（二）辅助层面的价值创造活动与价值链重构行为

辅助活动是指企业价值链中提供支持作用的部分，本书结合所收集的资料梳理森帛服饰的辅助价值创造环节（见表3-4）。由于跨境电商企业轻资产、重运营的特性，辅助活动围绕着企业核心价值创造活动，提供基础设施、辅助技术等方面的支持。森帛服饰以互联网运营为核心，建立运营中心、仓储中心等基础设施，培育跨境电商和服装设计领域的专业型人才。区别于传统服装外贸企业，森帛服饰自主研发供应链管理系统，实现企业与供应、物流等环节的高效沟通，保证供应链的质量与效率，服务于国际市场的线上消费者。

表3-4　辅助活动中的价值创造内容

价值环节	价值创造内容
基础设施建设	1. 运营中心。设立临平、九堡运营中心，建立跨境线上运营事业部，如研发、设计、客服等
	2. 仓储物流中心。建立杭州等仓储物流中心，对接生产商和供应商，集中打包和跨境物流发送
	3. 供应链中心。建立广州等供应链中心，并设质检、生产等部门，保证跨境电商供货质量和效率

续表

价值环节	价值创造内容
人力资源管理	1.产品小组制。以商品为核心,配备设计师和买手,成立精细化、专业化和绩效评判的产品小组
	2.专家团队。设立设计专家、速卖通和亚马逊平台专家、商品专家,保证各个环节的专业化水平
	3.独立的客服部门。客服独立运作,及时反馈消费者意见,并整理消费者数据,优化客户关系
	4.营造良好的工作氛围。通过团聚、水果日、生日会等形式,提升员工积极性,提高工作效率
辅助技术开发	1.产品定向开发。组建设计专家、平台专家团队,对目标市场进行实地调研,提升产品研发能力
	2.大数据分析。研发团队通过爬取平台上的数据,分析网络"爆品"的流行元素,助力产品开发
	3.SEM 系统优化。研发部自主研发 ERP 系统,提升设计师与供应链的沟通效率,存储交易数据
	4.网店页面设计。针对消费者需求,装修跨境平台店铺,完善关键词、价格信息、售后评价等
	5.商品图片美化。借助摄影、修图技术和专业审美视角,增强跨境电商店铺中商品的视觉效果
供应链管理	1.供应链管理部门。设立技术、面料采购、QC、生产等部门,进行供应链管理与优化
	2.供应商选择。根据产品生产的需求,选择 FOB、CMT、OEM、ODM 等方式与生产厂商合作
	3.物流服务商。对接 ePacket、EMS、FedEx IE、Ali Express Shipping 等多种跨境物流服务
	4.支付服务商。通过对接 VISA、mercado pago 等多种方式,满足不同国家消费者的线上支付需求

注:根据价值链文献和案例资料整理所得。

辅助层面的价值链重构主要通过过程整合、组织与管理方式创新、经营场景重组等方式实现(如表 3-5 所示)。物流和支付在跨境电商交易中具有重要的支持作用,森帛服饰通过整合物流和支付服务优化消费者的购物体验,如在速卖通平台上根据消费者需要的物流天数,提供 ePacket、EMS、DHL、FedEx 等不同物流选择,其中物流时限为几天到几十天不等,消费者据此支付不同的跨境物流费用。同样,在支付环节,消费者也可以根据自身需求,选择不同的支付方式。管理系统研发和技术应用也是跨境电商区别于传统贸易的重要部分,森帛服饰通过自主研发 SEM 探索引擎优化系统和应用数据分析技术,提升企业的运营能力。在经营场景上,以平台店铺为核心的经营方式,结合网店设计、产品图片 PS 等电商手段,重组传统外贸企业的经营场景。

表 3-5　辅助活动中的价值链重构资料举例

方式	行为变量	编码例证	原始资料例证
整合	过程整合	物流服务	除平台物流外,顾客可以根据时间长短选择不同物流(D2) 仓储物流中的设置,能够提升产品的仓储成本和收发效率(A2)
		支付服务	顾客能够根据需求选择 VISA、WebMoney 等支付方式(D1)
创新	组织创新	产品小组	区别于事业部制,成立以产品为核心的"买手＋设计师"小组(A2)
		客服部门	设单独的客服部集中处理消费者反馈,并及时与各部门沟通(A6)
	管理系统	SEM、ERP	自主研发用于供应链和设计师沟通并记录产品信息的系统(A2)
	应用技术	数据分析	借助爬虫技术,获取平台上的消费者数据,用于市场分析(A3)
重组	经营场景	网店装修	跨境电商平台店铺的设计对消费者的购物体验具有重要影响(B1)

注:根据访谈资料整理所得。

辅助层面的价值链重构行为对企业的跨境电商经营具有不可或缺的支撑作用,有助于企业核心活动高效有序地开展。通过构建跨境电商背景下的基础设施、人力资源、技术开发、供应链管理等价值创造环节,实现对原有辅助活动的重构,同时表现为辅助层面的链式重构路径。案例企业价值链的辅助活动及其重构行为如图 3-5 所示。

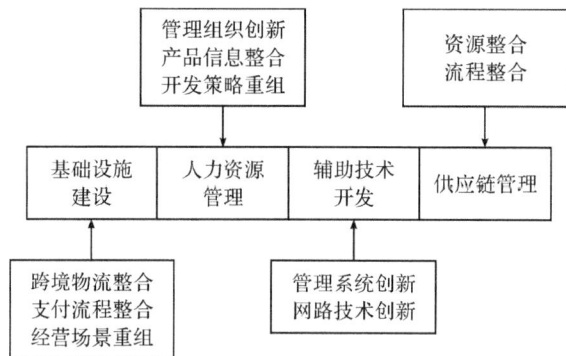

图 3-5　森帛服饰企业价值链的辅助活动及其重构行为

(三)企业价值链重构行为的外部关联

在跨境电商背景下,森帛服饰通过一系列价值链重构行为,实现了区别于传统服装外贸企业的价值创造活动和商业模式。在此过程中,企业内部的价值链重构行为与服装外贸产业价值链、全球价值链产生关联,具体表现为企业价值创造活动与产业价值链主体的互动行为,以及企业在全球价值链上的分工定位变化。

在产业价值链方面,表现为企业价值链重构行为与供应商、服务商、消费者建立互动关系。在供应商环节,森帛服饰设立供应链运营中心,与国内优质的服装生产制造企业建立紧密的合作关系,并通过研发 SEM 系统加强产品设计环节和生产制造环节的沟通;在服务商环节,物流和支付为森帛服饰提供跨境电商经营的核心支撑作用,通过仓储物流中心的设立,森帛服饰建立了从备货到发货的高效流程,同时为国外消费者提供多种跨境物流和跨境支付的选择,提升交易环节的满意度;在消费者环节,综合采用目标市场调研和平台消费数据等方式,设计开发适应消费者需求的服装产品,并设立独立的客户服务部门和完善的退换货流程,保证消费者的购物体验,同时通过国际社交媒体、网红直播等方式,增强与消费者的沟通,提升顾客满意度。

在全球价值链方面,区别于传统贸易中服装外贸企业的经营方式,森帛服饰通过目标市场流行趋势和消费者需求的数据调研,自主研发设计服装产品和品牌,并借助跨境电商平台推广、国际社交媒体运营、面向海外受众网红直播合作等方式,进行产品和品牌的国际营销和推广。案例企业价值链重构及其外部关联见图 3-6。

五、跨境电商推动产业价值链重构的分析讨论

本节以森帛服饰为例,通过梳理案例企业的跨境电商经营活动,分析跨境电子商务服装企业的价值链重构行为。在此基础上,本书进一步研究新背景下企业的价值链重构行为与产业价值链、全球价值链的耦合机制,探讨跨境电子商务服装企业的价值链重构路径。

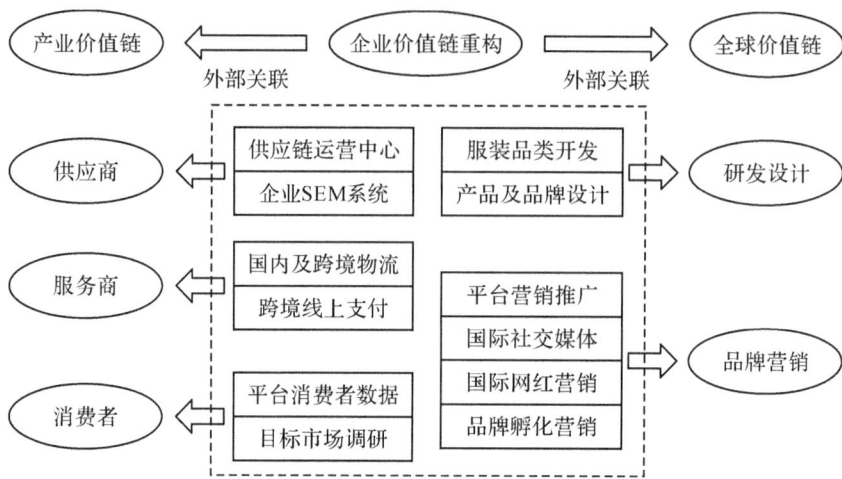

图 3-6　企业价值链重构及其外部关联

（一）跨境电子商务服装企业的价值链重构路径：内部重构与外部关联

本书研究的服装外贸企业通过引入跨境电子商务模式对传统的价值创造活动进行优化、重组与创新，实现了企业的内部价值链重构。在此过程中，企业通过整合我国生产制造、物流服务等产业链资源，进行自主研发、设计生产、品牌营销等活动，冲击了我国企业在传统贸易中所形成的全球价值链定位。基于此，本书提出内部价值链重构、产业价值链协同、全球价值链升级的价值链重构路径。

1. 内部价值链重构

企业从基础层面和辅助层面对传统服装外贸企业的内部价值链进行重构，具体表现在调研、设计、运营、销售、服务等 5 个基础环节和基础设施建设、人力资源管理、辅助技术开发、供应链管理等 4 个辅助环节。通过对接以信息网络技术为支撑的跨境电商模式，服装外贸企业在信息获取、内部沟通、线上运营、销售渠道、客户服务等方面表现出区别于传统外贸企业的经营方式，是对传统服装外贸方式的颠覆性创新。

2. 产业价值链协同

在传统的服装出口产业中，我国服装制造企业以贴牌生产（OEM）方式为主，进行以加工制造获取价值的传统贸易，在产业价值链中仅有较少的利润分成。在消费终端，我国服装外贸企业无法与消费者进行直接沟通，无法了解目标市场的流行趋势和需求变化，处于被动接受的地位，且由于支付方式、通关流程等造成贸易周期长，市场反馈不及时，无法进行调整。在跨境电商背景下，企业能够整合我国的生产制造资源，通过设立供应链中心和物流仓储中心，满足多种交易方式，并且借助平台和互联网媒介，能够与消费者及时沟通，保证退换货等服务，提升消费者的购物体验。

3. 全球价值链升级

我国服装外贸产业长期处于"微笑曲线"的底端，以加工贸易为主。跨境电子商务服装企业能够借助跨境电商平台和数字化工具进行服装产品的研发与设计、品牌运营、营销推广等环节。在产品的研发与设计上，企业依据目标市场流行趋势和消费者偏好，不断迭代新产品；在品牌和商标上，通过目标市场的品牌和商标注册，获取正当的知识产权保护；在营销管理上，借助跨境电商平台、国际互联网媒介、搜索引擎优化等新型网络营销手段，推广产品和品牌。

综上所述，跨境电子商务模式实现了服装外贸企业的内部价值链重构，并通过具体的价值创造活动（如研发设计、跨境物流、线上支付等）与国内的服装产业价值链、服装行业全球价值链产生紧密关联。由此表现为从内部价值链重构向产业价值链协同、全球价值链升级的过程。其中，内部价值链重构表现为基础和辅助层面的链式过程；并通过价值创造活动与产业链上各主体之间的协同发展，以及由"中介"角色向研发设计、品牌营销等多环节而不断升级。案例实现企业价值链、产业价值链与全球价值链联动重构的过程如图3-7所示。

（二）文献对话：基于不同价值链耦合的重构路径讨论

本节通过研究案例企业在跨境电子商务经营中所呈现的价值链重构行为和路径，发现存在基于不同价值链之间耦合的重构路径，这一结论与现有文献存在一定差异。现有文献中，对于价值链重构的研究常见于宏观层面。较多文献研究全球价值链的重构路径，如谭人友（2016）基于实证研究认为技术变革是提升我国在全球价值链中地位的正向路径；也有文献论述产业价值链的重构问题，如韩霞（2018）研究发现服务化是航空产业的重要重构

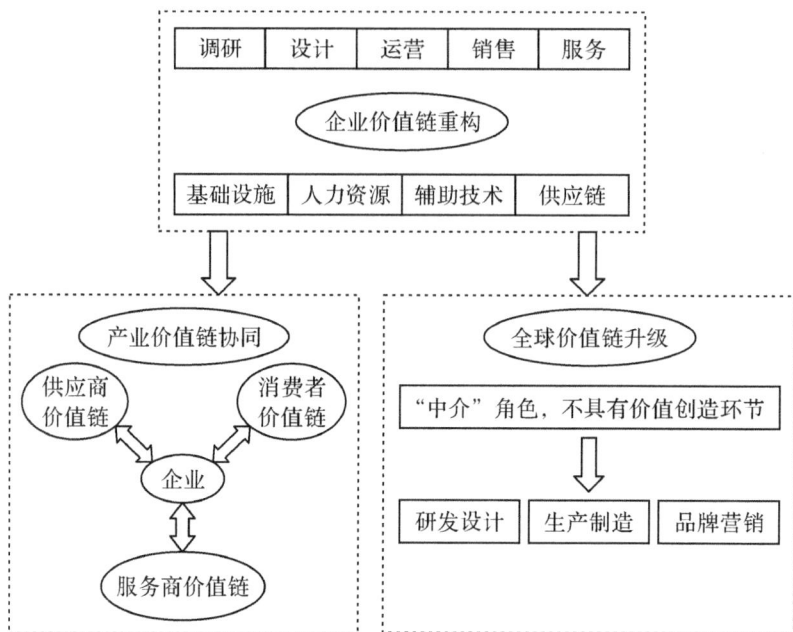

图 3-7 跨境电子商务服装企业的价值链重构路径

路径。相对于上述文献中单一层面的价值链重构路径研究，本书更为关注单一价值链（内部价值链）重构过程中的不同价值链之间的相互作用。梳理已有文献发现，也有较多文献关注到重构过程中的外部关联，如许晖（2015）运用利益相关者分析价值链重构路径中的外部对象；宋怡茹（2017）采用产业融合的概念来解释价值链重构过程中不同产业链之间的相互作用；王雪冬（2018）引入创造共享价值（CSV）的概念来解析多条价值链的集成、联结与聚合。

基于以上论述可以发现，现有文献中已经关注到价值链重构路径中存在着不同价值链之间相互作用的问题，但在论述重构路径时未明确指出这种外部关联性。因此，本书引入价值链耦合来解释重构路径中的这一问题。价值链耦合是指不同价值链之间协同发展的过程。吴勤堂（2004）在论述产业集聚的问题时采用了耦合的概念，并提出了十种范式；张正荣（2019）引入实体价值链和虚拟价值链的耦合来解释农村电子商务的内在逻辑。由此可见，耦合的概念能够较好地解释不同价值链之间的相互作用问题（如图 3-8 所示）。

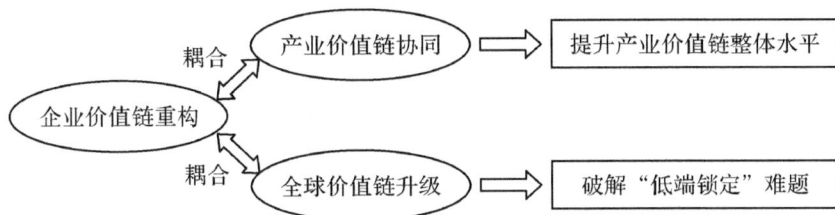

图 3-8 耦合视角下企业的价值链重构路径

回到本书所研究的问题,案例企业的价值链重构路径表现为以内部价值链的链式重构为基础,并与产业价值链协同、全球价值链升级共同作用。基于对案例企业的研究和上述文献对话,本书引入"耦合"一词来解释跨境电子商务服装企业的价值链重构路径,即跨境电子商务服装企业的价值链重构路径表现为内部价值链的链式重构与产业价值链协同、全球价值链升级的耦合过程。服装企业借助跨境电商模式与供应商、服务商、消费者建立互动机制,通过内部价值链与产业价值链耦合,实现企业的竞争优势,提升产业链的整体水平;全球价值链升级表现为跨境电子商务服装企业通过产品设计和品牌营销,提升企业的全球价值链定位,通过内部价值链与全球价值链耦合突破"低端锁定"的困境。

在此基础上,通过进一步解析案例企业的重构路径,笔者发现企业价值活动的重构并非单向的、一次性的,而是内部价值链与产业价值链、全球价值链进行反复的、多次的耦合,最终形成由内部价值链重构向产业价值链协同、全球价值链升级的动态重构过程(如图 3-8 所示)。

六、跨境电商推动产业价值链重构的研究总结

(一)理论贡献

本节理论贡献主要有以下几点。

1.拓展了价值链重构的相关研究

本节引入价值链重构理论研究跨境电子商务对于服装外贸企业生产经营活动的影响,通过分析新模式下企业的价值创造活动构建相应的价值链模型,并研究跨境电子商务服装企业的价值链重构行为,为企业对接跨境电

子商务模式提供了理论范式。

2. 构建了跨境电子商务服装企业的价值链重构路径

具体表现为以内部价值链的链式重构为基础，并与产业价值链、全球价值链相互作用的过程。通过基础和辅助两个层面分析了企业在跨境电子商务模式下的价值链重构行为，并发现上述行为与产业价值链、全球价值链之间存在着相互作用，由此提出了跨境电子商务服装企业的价值链重构路径。

3. 引入耦合机制解释重构路径过程中不同价值链之间相互作用的现象

基于案例研究和文献对话，本书采用价值链间的耦合机制来分析跨境电子商务服装企业的价值链重构路径，并明确指出内部价值链与产业价值链、全球价值链之间产生耦合作用的具体行为。

(二)研究启示

跨境电子商务作为一种新型的数字贸易方式，在我国对外贸易的智能化转型中扮演着重要角色。从内部价值链来看，企业需要借助信息技术和互联网媒介，通过跨境电商平台对接、仓储物流中心建设、物流服务优化、跨境支付对接等方式开展跨境电子商务活动；从产业价值链来看，企业需要推进管理信息系统建设，加强跨境电子商务平台运营，优化供应商、服务商及客户的关系管理，建立与产业链的良性互动，提升产业发展水平；从全球价值链来看，企业需要提升产品的研发、设计能力，并借助平台和互联网媒介进行跨境网络营销，提高产品的认知度和附加值，向"微笑曲线"的高端环节转型。

(三)不足与展望

本书探讨跨境电子商务服装企业的价值链重构问题，但不同行业的企业具有异质性，在后续研究中还将引入不同行业的企业案例进行比较研究。由于跨境电子商务发展时间较短，本书采用单案例进行探索性研究存在一定局限性，后续研究将围绕价值链重构问题引入多案例分析，并尝试对价值链的耦合机制问题引入具体测度和实证分析。

第四节　数字贸易赋能外循环对接国内消费升级

我国国内的消费升级，对商品和服务，以及贸易市场的交易与流通效率提出了更高的要求，包括对进口商品的需求日益递增，然而我国传统外贸进口的效率较低，往往难以对接国内市场的升级趋势。随着跨境电子商务这一国际数字贸易形式的兴起，以及居民消费水平的提升，消费者对海外产品的需求与日俱增。

本节以我国母婴产品市场为例，分析跨境电商进口通过外循环流入对接消费升级的机制，结合国内母婴产品在 2014 年前后存在的诸多问题，使得跨境母婴电商的发展显著提升。消费者行为的研究对跨境电子商务行业有着重要的现实意义和实践意义，有利于探明国际数字贸易的需求引导机制。扎根理论研究方法是一种科学有效的定性研究方法，本书运用扎根理论，通过搜集分析跨境母婴电商的消费现状等相关信息，构建起消费者购买行为对进口跨境电商发展的影响机制模型，结果显示：跨境进口企业应结合自身优势，在分析消费者行为的基础上形成有自己个性的经营战略，创造良性市场，最大限度地满足消费者需求。

一、跨境电商进口与国内市场消费升级

在跨境电子商务兴起的时代背景下，企业间的竞争已由国内市场逐渐转换到国际市场，2014 年我国跨境电商交易总额达到 4 万亿元，较 2013 年增长 30.6%，而服饰类、化妆类、母婴类用品位列进口贸易前三，其中仅奶粉和纸尿裤消费就占海外购物的 18%。在跨境电子商务不断发展的趋势下，各行业开始不断地拓展海外渠道，尤其是母婴行业。

统计数据表明，一方面，2013 年我国 0~6 岁婴幼儿人口约为 1.4 亿，加之二孩政策逐渐放开，2015 年起，婴童市场规模将达到 2 万亿元级别，母婴市场迎来空前的繁盛时期；另一方面，截至 2014 年超过 80% 的中国跨境网购用户年龄介于 19 至 35 岁，整体用户年龄年轻化。随着消费观念的转变和过往国内频发的婴儿食品安全问题，跨境母婴市场进入了井喷式发展期，

也令中国迅速成了全球母婴用品第二大消费国。

而在市场格局逐步稳定的情况下，消费者对于母婴产品的敏感性表明，价格已不再是消费者看重的首要因素，产品品质、情感体验占据了越来越多的分量，因此，想在母婴市场这块蛋糕上占据更大的份额，光靠价格战是远远不够的。而如何在这激烈的市场竞争中脱颖而出，成了各商家的核心考虑问题。因此，对于跨境母婴市场的分析，以及对消费购买者行为的研究对跨境进口电商企业具有重要意义。

二、消费升级与跨境电商进口的文献综述

（一）文献述评

1.消费者行为及其相关研究

关于消费者行为的研究主要有：黎志成、刘枚莲（2002）分析了电子商务环境下消费者行为相对于传统的商业模式所表现出的特点和影响消费者网上购买行为的宏观和微观因素，建立了电子商务环境下基于计划行动理论的消费者行为模型；孙思（2007）等从消费者的角度对 B2C 电子商务模式下的消费者行为进行了分析，并研究了在网络环境下消费者购买的过程，强调了识别需求、收集信息、选择判断、购买决定、购后评价五阶段的内容。

在消费者行为和企业竞争力关系研究方面主要有：王娟（2012）等基于消费者行为微观视角，分析研究了中国零售产业如何在数字贸易条件下有效竞争，以满足消费者更大效用，从而推动零售业态发展演进；刘敏、陈思（2014）认为在市场经济快速发展的背景下，快速消费品企业只有正确把握住消费者的心理特征和行为才能在市场竞争中立于不败之地，通过对消费者消费心理和消费行为的分析，为快速消费品企业营销策略提供了参考和借鉴；官清云（2014）认为由于产品的高度同质化，以及价格竞争、品牌竞争带来的多败俱伤，具有持久竞争优势的营销策略是决胜市场的关键因素，想在激烈的市场竞争中脱颖而出，必须深入分析消费者行为，实行差异化营销策略；刘天铮（2014）认为，影响销售因素中最核心的就是消费者行为，企业只有在深入分析了消费者购买行为后，立足需求来制定相关营销策略才能使企业营销取得较好的效果，从而在市场竞争中立于不败之地。

2.跨境母婴电商及其相关研究

消费者的行为遍布各行各业,本书着重分析其在跨境母婴电商行业的表现,对跨境母婴电商的研究主要有:张晶(2015)等认为,跨境母婴电商获得快速成长的机遇和空间归因于网络零售发展、人口红利释放、网购习惯形成以及政策扶植利好等要素的推动;王晓映(2015)认为,引得资本竞相圈地的母婴跨境电商市场需要注入社交思维,如利用口碑进行营销,不失为一个良好的经营策略;卞晨洁(2015)认为价格战或许能够让电商一夜成名,却不是长久之计,只有为消费者提供便捷和个性化的服务,才能将高人气转换为高用户黏性;张雪卫(2015)认为,在竞争激烈、发展迅速的跨境电子商务行业中,不断创新、适时更新商业模式以迎合市场需求至关重要。

3.扎根理论研究在本节的适用性

扎根理论是一种质性的研究方法,近年来受到了管理学者们的广泛关注,其主要研究有:张敬伟和马东俊(2009)在简介扎根理论研究法的渊源、发展的基础上,深入剖析了其基本思路、思维逻辑和根本特征,特别是对扎根理论研究法与量化实证研究在思维逻辑及管理研究中的差异进行了对比分析;贾旭东和谭新辉(2010)在系统介绍经典扎根理论的历史、发展及操作程序的基础上,以著名的霍桑实验为例剖析了经典扎根理论的精髓——"扎根精神",推动了该方法论在中国管理研究中的运用;王璐和高鹏(2010)从扎根理论要求严格实践"持续比较"和"理论取样"的基本思想出发,分别阐述了该理论的纵向理论建构与横向理论建构适用情景,指出了应该避免的使用误区,并介绍了运用扎根理论方法进行管理学研究的主要操作步骤,以及运用扎根理论方法进行管理学研究应该注意的问题和未来发展方向。

(二)研究方法

扎根理论是由美国学者 Glaser 和 Strauss 于 20 世纪 60 年代末创立的一种构建理论的方法,这是一种将理论与经验、抽象与具体联系起来的方法,其核心为资料收集与分析的过程,研究者在研究开始之前一般没有理论假设,直接从实际观察入手,从原始资料中归纳,再由此上升到理论。

本节利用扎根理论对跨境母婴电商案例进行操作的程序包括:①从资

料中产生概念,对资料进行逐级登录;②不断地对资料和概念进行比较,系统地询问与概念有关的生成性理论问题;③发展理论性概念,建立概念和概念之间的联系;④理论性抽样,系统地对资料进行编码;⑤建构理论,力求获得理论概念的密度、变异度和高度的整合性。对资料进行逐级编码是扎根理论中最重要的一环,其中包括三个级别的编码,即一级编码(开放式登录)、二级编码(关联式登录或轴心登录)、三级编码(核心式登录或选择式登录)。其流程如图 3-9 所示。

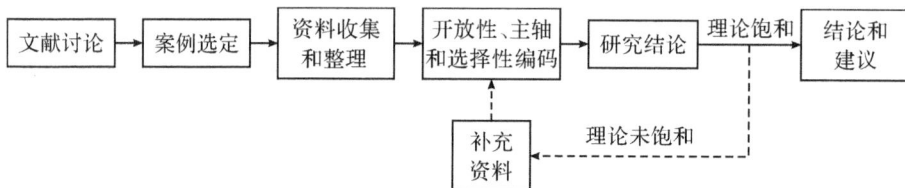

图 3-9　本节针对跨境电商进口促进消费升级的研究流程

三、跨境电商进口对接消费升级的案例研究

针对跨境电商进口对接国内消费升级的扎根理论方法的分析过程分为三个主要步骤,依次为资料的开放性编码、主轴编码和选择性编码。

(一)研究设计

本节运用扎根理论,以进口跨境母婴电商的相关新闻报道为研究对象,在理论抽样的基础上,通过对资料进行碎片整理,并对其进行开放性编码、主轴编码和选择性编码等,构建出进口跨境母婴电商中的消费者行为对企业的影响机制模型,再依据该模型进行阐述,推出相关结论。

(二)理论抽样

为确保研究达到更高的效度、进口选取的资料更有代表性,主要从以下三方面进行把握:(1)资料为近几年的跨境母婴电商的最新资料;(2)相关企业在进口跨境母婴电商行业具有一定的知名度;(3)资料涉及面尽可能广,能体现消费者行为归因及消费行为与企业间联系。

(三)开放性编码

开放性编码是对事件或现象进行初级分析、提炼概念与范畴的过程,通过对搜集到的资料进行逐级缩编,用概念和范畴来反映资料的真实内容。

首先,对搜集到的进口母婴产品跨境电商相关资料进行初步整理,从中挖掘出概念化标签,并对资料进行贴标签处理,用 a_x 标注,为下一步初步概念化做好准备。贴标签的过程中,需摒除个人偏见,在客观的基础上对资料进行逐字逐句的分析,在这个阶段,如果资料不完全或不符合研究内容,则需要继续进行收集。其次,对贴完标签的资料进行进一步的抽象、归类,使其形成初步概念,用 aa_x 标注,并逐步提炼出其概念,用 A_x 标注,这个阶段就是对资料的概念化过程。再次,对这些概念进行整理,即把涉及同一现象的概念归为同一组概念,此时对其重新组合并进行高层次的提炼,得到其范畴,用 AA_x 标注。

本节在资料的开放编码阶段,共找到 225 个初步概念,建立 191 个概念,共总结出消费动机、消费心理、消费决策等 22 个范畴。因资料的开放性编码和主轴编码涉及大量分析表格,故本节只截取部分表格,并以此为证。根据资料类型,分别对进口跨境母婴电商及其消费者行为,以及进口跨境母婴电商企业经营战略做资料收集、编码,见表 3-6 与表 3-8。在资料编码的基础上,通过贴标签(a)、初步概念化(aa)、概念化(A),以及范畴化(AA)实现开放式编码(见表 3-7 与表 3-9)。

(四)主轴编码

主轴编码旨在归纳核心范畴的系统背景与环境,同时将各个独立的范畴联结在一起,发现并建立范畴之间的潜在逻辑联系。通过分析,笔者发现开放性编码中得到的各个不同范畴确实存在内在的联系。将范畴通过典范模型联系起来,将消费者购买行为设为主类,结合消费者购买行为发生的中介条件,其发展的归因、脉络,以及相关当事者采取的行动策略和消费者购买行为产生的现象及结果来综合分析,有助于对整个事件的把控。在该阶段,共得到 3 个主范畴,分别是消费市场环境、消费购买决策和企业经营战略。其典范模型如表 3-10 所示。

表 3-6 跨境母婴电商及其消费者行为相关资料编码分析举例

跨境母婴电商及其消费者行为相关资料收集	开放性编码	
	贴标签（a）	初步概念化（aa）
母婴产品是当下跨境电商市场最为热销的品类之一（a_1）……5月4日亚马逊海外购母婴店试营业，密芽宝贝和京东也于近日推出母亲节"满立减"的优惠活动（a_2）……[相比跨境进口"母亲节"专题促销活动中产品的琳琅满目及促销手段的多样化，出口则以夏季女士鞋服和配饰的逐渐放开为主……2013年我国0～6岁婴幼儿人口约为1.4亿，加之二孩政策的逐渐放开（a_4）……包括天猫国际、京东全球购和网易考拉在内的多家跨境电商平台，在前段时间掀起了数轮以"纸尿裤"为主的价格战（a_7）……中国消费者更注重于维持竞价战略信任的渠道购买质量保证的产品（a_8）……各大平台除了独家合作，或是与国外电商平台对接更多的是选择海外直采、与国外品牌进行跨家合作，一个俄罗斯家庭每月用于购买母婴童用品的平均支出为3100～4500卢布（a_{88}）。可以看出，居民收入和出生率的提高直接影响了儿童用品市场规模的增长，在巴西，2014年的在线童装市场销售额为120亿美元……用户人群增长最快的阶层为中产阶级（a_{90}）……上述人士表示，利润驱使会引更多的参与进人跨境母婴电商市场，竞争也会愈加激烈，行业洗牌将不可避免。而拥有核心竞争力的跨境母婴电商才能存活到最后（a_{91}）……	a_1：市场前景大 a_2：和节日相融合 a_3：进口多、出口单一 a_4：全面二孩政策开放 …… a_7：竞争激烈 a_8：品质保障 a_9：布局战略 …… a_{88}：消费支出 a_{89}：市场规模 a_{90}：居民收入 a_{90}：行业洗牌 …… （共计309个标签）	aa_1：本土化战略（a_2） aa_2：进出口不匹配（a_3） aa_3：市场需求大（a_1，a_4，a_7） aa_4：政策推动（a_4） …… aa_9：布局战略（a_9） …… aa_{88}：消费能力（a_{88}，a_{90}） …… aa_{111}：实用经济（a_{99}，a_{100}） aa_{112}：来源可靠（a_{101}，a_{102}） aa_{113}：用户体验（a_{103}） …… （共计225个初步概念）

表 3-7　跨境母婴电商的消费者行为相关资料开放性编码过程

跨境母婴电商的消费者行为初步概念	开放性编码	
	概念化（A）	范畴化（AA）
aa_1：本土化战略（a_2） aa_2：进出口不匹配（a_3） aa_3：市场需求大（a_1，a_4，a_7） aa_4：政策推动（a_4） ...... aa_9：布局战略（a_9） aa_{10}：品质保障（a_{10}，a_{11}） aa_{11}：物流速度（a_{12}，a_{13}） aa_{12}：网络平台（a_{14}） ...... aa_{111}：实用经济（a_{99}，a_{100}） aa_{112}：来源可靠（a_{101}，a_{102}） aa_{113}：用户体验（a_{103}）	A_1：营销策略（aa_1，aa_9） A_2：法律政策（aa_4） A_3：消费观念（aa_{10}，aa_{11}） A_4：消费习惯（aa_{14}） ...... A_{10}：市场开拓（aa_{21}，aa_{22}） A_{11}：全球化视野（aa_{23}） ...... A_{88}：理智动机（aa_{111}，aa_{112}） A_{89}：情感动机（aa_{113}）	AA_1：企业战略（A_1，A_{11}） AA_2：消费环境（A_2，A_{10}，A_{11}） AA_3：消费心理（A_3，A_4） ...... AA_8：消费动机（A_{88}，A_{89}） AA_9：消费选择（A_{90}，A_{91}） ......
（共计 225 个初步概念）	（共计 191 个概念）	（共计 22 个范畴）

表 3-8 跨境母婴电商企业经营战略相关资料编码分析举例

跨境母婴电商及其消费者行为相关资料收集	开放性编码	
	贴标签（a）	初步概念化（aa）
宝贝格子成立于 2014 年 9 月，将限时闪购和海外直购模式相结合，定期推出品牌特卖活动（a_{112}）……同时设立保税仓和海外仓（a_{113}），通过精准预估销售数据提前备货（a_{114}），合理配置资源（a_{115}）以缩短海外直邮的时间（a_{116}）。宝贝格子 CEO 张天天坦言，做母婴电商，实际上是披着电商的外衣经营国际贸易。逐步拓展品牌授权（a_{118}），与下级经销商建立合作关系（a_{119}），以多品牌战略打通母婴全产业链（a_{120}），是树立竞争壁垒的关键。宝贝格子对于奶粉、纸尿裤等品类的品牌集中度较高（a_{125}）……因此，宝贝格子直接建立合作关系的方式（a_{126}），最终拿到较为优惠的供货价（a_{127}）。尽管用户的品类需求较多，但宝贝格子并没有建立买手制，而是基本通过数据分析选择产品（a_{128}）……因此，宝贝格子主要依靠用户自主生成的数据选选品，譬如筛选出一批在美国亚马逊、Drugstore 等国外网站上销量排名靠前的产品在国外的总销售情况以及市场前景等详细信息，并通过 Google 搜索这些新的产品（a_{130}），有目的地拓展海外供应链（a_{131}）。此外，用户的实时反馈也是选品的渠道（a_{132}）……	a_{112}：限时闪购和海外直购相结合 a_{113}：同时设立保税仓和海外仓 a_{114}：数据敏感性 a_{115}：合理配置资源 a_{116}：物流管理优化 a_{117}：节约成本 a_{118}：品牌授权 …… a_{125}：品牌效应 a_{126}：合作方式 a_{127}：进价优惠 …… a_{130}：产品选择 a_{131}：供应链拓展 a_{132}：用户反馈 ……	aa_{101}：经营模式（a_{112}、a_{113}） aa_{102}：数据挖掘（a_{114}、a_{128}、a_{128}） aa_{103}：资源配置（a_{115}） aa_{104}：成本控制（a_{117}、a_{127}） …… aa_{108}：品牌管理（a_{118}、a_{125}） aa_{109}：产品定位（a_{127}、a_{130}） …… aa_{117}：分销渠道（a_{145}、a_{146}） aa_{118}：口碑营销（a_{147}、a_{148}） ……
	（共计 309 个标签）	（共计 225 个初步概念）

表 3-9　跨境母婴电商企业相关资料开放性编码过程

跨境母婴电商的消费者行为初步概念	开放性编码	
	概念化（A）	范畴化（AA）
aa_{101}：经营模式（a_{112}，a_{113}） aa_{102}：数据挖掘（a_{114}，a_{128}） aa_{103}：资源配置（a_{115}） aa_{104}：成本控制（a_{117}，a_{127}） …… aa_{108}：品牌管理（a_{118}，a_{125}） aa_{109}：产品定位（a_{127}，a_{130}） …… aa_{117}：分销渠道（a_{145}，a_{146}） aa_{118}：口碑营销（a_{147}，a_{148}） ……	A_{93}：运作模式（aa_{101}） A_{94}：大数据分析（aa_{102}） A_{95}：成本策略（aa_{104}，aa_{105}） A_{96}：品牌策略（aa_{106}） …… A_{112}：渠道策略（aa_{117}，aa_{118}） A_{113}：本土化战略（aa_{130}） …… A_{143}：购买引导（aa_{155}，aa_{156}） A_{144}：差异化价值（aa_{157}） ……	AA_{11}：商业模式（A_{93}） AA_{12}：企业决策（A_{94}，A_{97}） AA_{13}：经营战略（A_{95}，A_{96}，A_{112}，A_{113}，A_{114}，A_{115}） …… AA_{17}：供应链管理（A_{95}，A_{86}） AA_{18}：消费引导（A_{143}） ……
（共计 225 个初步概念）	（共计 191 个概念）	（共计 22 个范畴）

表 3-10　主范畴消费者行为的典范模型

因果条件	消费需求	现象	市场竞争、消费引导
脉络	消费动机、消费心理	中介条件	消费市场环境
行动策略	企业经营策略	结果	消费购买行为

（五）选择性编码

选择性编码是将核心范畴与其他概念或范畴相连续，形成丰满的理论，并以"故事线"形式描绘整体行为现象的过程。这里的"故事线"即为主范畴间的关系结构，也是本节的实质理论构架。由此，本节的核心问题就可以范畴化为"跨境母婴电商下消费者行为对企业数字化经营的影响机制"。

在国家二孩政策的鼓励下，近几年婴幼儿出生率连续走高，随之而来的即是对母婴类产品的需求加速上升，然而国内母婴市场的不安全性又令消费者们望而却步，随着跨境电商的兴起，消费者便将目光投向了境外产品，在这种消费趋势之下，消费者对境外母婴产品的需求不断上升，也因此使得进口跨境母婴电商市场空前繁荣。需求的上升必然拉动消费，而在当今时代，随着居民收入的增加，消费水平也在不断地提高，随之而来的更是一种消费观念的转变，相比 70 后对价格的敏感度，80、90 后这一主力消费群体更在意的是产品的质量和安全性，这种消费观念带来的消费心理使得购买产品不仅仅成为一种物质上的需求，更是一种情感上的满足。随着消费动机的变化，为了促成消费者的购买行为，相关进口跨境母婴电商企业便会依据实际情况制定出相应的数字化经营战略。企业管理者在企业文化和经营理念的基础上，对市场进行细分、定位，不断地创新自己的运作模式，加强供应链的管理，并制定出有竞争力的营销策略。

举例如下：麦乐购采用的经营策略是推出用户个人数字店铺，可供出售二手货与闲置物品，并在最大限度了解用户需求的基础上解决用户体验问题；蜜芽宝贝采用了限时特卖和用户选品相结合的商业模式，其线下店还涉及了旅游度假的母婴周边产品；贝贝网则开设了首家智能数字化店铺"希果 e 时代"，独创了电子货柜，集销售、媒体、互动于一体；辣妈帮将社区思维植入了电商，利用圈子进行营销；宝贝格子将限时闪购和海外直购模式相结合，定期推出品牌特卖活动；妈妈联盟专注熟人再定制，利用口碑效应，做成基于熟人评论的母婴社交平台和消费平台；跨境优品则依托保税港区现有仓储物流资源和保税政策，提供包含通关、仓储、分拣、包装在内的全产业链服务，为消费者带来全新的国际购物体验……

这些相关跨境母婴电商企业都形成了自己的特色，它们通过对市场做出前景预测，运用大数据分析消费者的购买行为，找到差异化价值，从而不断地改进企业经营战略，形成自己的个性化经营，在进口跨境母婴电商行业占据自己的一席之地。进口跨境母婴电商消费者行为对企业的影响机制如图 3-10 所示。

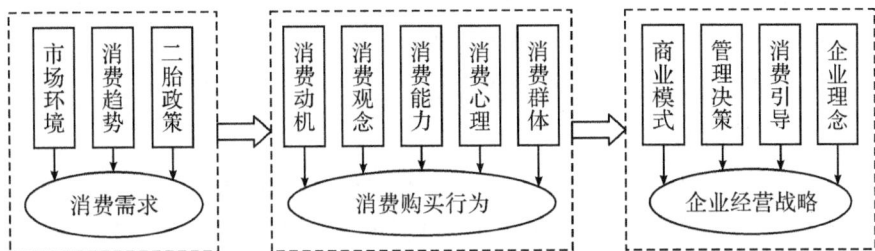

图 3-10　进口跨境母婴电商消费者行为对企业的影响机制

四、跨境电商进口对接消费升级的研究结论

本节通过对跨境母婴电商的相关新闻报道等资料进行分析，着重研究了跨境母婴电商的消费者购买行为及由购买行为引起的跨境母婴电商相关企业的经营战略的制定，并运用扎根理论的定性分析方法进行三重编码分析，构建了跨境母婴电商消费者行为对企业的影响机制模型，现研究结果如下：

（1）线上市场的消费者购买行为受消费市场环境、消费动机、消费能力水平、消费心理的影响。影响线上母婴市场环境的因素主要有消费需求的变化，国家政策的影响，如全面二孩政策、税收政策等，阶段性消费的周期变化，以及跨境电商的时代背景。消费动机和消费心理相关，主要有来自产品是否经济、安全，购买是否方便，售后是否有保障，服务态度以及维权手段等理智动机；还有来自用户体验的感情动机。消费者心理受消费习惯、消费观念、情感体验和价格因素的影响。消费能力水平和整个社会的经济状况、居民的收入相关。这些汇总在一起，便影响了消费者的购买行为。

（2）进口跨境母婴电商相关企业提高行业竞争力的关键在于满足消费者需求的数字化个性化经营。目前进口跨境母婴电商行业同质化现象严重，企业很容易陷入危险境地。企业管理负责人需要不断地进行思维创新，保持创业热情，时刻有危机意识，并形成企业自有的文化氛围和经营理念。在此基础上，通过对消费者的购买行为进行大数据分析，针对其需求、消费变化，找到行业痛点，并能够加强供应链的管理，缩短运营成本，结合渠道、产品、价格、品牌等实施差异化战略，进行个性化经营。

（3）进口跨境母婴电商相关企业不能只局限于满足消费者需求，更应加强对消费者的消费引导。因为有了需求，消费者进行消费，对商家的产品进行选择，这是一般发生的购买行为，而企业要做的是挖掘用户需求，引导消费者对自己的产品进行购买。给消费者更多的产品、合适的价格，增加对其的吸引力，促使其额外的消费，才能使整个跨境母婴行业形成一个良性的市场。

综上所述，在我国消费升级进程中，进口跨境母婴电商这一行业市场前景广阔，分析消费者购买行为对相关跨境母婴电商企业发展有着至关重要的作用，各企业是否具备自己的核心竞争力是企业能否在这一领域脱颖而出的关键。

第五节　数字贸易赋能外循环的外贸企业转型

外贸企业是我国经济外循环的重要行为主体。传统外贸一般分为一般贸易和加工贸易。但随着跨境电子商务作为数字贸易新模式不断发展，大量外贸企业朝跨境电子商务转型。本节运用扎根理论方法，以信息传递的虚拟价值链（VVC）与外贸企业的实体价值链（PVC）耦合的视角，研究跨境电商企业的价值创造机制。通过对 CF 公司进行实地调研，收集相关资料，探究跨境出口企业价值创造机制，构建虚拟与实体价值链耦合的价值创造理论模型。研究发现，虚拟与实体价值链耦合是商品生产、传递和消费过程中的信息和人员、物质的协同过程；跨境电商企业通过虚拟和实体价值链的耦合创造了企业组织结构高效化、交易流程简洁化、产品信息化、消费者选择多样化的价值，提高了企业竞争力和交易效率，降低了消费者搜索成本，增加了消费者的选择空间。

一、跨境电子商务背景下的对外贸易企业

互联网数字化带来的是贸易方式的变化，由原来的线下交易演变为现在的线上交易线上管理，对传统的外贸造成了重大冲击，跨境电商能够及时对各种资源进行整合，从而有更高的价值创造能力。电子商务研究中心的数据显示，2018 年我国出口跨境电商交易额为 7.9 万亿元，较上年增长 25.4%，2014—2018 年的平均增长率达到 24%，表明跨境电商越来越成为我国对外贸易的重要模式，跨境电商的交易流程简单、交易周期短、中间商少等优势，使得跨境电商越来越多地替代传统对外贸易。这种趋势引起了学术界的广泛关注，较多学者从物流模式、运营模式、竞争策略等方面进行研究，但较少学者研究跨境电商企业的价值创造问题。互联网背景下，我国企业如何利用信息的快速传递实现价值创造等，需要进一步研究。

对互联网数字化的价值创造能力的研究包括很多方面，虚拟价值链是其中一种。自 1995 年 Rayport 和 Sviokla(1995)首次提出虚拟价值链以来，国内外学者对虚拟价值链进行了大量研究。虚拟价值链是以信息的形式反映、传递实体价值链所形成的信息价值链。现有文献中，虚拟价值链使消费者有更多选择，降低各方面的成本(Benjamin & Wigand,1995)，为企业带来竞争优势；虚拟价值链可以有效地与客户建立联系，创造更大的价值。照此逻辑，跨境电商的价值创造与虚拟价值链有关。已有研究中，从虚拟和实体价值链耦合的角度研究价值创造机制的文献较少，因此本书的研究具有重要意义。

本节引入虚拟和实体价值链理论对跨境电商企业价值创造问题进行研究。本节结构安排如下：第一部分综述相关文献并形成理论上的分析思路，进而更明确要解决的问题；第二部分对研究方法进行介绍，选择扎根理论方法，并对所得资料进行分析；第三部分对原始资料进行编码分析，构建跨境电商企业虚拟和实体价值链耦合模型，并进行饱和度检验；第四部分对虚拟和实体价值链的耦合视角下价值创造机制进行讨论；第五部分对本节得出的结论和不足进行阐述。

二、虚实价值链耦合视角下的数字外贸企业研究

根据本节的研究内容，对其文献进行整理，主要包括价值链和虚拟价值

链、电子商务的价值创造机制研究，以及虚实价值链耦合的相关研究。

（一）价值链和虚拟价值链

Porter(1985)最早在其所著的《竞争优势》一书中提出价值链的概念，企业进行一系列有价值活动的组合就是"价值链"。之后，Kogut(1985)也提出价值链的概念，认为价值链就是技术、原料、劳动、商品、交易、消费环节的价值循环过程。传统对外贸易是卖家采购、销售、物流形成的一条价值链，通过境外消费者的购买实现价值。

随着网络经济、数字经济的出现，1995年Rayport和Sviokla(1995)提出了虚拟价值链。电子商务环境下，虚拟价值链显得至关重要。随后国内外学者从虚拟价值链角度进行大量研究，虚拟价值链对企业价值创造产生深远影响(Hindman,1996；胡林荣等,2008；王巧霞等,2014；Mithash & Rust,2016)；Lawton和Michaels(2017)指出企业价值链从垂直到虚拟的转变成为越来越重要的方式；还有学者对电商企业广告和服务方面的优势、竞争模式、价值特征、市场转型等方面对虚拟价值链进行了分析(Bhatt & Em-dad,2001；姜海纳,2013；方巍巍,2017)。

（二）电子商务的价值创造机制研究

电子商务价值创造一直是学术界和商业界普遍关心的问题，这直接关系到电子商务的经济效益和竞争能力。企业战略管理的主要目标之一就是价值创造。已有文献中，众多学者对电子商务价值创造进行了研究。Amit和Zott(2001)研究了电子商务价值创造的理论基础，表明虚拟的数字市场是价值创造的新来源。Grover和Kohli(2013)表明数字化可以为公司增强竞争力，为客户提供价值。还有学者对电子商务企业如何创造价值(Doern & Fey,2016；俞昕蕾和华兴夏,2015；池毛毛等,2019)、价值创造机制(赵晶和朱镇,2010；Zhen et al.,2020)、经济效益(李瑶,2015)等进行了研究。

（三）虚拟和实体价值链耦合的相关研究

耦合的含义最初是在物理学中，指多个电路元件或网络通过相互影响、相互作用形成关联的过程。近年来，耦合的概念在电子商务研究中的运用越来越多。许仲彦和孙锐(2004)将虚拟价值链理论引入对电子商务的研究中,得到其耦合的方式为各环节之间的互相嵌套;朱华友和陶姝沅(2015)将价值链理论引入产业集群的研究中,认为"双链"的协同是通过信息共享实现各环节共存互补的关系;张正荣和杨金东(2019)对农村电商"工业品下行"进行了探讨,认为"双链"耦合使信息引起了各要素之间的联动。

从以往的研究中可以发现:(1)众多学者从虚拟价值链的角度对电子商务进行了研究,但较少从虚拟价值链的角度对跨境电商企业的研究;(2)较多学者从价值链或虚拟价值链角度对电子商务价值创造进行研究,但较少学者从虚实价值链耦合的角度对跨境电商的价值创造进行探讨;(3)已有文献中,对跨境电商虚拟和实体价值链耦合的问题,还没有形成固定的范式,也没有具体的分析框架适用于进一步的探索研究。因此本节在虚实价值链耦合视角下对跨境电商的价值创造问题进行深入研究。

三、跨境电商企业虚实价值链耦合的研究设计

(一)研究方法的适用性分析

本节运用扎根理论方法对跨境电商企业如何实现价值创造进行研究。扎根理论经过一定阶段的发展,共形成三大流派:Glaser 和 Holton(2007)最初提出的经典扎根理论;Strauss(1987)提出的程序化扎根理论;Charmaz(2006)提出的建构主义取向性扎根理论。本节的数据来源于访谈、网上相关资料的收集,本节采用应用最为广泛的 Strauss(1987)的程序化扎根理论进行研究。因此,本节运用开放性编码、主轴编码、选择性编码三个步骤对跨境电商如何实现价值创造进行研究。

本节以如何实现价值创造问题为研究对象,探究跨境电商企业在虚实价值链耦合视角下的价值创造机制。虚拟和实体价值链的耦合,使得电子商务不同于传统零售业那样进行线下交易,而是更多地依赖于互联网,这就关系到跨境电商如何利用信息快速传递与人员、物质的耦合实现价值创造。本节是关于"如何"问题的探索性分析,属于探索性研究,故案例分析法最适合本节的研究策略(Eisenhardt,1989;Yin,2017)。目前学术界从价值链耦合角度对跨境电商价值创造机制的研究无具体的分析框架,因此本节用扎根理论方法进行探究。扎根理论的研究过程如图 3-11 所示。

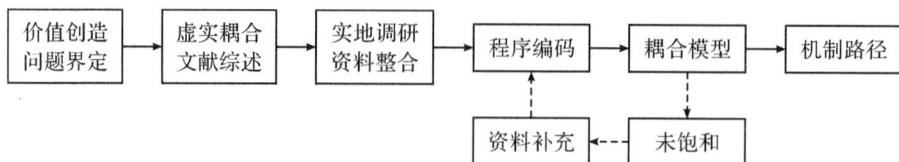

图 3-11　跨境电商企业价值创造实现机制的研究过程

(二)案例的选择与概况

跨境电商行业从进出口方向分为出口跨境电商和进口跨境电商；从交易模式上分为企业对企业（即 B2B 跨境电商）和企业对消费者（即 B2C 跨境电商）等。跨境电商平台类型众多，有国际 B2B 跨境电商平台、国际 B2C 跨境电商平台、进口跨境电商 B2C 平台等。国际 B2B 跨境电商平台有阿里巴巴、敦煌网等；国际 B2C 跨境电商平台有 eBay、亚马逊、Wish、速卖通等；进口跨境电商 B2C 平台有天猫国际、小红书、考拉海购等。环球易购、傲基电商、赛维电商、棒谷科技、CF 公司等都是国内以 B2C 出口为主的跨境电商企业。本节所研究的是出口 B2C 跨境电商企业。

根据本节研究的问题和目标，本节案例选取 CF 公司基于以下原因：(1)CF 公司成立十几年从最初的日均销售十几件、几十件到现在的上万件，在互联网的推动下逐渐建立自有 ERP 系统、仓库管理系统等，十几年的发展使得公司具有丰富的实践经验，便于研究跨境出口的价值创造问题；(2)CF 公司成立之初就从事跨境电商的 B2C 出口业务，从最初的阿里巴巴上买货到卖货再到现在稳定的工厂供货并打造自己的品牌，实现从小货到大货的发展，公司具有典型性和代表性；(3)笔者对 CF 公司比较了解且数据易得，再加上对 CF 公司人员的深度访谈，获得了丰富的一手资料，使得研究结果更具有借鉴性。

根据以上标准，本节案例选取了 CF 公司。CF 公司成立于 2005 年，是一家出口跨境电商公司，主营业务为面向国际客户的 B2C 电子商务网站的运营与推广。经过十几年的发展，公司有稳定的工厂供货，并形成选品、采购、运营、物流等的数据化，利用大数据充分了解消费者的需求，维护老顾客开发新顾客，提高企业效率。公司在亚马逊、速卖通、eBay、Wish、Shopee、Lazada 等大小平台上都有产品在销售，主要经营服装、建材、数码产品、通信设备、办公设备、装饰品等，产品销往欧美、加拿大、澳大利亚、日本、俄罗斯、南非、泰国等全球两百多个国家和地区。

(三)资料的收集与整理

为提高案例研究的信度和效度，本节采用三角测量法，从多个信息来源分析案例。本节对案例企业资料的收集主要包括：(1)实地调研，通过调研CF公司，对公司上级领导、各部门主管以及运营、客服等基层员工进行深度访谈，录音并记录，获取第一手资料；(2)资料的补充，收集并整理CF公司相关资料以及跨境电商行业内的会议发言、相关论坛、报道等并进行电话回访，获取第二手资料。对获取的一手资料和二手资料归纳整理，然后对资料进行编码，基于现有的文献，构建CF公司价值创造模型，并进行理论饱和度检验。所获得的资料见表3-11。

表 3-11　对跨境电商 CF 公司的调研资料

内容	时间	对象	形式	内容
公司高层访谈	2019.6	公司上级领导共计2人次	深度访谈	公司成立十多年发展呈现的特点
一线人员访谈	2019年6月	公司人事部经理和公司负责人共计3人次	深度访谈	针对公司的发展模式对相关人员进行了深度访谈
运营主管访谈	2019年8月	各平台运营主管、国内外仓库负责人等共计8人次	深度访谈	针对各平台规则要求、模式不同，对相关人员进行了深度访谈
运营专员访谈	2019年8月	各部门运营专员、物流专员等共计9人次	深度访谈	针对不同平台营销方式、产品定价、运输等进行了深度访谈
客服人员访谈	2019年9月	各平台客服部共计7人次	深度访谈	针对不同群体、不同问题的客户，客服是如何服务的
网络新闻资料	2019年10月	网上相关论坛10条	网上搜集	国家对出口跨境电商的政策以及出口跨境电商的发展模式
研究报道资料	2019年10月	跨境电商企业的相关报道6份	网上搜集	出口跨境电商所面临的形势
研究文献资料	2019年11月	国内学者对跨境电商的讲座、会议发言等共计10人次，报告4份	会议发言	国内学者对跨境电商的相关研究
公司人员回访	2020年1月 2020年4月	公司普通员工、管理层、高层	电话回访	公司过去一年的发展情况、部门情况等

注：笔者将访谈、报道等相关资料整理成文档，共计24份，25万字，作为研究的基础资料。

四、跨境电商企业虚实价值链耦合的资料分析

为研究 CF 公司如何实现价值创造,本节运用扎根理论对原始资料进行编码分析,遵循科学的逻辑,通过归纳、演绎等分析方法,自上而下建立理论。根据扎根理论的分析方法,本书通过开放性编码、主轴编码和选择性编码来挖掘范畴,识别范畴的性质以及范畴间的关系,形成研究的故事线。

(一)开放性编码

开放性编码是将原始资料打散,赋予概念,用新的方式重新组合起来的操作过程。根据 Glaser 的"一切皆为数据"原则,对调研所得的访谈等资料进行贴标签处理。将原始数据打散进行详细分析,不断比较,反复探讨。本节最终从原始资料里抽取 101 个概念,提炼出 22 个范畴。

为最大限度地保证数据的完整性和系统性,本节采用人工编码方式进行数据处理。开放性编码顺序如下:访谈资料编码为 FT-概念编号,例如 FT-1,是指抽取的概念中的访谈资料第一个概念;网上资料编号为 ZL-概念编号。为了清晰展现对原始资料的编码过程,本节列出部分编码过程,原始资料的编码过程如表 3-12 所示。

表 3-12 原始资料编码过程示例

编号	部分原始资料	概念	范畴
1	公司各部门分工明确,同时对各部门采取绩效考核的形式,提高工作效率(FT-17)	部门分工	人力资源管理
2	公司与供应商之间建立产品数据库,便于更好地了解供应商的产品种类、款式、功能等(FT-18)	数据库	产品数据库
3	专门的设计团队进行产品设计,使得产品具有差异化,更具有竞争力(FT-12)	产品设计	产品差异化
4	依靠互联网,建有网上库存管理系统,以备及时补货(FT-25),依靠大数据分析海外市场需求进行备货,根据订单直接从海外仓发货(FT-28)	库存管理;大数据	网上库存管理(WMS)
5	在平台上投放广告、满减、优惠券等方式吸引消费者(FT-64),不断优化产品的 listing,以提高店铺流量(FT-62)	网络营销	平台网络营销

续表

编号	部分原始资料	概念	范畴
6	平台支持多元的支付方式,如 PayPal、信用卡、qiwi 等,供消费者选择,第三方支付系统逐渐完善(FT-47)	第三方支付	平台线上付款
7	公司建有完备的物流大数据,采取线上发货的方式,发出的订单物流信息可以在网上直接查询(FT-51)	物流数据库、物流信息	物流服务系统
8	公司建有客户数据库,便于更好地管理客户关系,了解消费者需求(FT-58)	消费者数据库	客户关系管理(CRM)
9	政府鼓励国际电子商务合作,希望跨境电商能够进一步促进中国与其他国家的商品和服务贸易(ZL-74)	政策支持	政府政策
10	鼓励跨境服务的研发投入,引导跨境金融体系建设(ZL-83)	金融体系	支付市场完善

(二)主轴编码

主轴编码是分析概念间的逻辑关系,把各个范畴联系起来,整合出与研究问题相关的主范畴,对主范畴与副范畴之间的关系进行分析。本节共归纳出 8 个主范畴,具体归纳过程如表 3-13 所示。

表 3-13 主轴编码形成的主范畴

编号	主范畴	副范畴	范畴内关系内涵
1	人力资本	人力资源管理	公司人员的管理对各部门的运作具有重要作用
2	线上开店	信息技术平台、开设虚拟店铺	公司利用互联网在平台开店,线上开店不同于线下,线上店铺是虚拟的
3	在线选品	产品数据库、产品差异化	公司通过产品数据库进行选品,同时还有设计人员进行产品设计,使产品差异化,提高竞争力
4	采购上架	采购优质货源、网上采购、网上供货管理、网上库存管理	优质的产品对以后销售、客户反馈都有着重要影响,因此,采购优质货源是公司采购的原则之一。公司利用互联网直接从供应商处采购产品,建有专门的库存管理系统和供货系统,提高了效率
5	产品运营	社交媒体营销、打造线上多平台、网络营销、掌握核心竞争力	运营采取平台线上线下相结合的方式,新老顾客在社交媒体上营销,或通过平台广告、满减等进行线上营销,全方面提高店铺曝光率,同时随着规模的不断扩大,新的平台也在加入,核心竞争力有利于公司长远发展

续表

编号	主范畴	副范畴	范畴内关系内涵
6	在线支付	支付市场完善、平台线上付款	随着支付市场逐渐完善，供消费者选择的支付方式多样化，平台上付款或银行转账都可以
7	物流运输	提高物流时效、节约物流成本、物流服务系统、智能终端投递	物流运输对于跨境电商企业是非常重要的环节，到达时间的长短（物流时效）、运输到国外的成本（物流成本）、物流信息能否查到（物流服务系统）、能否送到客户手中（终端投递）等，都是非常重要的因素
8	客户服务	客户关系管理、平台线上服务	消费者数据库有助于更好地了解消费者的需求、偏好，更好地管理客户关系，更好地服务客户

（三）选择性编码

选择性编码指在众多关系中选择核心范畴，与其他范畴进行联系、比较，将相关的概念纳入理论模型，并以"故事线"的方式描绘现象和脉络，构建一个新的实质理论框架。在本节中，主范畴的典型关系结构如表3-14所示。

表 3-14　主范畴的典型关系结构

典型关系结构	关系结构内涵
线上开店×公司架构→价值创造	企业为开设虚拟店铺提供了平台，线上开店依靠互联网技术形成跨境电商企业实现价值创造的一个环节
在线选品×供应商→价值传递	供应商为企业选品提供更多选择，同时将产品信息化，为产品选择提供便利
采购上架×仓库存储→价值创造	企业与供应商建立产品数据库，通过线上采购并将产品运到仓库实现价值创造
产品运营×人力资本→价值传递	运营人员将产品的核心价值通过运营手段传递给消费者，为实现价值创造提供条件
金融服务×在线支付→价值传递	在线支付平台与金融服务价值链耦合为消费者支付提供便捷，为价值创造提供条件
物流运输×物流数据→价值传递	企业通过线上发货的方式将产品运送到消费者手中，线上发货与物流服务价值链耦合实现价值传递
在线服务×客户服务→价值创造	客服通过平台直接与消费者联系，在线服务与服务价值链耦合为价值创造提供条件

　　线上开店与公司架构的耦合、采购上架与仓库存储的耦合、在线服务与客户服务的耦合实现价值创造;在线选品与供应商的耦合、产品运营与人力资本的耦合、金融服务与在线支付的耦合、物流运输与物流数据的耦合实现价值传递。根据上述典型关系结构,确定"CF 公司价值创造机制"的核心范畴,构建在虚拟和实体价值链耦合视角下,CF 公司的价值创造机制融合了信息管理、数据库等的价值创造机制的"故事线",由此构建 CF 公司价值创造机制模型,见图 3-12。产业价值链是 CF 公司利用电商模式与供应商、服务商、消费者建立密切联系,实现价值创造的过程。企业内部价值链的协同使实体价值链与虚拟价值链通过信息的传递作用实现耦合,其中,某个信息并不单一作用于实体价值链或虚拟价值链的某个环节,而是作用于多个环节,从而实现价值创造。价值创造的模型如图 3-12 所示。

图 3-12　跨境电商企业 CF 公司价值创造模型

(四)理论饱和度检验

　　为检验理论饱和度,笔者预留 1/3 的访谈记录,对比预留编码与已有编码,结果发现范畴内部未形成新的范畴关系,可以认为上述建立的理论模型饱和度较好,部分检验编码见表 3-15。

表 3-15　饱和度检验编码示例

部分原始资料	概念	副范畴
在产品的质量上层层把关,从原材料采购到生产环节,再到仓库,都有专门人员进行质量审查,以提供消费者良好的购物体验(FT-27)	产品质量	采购优质货源
24 小时都会有客服,50% 以上的邮件一小时之内回应,24 小时百分之百处理完所有邮件(FT-68)	及时回复	平台线上服务

五、跨境电商企业虚实价值链耦合的创新机制

本节以 CF 公司为例,通过梳理案例企业的各个环节,研究出口跨境电商企业的价值创造机制。在此基础上,本节进一步对案例企业的虚拟和实体价值链、各个要素价值创造机制以及案例企业实体与虚拟价值链之间信息传递的作用机理等进行分析。

(一)跨境电商企业虚拟和实体价值链比较分析

通过以上研究发现,跨境电商企业通过自身的价值创造活动与供应商、服务商、消费者建立密切联系。企业内部实体价值链中公司架构、供应商、仓库存储、人力资本等环节分别位于不同的空间,并且有组织结构和信息交流的障碍,导致各环节独立运作效果好,但整体协调性差;实体价值链是指企业通过原材料采购、仓库存储、物流运输等一系列活动实现价值增值。虚拟价值链是指在实体价值链的基础上通过互联网实现信息的快速传递,从而实现价值创造。

(二)跨境电商企业各个要素的价值创造机制分析

通过本书上述研究发现,线上开店与公司架构的耦合,即企业利用互联网技术开设虚拟店铺提高企业的运作效率;在线选品与供应商的耦合、采购上架与仓库存储的耦合,即企业借助互联网信息交换和传递的能力,CF 公司利用信息技术与供应商之间建立产品数据库,同时建有供货管理系统(FT-32)和仓库管理系统(FT-25,FT-28)与其对接,实现公司在选品、采购、仓库管理上的信息化,提高了企业效率,创造了产品信息化和企业组织结构高效化的价值;产品运营与人力资本的耦合,即运营人员将产品的核心价值以信息的方式传递给消费者,速度更快,降低了消费者的搜索成本,扩大了消费者的选择空间,创造了消费者选择多样化的价值;金融服务与在线支付的耦合,即消费者直接在平台下单,通过第三方支付平台在线支付(FT-47),减少中间环节,创造交易流程简洁化的价值。物流是电商中的一个重要环节,与其相互作用,协同发展,物流运输和物流数据的耦合,即跨境电商企业与物流服务商建立联系,平台订单通过跨境物流运送到消费者手中,利用互

联网技术将包裹的运输状态输入计算机转为信息,消费者直接在网上查询包裹状态(FT-51);在线服务与客户服务的耦合,即 CF 公司与消费者直接通过平台界面联系,打破传统贸易中面对面的交流方式,通过计算机技术将产品转为信息传递给消费者,同时接收消费者对产品的反馈信息(FT-70),公司建有消费者数据库,充分引入消费者参与,以便于深度挖掘新需求(FT-50),从而实现企业的价值创造。与传统贸易相比,跨境贸易具有交易时间短、市场反馈及时等优点。

(三)跨境电商企业实体与虚拟价值链之间信息传递的作用机理分析

回顾本节所研究的问题,跨境电商企业的价值创造机制表现为企业价值链与产业价值链的耦合和企业内部实体价值链与虚拟价值链的耦合。CF公司通过企业价值链与供应商、服务商、消费者构建联系,通过企业内部实体价值链与虚拟价值链的耦合,实现价值创造。在此基础上,跨境电商企业的信息传递并不单一作用于实体价值链或虚拟价值链某个环节,而是作用于多个环节。供应商通过产品数据库将产品信息传递给跨境电商企业,企业通过产品数据库进行选品,同时利用数据库进行产品的采购和上架;第三方物流将产品运输到消费者手中,同时物流大数据使得平台、消费者、公司人员能够实时查到物流信息;运营人员通过店铺将产品信息传递给消费者,同时消费者通过 UI 界面直接联系客服并对产品进行反馈。各环节之间的相互作用以及信息的快速传递实现了价值创造。由此构建企业内部价值链耦合的价值创造模型,如图 3-13 所示。

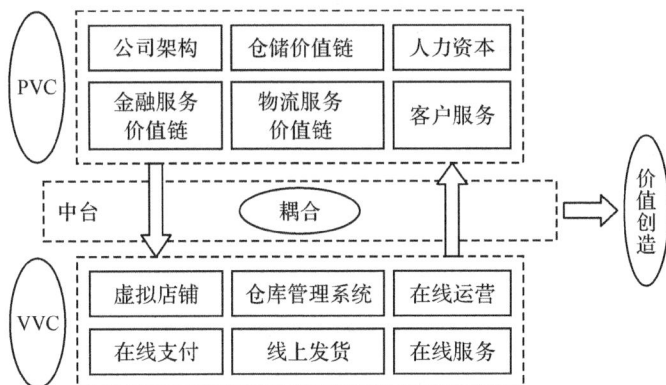

图 3-13　企业内部价值链耦合的价值创造机制模型

通过以上分析可知，跨境电商企业通过虚拟和实体价值链的耦合创造了企业组织结构高效化、流程简洁化、产品信息化、消费者选择多样化的价值，提高企业管理成本和交易效率，降低消费者搜索成本，扩大消费者的选择空间。

六、跨境电商企业虚实价值链耦合的研究结论

(一)研究结论

研究表明，虚实价值链耦合视角下，虚拟价值链和实体价值链耦合就体现在商品生产、传递和消费使用过程中信息、人员、物质的协同过程；跨境电商企业通过虚拟和实体价值链的耦合创造了企业组织结构高效化、交易流程简洁化、产品信息化、消费者选择多样化的价值，提高了企业管理成本和交易效率，降低消费者搜索成本，扩大消费者的选择空间。具体来说，跨境电商企业利用网络信息的流动性实现跨部门、跨企业信息共享与合作，虚拟价值链和实体价值链的耦合机制从而体现在信息化的数据管控，实现对商品物流全过程的监控与整合式的指挥，并且在消费者服务环节通过消费者互动，直接找到消费者的价值共创点，以个性化的产品直接与之对接，实现价值创造。

本节从价值链的角度分析跨境电商企业的价值创造机制。从本节分析可以看出，虚实价值链的耦合使得企业更好地对市场、消费者做出反应，降低人力、时间等成本，提高企业效率、交易效率，利用互联网实现跨部门、跨企业的信息共享与合作，通过数据化的管控与消费者直接进行互动，消费者的反馈机制作用于各个环节，有利于企业在选品、运营、服务时更准确、更有效；同时虚拟价值链中信息的及时性和准确性，可以降低选品、库存等成本，带来更多的价值。

(二)不足与展望

本节对 CF 公司虚实价值链耦合视角下的价值创造机制的研究，虽然发现了一些结果，但是还存在一些不足需要后续持续研究。首先，本节运用扎根理论方法，但扎根理论难以完全避免主观影响；其次，本节对于跨境电商企业价值创造机制只提出了理论模型，而对实际操作中的一些影响因素未

做详细阐述，因此，未来需要深入实际做更详细的了解；最后，本节只对一家公司进行了调研，国内跨境电商企业众多，其代表性有限，未来可增大样本量，以使研究结果更具有普遍性、代表性。

第六节　本章小结

本章研究数字贸易赋能我国经济外循环的机制与模式。主要聚焦于跨境电子商务作为数字贸易主要外循环型模式的发展、作用以及典型案例所呈现的推动产业升级、市场升级、企业转型和价值创造的机制上。本章首先分析了我国数字贸易企业进入经济外循环、参与全球价值链的主要模式，包括跨境电子商务、数字服务贸易与数字服务的走出去，并重点探讨了跨境电子商务对我国外贸转型的作用机制及其影响，进而将跨境电商的作用机制聚焦于推动产业升级、匹配消费升级和促进企业转型三个方面。

在推动产业转型上，跨境电子商务通过实现企业内部价值链的基础环节和辅助环节的虚拟化，并实现虚实价值链在企业经营中的耦合，提高了产业价值链的运行效率，并实现了对产业价值链在全球化经济中的治理，这对我国以纺织服装为代表的传统制造产业的转型升级，提供了具有参考价值的路径解析，有助于突破传统产业在原有外贸模式下的"低端锁定"，实现数字贸易赋能的产业升级，提升在全球价值链中的治理能力。

在匹配我国国内市场消费升级上，跨境电子商务进口通过提供境外产品，满足了国内消费者对于一些品类商品的需求。以母婴产品为例，该产品品类对于质量的要求较高，但前几年出现的一些国内品牌的品质问题，提高了消费市场升级中的焦虑，而跨境电商进口通过打通贸易链，提供数字化的商业经营与服务，对接了我国消费升级的市场趋势。

在促进企业转型上，本章重点考察了外贸企业的数字化转型。以虚拟价值链和实体价值链的耦合机制作为分析框架，建构了基于数字化发展的数字平台，对于贸企业经营中的商品实体环节和数据虚拟环节进行综合，并通过数字化交流和管控机制，实现了对贸易链全链条的数据贯通，从而更好地实现了外贸企业的流通功能。

第四章　数字贸易新格局：推动共同富裕与人类命运共同体建设的开放创新

第一节　概　述

在新时代，中国要打造经济发展的国内国际双循环新格局，从开放创新角度推动社会经济发展目标的实现。实现全体人民共同富裕，是中国特色社会主义新时代的历史使命(十九届六中全会，2021)，双循环的经济格局打造，也必须围绕这一历史使命展开，为完成这一历史使命服务。在全球视野中，虽然当前贸易保护主义重新抬头，地区冲突不断，对全球产业链、供应链和价值链的通畅造成了巨大的负面影响，但同时，当前全人类也正处于从工业经济时代朝数字经济时代过渡的关键时期，数字贸易所贯通的全球新经济循环，必将是一个全球化的经济循环；在未来数字经济成为主导经济的新时代，必将是一个比工业经济时代更为一体化的世界经济时代，各国之间的经济纽带，也将随着互联网与数字化的深入而得到进一步加强。这一技术引领的发展趋势，与我国提出的人类命运共同体的未来构想相一致。因此，数字贸易赋能经济国内国际双循环，在我国国内以共同富裕为目标导向，也能推进构建人类命运共同体的伟大进程。

当前建立经济发展格局，面临着"三重开放"的历史机遇与挑战。一是在时间上，当前一些国家采取贸易保护主义，甚至对世界贸易组织和国际货币基金组织等全球化机构提出挑战。在这一时间点上，如何以新发展的业态和模式，形成新的开放体制，是新格局的重要课题；二是在技术上，随着主导人类发展的技术，从工业制造业朝数字技术转变，如何实现面向新技术的更高层次开放也是新格局的历史机遇；三是在空间上，在世界经济格局面临新的变化,我国倡议的"一带一路"合作迈向深入的新情况下,如何以新的开放机制,促进国内区域协调发展与国际合作新格局的形成,成为我国构建国内国际双循环的"第三重背景"。因此,当前我国的开放创新,是一个突破三重挑战的新型探索。通过区域试点,推动开放型经济的进一步发展,是我国政策推进与制度创新的重要特色。改革开放初期,经济特区的开放试点,引领我国形成沿海、沿江、沿边开放重点,对开放体制机制形成起到了关键作用。随着我国在 2001 年加入 WTO,通过在国际贸易、国际投资与国际经济合作领域的体制机制建设,我国形成了全方位、多层次和宽领域的开放格局。2020 年,我国提出要加快形成以国内大循环为主体、国内国际双循环相互促进的新发展格局,对我国在贸易、投资等领域的新开放政策与制度的探索提出了新的要求,不仅体现在更高水平对外开放上,而且体现在国内统一大市场建设上。这一历史新时期,也是全球经济进入以数字技术为引领、以数字经济新业态新模式推动新发展的重要时期。因此,在我国开放新格局的政策与制度探索中,面向数字经济与贸易的试点与推广,成为重要的内容。通过跨境电子商务综合试验区、自由贸易区、"一带一路"倡议等机制创新,我国形成了在国内国际双循环中,融合数字经济发展的新型开放体制。

一、跨境电子商务综合试验区

在 21 世纪第二个十年,我国成为全球商品国际贸易第一大国,推动了商品贸易的数字化发展,促成贸易新业态新模式,成为构建新发展格局的重要方向。我国从 2013 年开始试点跨境电子商务外贸模式,在 2013 年 8 月出台《关于实施支持跨境电子商务零售出口有关政策意见的通知》,同年在上海、杭州、宁波、郑州、重庆、广州、深圳等城市试点跨境电子商务。2014 年 2 月,我国推出首个跨境电子商务的进口海关监管代码——9610(采用直邮方式的 B2C 跨境电商),并在同年 7 月增列 1210 跨境电商代码(采用保税贸易方式的 B2C 跨境电商,后增设 1239 网购报税模式)。2015 年 3 月,我国在杭州设立了首个跨境电子商务综合试验区,探索以跨境电子商务新模式带动的新业态新模式的综合成长与制度创新机制。2016 年 1 月,我国决定在宁波、天津、上海等 12 个城市复制推广跨境电子商务综合试验区(杭州)的相关政策体系和管理制度。至 2022 年 2 月,我国已经分六批,在全国 132(1+

12＋22＋24＋46＋27)个城市设立了跨境商务综合试验区。

跨境电子商务综合试验区为我国探索了以数据流动带动国际贸易商品流动的制度建设与体制创新。与"三单对碰"(即由电商企业推送电子订单数据、由支付企业推送支付单数据，以及由仓储物流服务商推送物流数据)相匹配的数字化监管模式，不仅使得传统对外贸易的交易、物流和结算能够以数据的方式快速得到实现和监管，更适应了面向消费者(2C)的小单贸易、线上服务和线上商品结合等新贸易模式的产生，也促进了第四方物流、数字金融等新业态的发展，在 2020 年设立的 9710(B2B 外贸模式)和 9810(B2B海外仓贸易模式)跨境电子商务模式，进一步推动了传统国际贸易和外贸产业的数字化发展。中国跨境电子商务综合试验区(杭州)探索的"两平台、六体系"(线上单一窗口平台、线下综合园区平台，信息共享体系、金融服务体系、智能物流企业、电子商务信用体系、统计监测体系、风险防控体系)推动了制度创新和产业创新、政策促进和新业态成长之间的协同互促，成为我国各地区推动贸易数字化发展与治理的重要样板。从我国跨境电子商务综合试验区的设立、复制、推广历程，可以看到我国在数字化对外贸易发展上的"先富带后富、帮后富"历程，将在东部沿海地区面向数字经济新模式、对外开放新格局试点有效的制度创新与产业发展模式，逐步推广到中西部地区，在全国各区域形成以商品数字贸易的发展推动数字经济新业态成长的关键节点，实现在数字贸易赋能发展上的渐进性与全面性结合，促进区域协调发展，逐步实现全国统一大市场基础上的共同富裕。

二、自由贸易试验区

自由贸易试验区，是我国探索开放型经济新业态新模式新机制的重要载体。2015 年，我国在上海设立了首个自由贸易试验区，担负探索开放型经济管理模式创新、促进贸易和投资便利化，为全面深化改革和扩大开放探索新途径、积累新经验的国家战略，以先行先试、风险可控、分步推进、逐步完善的方式，推动政府职能转变、扩大投资开放、促进贸易方式转变、深化金融开放创新。2015 年 4 月，我国在进一步深化(上海)自由贸易试验区改革开放方案的同时，在广东、天津和福建设立了自由贸易试验区；2017 年，增设辽宁、浙江、河南、湖北、重庆、四川、陕西等地的自由贸易试验区；2018 年，增设海南自由贸易试验区,并出台《关于支持自由贸易试验区深化改革创新若干措施的通知》等政策;2019 年,增设山东、江苏、河北、云南、黑龙江等 6 个自由贸易试验区;2020 年,增设北京、湖南、安徽自由贸易区,并批准浙江自由贸易试验区的扩区扩权。我国自由贸易试验区同样经历了试点、推广的历程,这一进程也符合东部沿海重点地区先行,之后逐步推广到全国各区域,形成开放型经济发展的关键节点的政策机制,从而形成探索开放创新的格局机制。这一进程,同样也体现出我国在推动区域协调、共同富裕发展中的制度创新。

　　与跨境电子商务综合试验区不同的是,我国自由贸易试验区的设置,更多兼顾区域经济的发展特点。例如,上海自由贸易试验区形成了以金融、国际投资等为特征的开放创新;而浙江自由贸易试验区则更多聚焦于大宗商品贸易、跨境电子商务与数字贸易等领域的制度与产业创新;而由海南自由贸易试验区升级的海南自由贸易港,则更多突出自由贸易的全域性、跨境服务贸易的创新试点,以及在生态文明试验区、电信服务领域和健康服务领域等方面的政策突破。然而,我国绝大多数的自由贸易试验区,都将数字化发展作为制度与产业创新的重点领域,如浙江自由贸易试验区在杭州,金义片区重点发展数字贸易和跨境电子商务,上海自由贸易试验区着力推动数字服务贸易发展等。上述情况说明,在我国推动开放新格局建设中,数字赋能的制度、产业与企业创新具有一定的普遍性,同时又要积极兼顾各地的经济基础和产业特色,将融合数字服务、数字治理的制度创新,结合到数字技术引领的本地产业升级与国内国际双循环的新格局形成中,才能有效促进经济发展与区域协调。可以预见的是,我国的自由贸易试验区赋能扩权将进一步加大,试验区的试点区域也将进一步增加,从而更进一步推动我国面向新开放格局、面向世界经济新发展趋势的制度与产业创新体系形成。随着自由贸易试验区的政策制度逐渐成熟,结合到异质性的区域经济条件的模式与业态也将逐渐清晰,自由贸易试验区将成为我国"先行区域探索经验赋能后富地区发展,带动、帮助后发地区发展"的重要机制,从而推动我国区域之间的共同富裕。

三、"一带一路"倡议合作机制中的数字赋能

　　2013 年,中国领导人提出共建"新丝绸之路经济带"和"21 世纪海上丝绸之路"两大倡议,被合称为"一带一路"。至今,"一带一路"已经成为我国与沿线地区推动互信合作、经济融合、文化包容的利益、命运、责任共同体的

重要机制。"一带一路"沿线区域，不仅是我国经贸往来与投资合作快速增长的重要区域，也是我国推动数字贸易新业态新模式国际合作的重要区域。2017 年，习近平主席在第二届"一带一路"国际合作高峰论坛指出，"要坚持创新驱动发展，加强在数字经济、人工智能、纳米技术、量子计算机等前沿领域合作，推动大数据、云计算、智慧城市建设，链接成 21 世纪的数字丝绸之路"。表明数字赋能是"一带一路"发展的重要机制，也说明"一带一路"是面向数字经济等未来发展、构建人类命运共同体的重要机制，是我国推动共同富裕过程中国际合作的重要机制。

"一带一路"倡议被完善为"五通"发展目标，即政策沟通、设施联通、贸易畅通、资金融通、民心相通。数字贸易赋能是促进"五通"的重要机制。和"一带一路"沿线国家（地构）建立面向数字经济、数字贸易的合作机制与制度协同，是政策沟通的重要内容；发展数字贸易，有利于贸易畅通，尤其是在面临新冠疫情风险情况下，利用数字化的非接触机制，有助于维持贸易往来的稳定性；面向数字经济发展的投资与金融合作，是资金融通的重要方面，也有利于建立基于数字货币等新金融的合作机制；"一带一路"沿线国家（地区）的网络基础设施建设，有利于基于设施联通的数字经济发展合作；数字化拉近了各国人民之间的心理距离，便利了贸易和投资安排，也促进了基于网络的文化交流，导向民心相通。可见，在"一带一路"区域推进数字赋能，是我国形成国内国际双循环新发展格局的重要内容，也是在国内推进共同富裕发展目标的同时，促进人类命运共同体形成的重要举措。

基于上述分析，本章从跨境电子商务综合试验区、自由贸易试验区的设立推广，以及"一带一路"倡议合作机制中的数字贸易体制建设及其作用等方面开展研究。

第二节　跨境电商综合试验区推动贸易数字化转型

面向数字时代，我国积极探索以"全球商品贸易第一大国"为新起点，如何实现朝数字贸易转型的体制机制。推动贸易方式的数字化转型，不仅包括对于传统国际贸易的商业洽谈、交易合约、物流运输，以及金融支付等环节的数字化赋能，也包括在海关、外汇、商检等贸易治理环节上，采用数字化的方式提高效率、促进外贸全流程的数字化转型。在这一过程中，采用"试点""复制""推广"的方式，可以为在全国范围内数字贸易体制的建立提供经验与理论逻辑。我国自 2015 年在杭州建立第一个跨境电子商务综合试验区以来，至今已经分六批次，在全国 100 多个城市建立了跨境电子商务综合试验区，推动了我国对外贸易发展模式的全面数字化转型，也为数字贸易时代的贸易治理探索出一条全球领先的经验。

在本节中，笔者运用模糊集定性比较分析方法（fsQCA），以我国 2018 年前的跨境电子商务综合试验区城市为基本组，并选取 35 个外贸百强城市作为对照组，探究我国跨境电子商务综合试验区的区位选择影响因素和试点推广路径。研究发现，跨境电子商务综合试验区的区位选择不依赖于单个条件，而是由不同的前因条件组合所产生的结果；存在四条不同的路径导向综合试验区的设立，根据组态的核心条件可分为政策引导型和产业支撑型两种模式；其中，前者的核心条件为政府规模和外资参与度，表现为政府引导下的外资与人才联动实现跨境电子商务综合试验区建设，后者的核心条件为区域贸易集中度、电商发展基础和产业结构，表现为区域节点作用下电商与服务联动推动跨境电子商务综合试验区建设。并结合实证结果，为我国综合试验区的建设与推广提供理论支撑，使其更好地服务于贸易强国和"一带一路"建设。

一、跨境电子商务综合试验区的设立与推广

跨境电子商务综合试验区是我国设立的，旨在对跨境电子商务交易、支付、物流等各个环节的技术标准、业务流程、监管模式和信息化建设等方面进行先行先试的综合性城市经济功能区域。2015 年至 2018 年，我国陆续在杭州、天津、北京等 35 个城市设立跨境电子商务综合试验区，通过在通关、仓储、物流等方面的积极探索，不断推进制度、管理、服务创新，形成了一系列可推广的成熟经验做法。综合试验区的设立为我国跨境电子商务产业的发展搭建了良好的制度体系，推动了交易规模的稳步增长，据官方统计，综合试验区的跨境电子商务交易额连续数年增长 1 倍以上。综合试验区成为我国跨境电子商务产业发展的重要载体，在我国贸易强国和"一带一路"建设中扮演着重要角色。但至 2018 年，我国综合试验区仅覆盖沿海地区部分城市和中、西部

少数省会城市，仍有大部分地区无法对接综合试验区建设的成熟经验，这极大地阻碍了我国跨境电子商务产业的发展和对外贸易的数字化转型。

经济区域的区位选择问题由来已久，国内外学者围绕自由贸易区（FTZ）和对外直接投资（Outward Foreign Direct Investment，OFDI）的区位选择问题进行了大量研究（Miyagiwa，1993；Dunning，1998；王永钦，2014）。现有文献中，学者们通过定性分析和实证研究，探讨了政策层面（张世坤，2005）、制度环境（宗芳宇，2012；杨娇辉，2016）、交通与基础设施（殷为华，2016）等因素对于区位选择的影响机制，并对经济区域的布点与发展提出相应的政策建议。也有学者研究了"一带一路"背景下我国 OFDI 的区位选择问题（李勤昌，2017；尹美群，2019），但较少有文献关注跨境电子商务综合试验区的区位选择。综合试验区作为我国发展跨境电子商务产业的制度高地和区域节点，对我国贸易的数字化、智能化转型具有支撑作用。同时，向中、西部更多城市推广综合试验区的成熟经验，对我国实现全面开放新格局具有重要意义。我国跨境电子商务综合试验区如何进行区位选择？如何将已有综合试验区的建设经验进一步推广，让更多地区享受到跨境电子商务发展带来的红利？这是本节所要探讨的问题。

模糊集定性比较分析（fsQCA）方法是 Ragin（2000）在清晰集（Crisp-Set）的研究和使用基础上发展形成的，近年来被广泛应用于经济管理领域的相关研究中（王凤彬，2014；杜运周，2017；张明，2019）。本节运用模糊集定向比较分析（fsQCA），以我国 35 个已设立跨境电子商务综合试验区的城市为样本，并选取 35 个国内"一带一路"节点城市作为对照组，基于区位选择的相关文献和跨境电子商务的发展特性，深入分析综合试验区的区位选择影响因素。通过探讨不同影响因素之间的"互动关系"和"组态逻辑"（Ragin，2008），探究我国跨境电子商务综合试验区的区位选择路径，从而为综合试验区的建设与推广提供理论支撑，并根据实证结果提出相应的政策建议。

二、区域经济功能区相关文献综述

区位是经济区域发挥作用、实现经济功能的重要保证。国内外学者对于不同类型经济区域的区位选择问题进行了大量研究，但鲜有文献关注跨境电子商务综合试验区的区位选择问题。由于跨境电子商务是数字贸易的重要组成部分(马述忠,2018),跨境电子商务综合试验区的设立能够推动区域对外贸易的数字化和智能化转型,在此过程中必然会涉及贸易自由化和利用外资等相关问题。因此,本节将借鉴自由贸易区和对外直接投资的区位选择理论,以及跨境电子商务的相关研究来探究综合试验区的区位选择问题,从而进一步探讨我国跨境电子商务综合试验区设立的理论机制与路径。

(一)自由贸易区的区位选择问题

国内外学者对于自由贸易区的区位选择问题进行了较多研究,大部分集中于地理位置(Grubel,1982)、交通条件(Feldman,1983)、产业基础(Nicolas,1985)、劳动力及税收(Mcintyre,1996)等视角的研究。也有学者研究具体场景下的自由贸易区选址问题,Miyagiwa(1993)研究发现,在资本自由流动和城镇工资固定的前提下,发展中国家将自由贸易区设在农村地区能够提高国民收入和降低失业率。

自1990年上海外高桥保税区设立以来,我国的自由贸易区发展迅速,国内学者结合我国具体情况,对自由贸易区的区位选择问题进行了深入研究。黎国林(2008)分析了20世纪90年代以来我国加工贸易区的分布与发展过程,认为其主要影响因素包括运输距离、配套产业、技术溢出和政策等;张耀光(2009)研究了我国保税港区的分布特征与发展战略,认为地理位置、交通条件、劳动力资源、经济发展水平和对外开放水平等是保税港区区位选择的影响因素;殷为华等(2016)认为自由贸易区的区位选择是主体博弈与协调的产物,其核心要素包括产业基础、交通条件和市场功能;叶修群(2016)采用Tobit模型对1999—2014年省级数据进行检验,研究发现影响自由贸易区的区位选择因素主要包括基础设施、经济水平、市场规模和开放程度、市场增长潜力、工业基础和政府经济政策等;陈林等(2018)基于Logit模型对我国2008—2015年地级市数据进行了实证分析,研究发现经济水平、工业基础、市场规模、消费潜力和基础设施对于自贸区选择具有显著影响,且"一带一路"沿线城市区位优势明显,但市场开放度、地方政府推动和外资参与率无显著作用。

在自由贸易区的区位选择问题上,上述文献主要研究了政策、地理位置、交通条件、产业基础、劳动力资源、市场开放度等因素的影响机制。而跨境电子商务通过互联网平台交易结算,并借助跨境物流进行货物运输(鄂立彬，2014)，因此，综合试验区的交通运输条件更为重要，地理位置相对弱化。同时，区域的产业结构是实现跨境电子商务的基础性条件，对于跨境电子商务较为重要的服务产业有物流、支付、通关等服务环节。

(二)对外直接投资的区位选择问题

自 Dunning(1998)将区位选择作为对外直接投资的影响因素进行研究以来，国内外学者关于 OFDI 的区位选择问题进行了大量的研究。本书主要研究跨境电子商务综合试验区的区位选择问题，故对于 OFDI 中的国家距离、文化背景等因素不作分析。

我国学者较多以"一带一路"沿线国家(地区)为样本，研究 OFDI 区位选择的影响因素。李勤昌等(2017)基于空间效应视角研究发现，东道国的经济水平、资源禀赋、汇率和距离对我国在"一带一路"沿线国家(地区)的 OF-DI 具有显著影响；尹美群等(2019)基于要素组合理论和贸易要素禀赋论，探讨了"一带一路"沿线国家(地区)的技术要素、自然资源、劳动力和制度环境等因素对于我国对外经贸合作区位选择的影响。也有学者对 OFDI 区位选择的具体影响因素进行深入研究。王永钦(2014)针对 OFDI 过程中的制度、税收和自然资源因素，基于我国 2002—2011 年的海外并购微观数据，研究我国的 OFDI 区位选择问题，并进一步探讨了三者之间的交互作用；袁其刚(2018)通过 6 个维度来测度政府治理水平，并引入市场规模、经济发展水平、教育水平、贸易开放度、基础设施、劳动力禀赋等控制变量，采用 FGLS 模型研究了非洲 37 个国家的政府治理水平与治理距离对 OFDI 的影响。还有学者从心理距离(张华容，2015)、土地价格(朱文涛，2018)、金融发展(吕朝凤，2018)等层面探讨 OFDI 区位选择的影响因素。

上述文献中，关于 OFDI 区位选择的影响因素主要包括政策、经济水平、劳动力禀赋、教育水平、技术要素等。跨境电子商务作为我国对外贸易的新业态新模式，需要大量的创新创业型人才在该领域进行实践摸索，探索适合我国发展的跨境电子商务模式。同时，作为贸易经济的组成部分，较好的外商投资基础也是综合试验区建设的重要条件。

(三)"一带一路"与跨境电子商务综合试验区

2013 年，我国提出建设"丝绸之路经济带"和"21 世纪海上丝绸之路"的国家级顶级合作倡议。在此背景下，跨境电子商务成为打通"网上丝绸之路"，培育我国外贸新业态新模式的重要方式，是我国学者研究的热点领域（马述忠，2018）。已有研究中，较少有学者关注"一带一路"沿线国家（地区）与我国设立跨境电子商务综合试验区之间的内在联系。当前，我国跨境电子商务综合试验区呈现出由东部向中西部和东北部倾斜明显的趋势，并与"一带一路"节点城市高度关联，成为我国贸易强国和"一带一路"建设的重要载体。

　　跨境电子商务综合试验区是我国率先设立，旨在对跨境电商各个环节的技术标准、业务流程、监管模式和信息化建设等方面进行先行先试的综合性城市区域。具有一定的贸易规模和电商发展基础是我国进行综合试验区的区位选择时考虑的因素（中国政府网，2016），同时，通过设立综合试验区推动所在城市及区域的外贸转型升级，发挥综合试验区的辐射带动作用。现有文献中，关于综合试验区建设的研究较少，苏为华（2017）从基础能力、服务支持和发展潜力三个维度构建我国跨境电子商务综合试验区的统计测度，并对已有的13个综合试验区的综合发展水平进行分析，提出相应的对策建议。

　　综上所述，综合试验区的设立对我国跨境电子商务的发展和贸易的数字化、智能化转型具有支撑作用，而如何设立综合试验区关系到我国贸易强国建设和"一带一路"建设，对推动我国全面开放新格局具有重要意义。现有文献中，自由贸易区和对外直接投资的区位选择问题是多种因素共同作用的结果，学者们在理论分析和定量研究的基础上，从政府规模及其政策、经济及产业基础、交通基础条件、劳动力资源、市场开放度等方面对上述两种经济区的区位选择问题进行了深入探讨。通过对区位选择和跨境电子商务相关文献的梳理，本节选取政府规模、产业结构、交通运力、人力资源、外资参与度、电商发展基础、区域贸易集中度等7个前因条件，来研究跨境电子商务综合试验区的区位选择影响因素和选择路径。参照Fiss（2011）采用的QCA研究模型，本节的研究框架如图4-1所示。

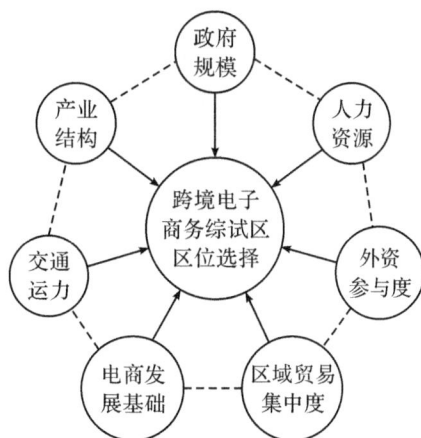

图 4-1　研究框架：前因条件和结果变量

三、综合试验区设立推广路径的研究设计

(一)研究方法

定性比较分析(QCA)以布尔代数为基础,研究前因条件和结果之间多重并发的因果关系(Ragin,2008;杜运周,2017),能够处理多个变量的交互作用,如 A＊B＋C＊D→Y。在布尔代数的逻辑中,"＊"表示逻辑"和","＋"表示逻辑"或","～"表示逻辑"非"。区别于传统的定量研究,QCA 聚焦于因变量和自变量之间的非对称关系,并通过一致性(Consistency)和覆盖度(Coverage)来衡量,一致性和覆盖度取值范围为[0,1],越接近于 1,表明前因条件或组合解释力度越好。其中,覆盖度可以解释为所求的前因变量或集合能够达到结果的程度(夏鑫,2014)。

$$\text{Consistency}\,(X_i \leqslant Y_i) = \sum \min(X_i, Y_i) / \sum X_i$$

$$\text{Coverage}\,(X_i \leqslant Y_i) = \sum \min(X_i, Y_i) / \sum Y_i$$

模糊集定性比较分析(fsQCA)是在清晰集定性比较分析(csQCA)的基础上发展形成的(Ragin,2008),区别于清晰集中的 0—1 二分法表示变量的隶属度,而是采用[0,1]中具体数值来表示连续变量的隶属度,具有更广泛的适用性。本书采用模糊集定性比较分析(fsQCA)基于以下原因:(1)传统的回归分析方法常用于研究单一因素或两个变量交互项对于因变量的净效应,但设立综合试验区的城市存在多种类型,其区位选择也是多种前因条件共同作用的结果,fsQCA 能更好地解释多种因素"组合逻辑";(2)尽管结构方程模型(SEM)也具有解释多个前因条件组合的功能,但对样本量和数据量要求较高,难以聚焦于案例本身,并且无法实现 fsQCA 中多个组合解的功能;(3)综合试验区成立时间较短,现有数据尚不足以支撑计量分析,而且本书样本量未达到定量研究中"大样本"的要求,也无法采用案例研究方法进行逐个分析,但 QCA 以集合论为基础,研究结果的稳健性与样本量无关。

(二)样本和数据来源

本节选取 2015—2018 年我国先后设立的三批跨境电子商务综合试验区,包括杭州、天津、北京等 35 个城市,并在国家发布的"一带一路"愿景与

行动文件中明确提到节点城市和省份的省会城市，选取包括济南、福州、常州、中山等 35 个未设立综合试验区的城市作为参照城市。以上样本选取依据为：(1)国务院批准设立的 35 个跨境电子商务综合试验区，其中用金华的数据代表义乌(县级)跨境电子商务综合试验区；(2)作为参照的 35 个城市中一部分为当前未设立综合试验区且为省会的城市，共有 8 个；(3)另一部分来自"愿景与行动"中明确指出的节点城市，并为我国外贸百强的 27 个城市。本节数据来源于《中国城市统计年鉴》、海关数据库、《城市国民经济和社会发展公报》和阿里巴巴研究院。结合 fsQCA 方法注重案例与变量相结合的特点，且考虑到使用的城市指标在一定时期内的稳定性，本书选取样本城市 2016 年的指标数据进行变量的测量，将剔除 2016 年以前设立的城市进行稳健性检验。

(三)变量测量和校准

1. 结果变量

综合试验区的区位选择(CHOICE)。本节研究跨境电子商务综合试验区的区位选择问题，区位选择的结果为二分变量，即该城市设立综合试验区为 1，未设立综合试验区为 0。

2. 前因条件

①政府规模(GOV)，采用样本城市公共财政支出占地区生产总值的比值衡量城市的政府规模，比值越大表明该城市对综合试验区建设能够发挥的干预作用越强；②产业结构(IND)，采用第三产业产值占第二产业产值的比值来衡量，大于 1 表明该城市产业结构为服务业导向，反之为工业导向型；③交通运力(TRA)，采用样本城市每平方公里的货运量测量，即年货运量除以区域面积；④人力资源(LAB)，采用样本城市高校的在校生人数代表该城市跨境电子商务人力资源禀赋；⑤外资参与度(FDI)，采用实际接受的外商投资数量代表样本城市的外资参与程度；⑥电商发展基础(E-COM)，采用阿里巴巴研究院测算的城市电子商务发展指数(aEDI)代表样本城市电子商务发展的外部环境，由于该指标仅统计百佳城市，未进入统计的记为 0(6个)；⑦区域贸易集中度(CON)，采用样本城市的进出口总额占所在省份的进出口总额的比值代表该城市在区域对外贸易中的节点作用。

3.校准

本节采用 Ragin(2008)的直接法进行校准,选取前因条件中的 75、50 和 25 分位点作为其完全隶属度、转折点和完全非隶属度锚点,前因条件和结果变量的校准参数见表 4-1。

表 4-1　结果与前因条件的校准参数

前因条件和结果	完全隶属(75th)	转折点(50th)	完全非隶属(25th)
综合试验区选择(CHOICE)	1 表示设立综合试验区/0 表示未设立综合试验区		
政府规模(GOV)	0.1593	0.1323	0.1113
产业结构(IND)	1.4348	1.0959	0.9150
交通运力(TRA)	3.1709	1.9863	1.2861
人力资源(LAB)	432234	132514	69637
外资参与度(FDI)	341273	134448	47446
电商发展基础(E-COM)	12.99	8.60	6.43
区域贸易集中度(CON)	0.4078	0.1310	0.0517

四、综合试验区设立推广路径的研究结果

(一)单个前因条件的必要性分析

根据定性比较分析方法,本节首先对单个前因条件进行必要性分析,即研究单个前因条件及其逻辑"非"情况下,是否构成综合试验区的区位选择结果的必要条件。其中,必要条件的存在表明结果变量的集合构成前因条件集合的子集(Ragin,2008),当结果产生时某前因条件必然存在。在 fsQCA 中,一致性指标被用于衡量必要条件是否存在,当某一前因条件的一致性大于 0.9 时,该前因条件被认为是结果的必要条件(Ragin,2008;Schneider,2012)。根据表 4-2 中单个前因条件的实证结果可知,所有前因条件的一致性均不超过 0.9,因此,这些前因条件中不存在综合试验区的区位选择结果的必要条件。单个前因条件必要性检验结果如表 4-2 所示。

表 4-2　单个前因条件必要性检验的一致性和覆盖度

前因条件	一致性	覆盖度	前因条件	一致性	覆盖度
GOV	0.606	0.568	gov	0.394	0.423
IND	0.674	0.685	ind	0.326	0.321
TRA	0.584	0.577	tra	0.416	0.421
LAB	0.769	0.774	lab	0.231	0.230
FDI	0.739	0.736	fdi	0.261	0.260
E-COM	0.635	0.626	e-com	0.365	0.370
CON	0.706	0.737	con	0.294	0.282

注：前因条件小写形式表示逻辑"非"，大写形式表示逻辑"是"。

(二)不同条件组态的充分性分析

条件组态是指由多个前因条件所构成的不同组合。其中,组态的数量(N)取决于前因条件的个数(k),即 $N=2^k$(Ragin,2008)。区别于必要性分析,充分性分析旨在探索能够产生结果的条件组态,也就是检验条件组态的集合是否为结果集合的子集。同时,充分性的一致性水平也有所差异,一般认为不低于 0.75,且小样本的案例频数为 1(Schneider,2012;张明,2019)。基于已有研究,本节将一致性门槛值设置为 0.75,案例频数阈值为 1。运用fsQCA3.0 软件计算出区位选择结果的复杂解、简约解和中间解,本节将结合中间解和简约解来解释所得到的条件组态(Fiss,2011),这是阐释我国跨境电子商务综合试验区设立的逻辑机制,如表 4-3 所示。

表 4-3　设立综合试验区的条件组态

前因条件	结果的组态解			
	1a	1b	2a	2b
政府规模(GOV)	●	●		
产业结构(IND)		⊗	●	●
交通运力(TRA)	⊗	•		•
人力资源(LAB)	•	•	•	
外资参与度(FDI)	●	●	•	•

续表

前因条件	结果的组态解			
	1a	1b	2a	2b
电商发展基础(E-COM)		•	●	●
区域贸易集中度(CON)	•		●	●
原始覆盖度	0.163	0.105	0.299	0.266
唯一覆盖度	0.069	0.044	0.041	0.046
一致性	0.856	0.868	0.904	0.893
总体解的一致性	0.914			
总体解的覆盖度	0.465			

注："●"(大实心圆)表示核心条件"是"存在，"•"(小实心圆)表示辅助条件"是"存在，"⊗"(大交叉圆)表示核心条件"非"存在，"⊗"(小交叉圆)表示辅助条件"非"存在，"空格"表示该条件可存在也可缺席。

充分性分析中的核心条件是指同时存在于中间解和简约解的前因条件，辅助条件是指仅存在于中间解的前因条件(Ragin,2008)。表 4-3 为 fsQ-CA 解得的 4 个组态，其中，单个组态的一致性水平均高于 0.75,总体解的一致性水平为 0.914,具有较好解释度。总体解的覆盖度为 0.465,略高于已有研究(张明,2019),能够较好地解释本节所研究的问题。在此基础上，本节根据 4 种组态的核心条件将其分为两类，并对 4 种组态进行详细描述。

其中，组态 1 中政府规模和外资参与度存在为核心条件，组态 2 中交通运力、电商发展基础和区域贸易集中度存在为核心条件。组态 1a(GOV * tra * LAB * FDI * CON)中政府规模和外资参与度存在作为核心条件，人力资源和区域贸易集中度存在，以及交通运力缺乏作为辅助条件。该组态的一致性为 0.856,唯一覆盖度为 0.069,覆盖了 4 个案例(其中 1 个案例与组态 1b 共享)。组态 1b(GOV * ~ind * tra * lab * FDI)中政府规模和外资参与度为核心条件，产业结构缺乏，以及交通运力和人力资源存在为辅助条件。该组态的一致性为 0.868,唯一覆盖度为 0.044,覆盖了 10 个案例。组态 2a(IND * lab * fdi * E-COM * CON)中产业结构、电商发展基础和区域贸易集中度存在为核心条件，人力资源和外资参与度存在为辅助条件，该组态的一致性为 0.904,唯一覆盖度为 0.041,覆盖了 8 个案例。组态 2b(IND * tra * fdi * E-COM * CON)中产业结构、电商发展基础和区域贸易集中度存在为核心条件，交通运力、外资参与度缺乏为辅助条件。该组态的一致性为0.893，唯一覆盖度为0.046，覆盖了2个案例。具体隶属案例见表4-4。

表4-4　各个组态所覆盖的案例样本

组态	覆盖的案例样本	覆盖数量
1a	重庆(0.96,1)；北京(0.95,1)；长春(0.77,1)；南昌(0.54,1)	4
1b	北京(0.99,1)；上海(0.98,1)；西安(0.82,1)；青岛(0.79,1)；成都(0.77,1)；杭州(0.75,1)；武汉(0.72,1)；福州(0.66,0)；厦门(0.53,1)；威海(0.51,1)	10
2a	上海(1,1)；深圳(0.96,1)；西安(0.82,1)；厦门(0.78,1)；武汉(0.72,1)；东莞(0.6,1)；福州(0.52,0)；广州(0.51,1)	8
2b	合肥(0.63,1)；宁波(0.56,1)	2

注：括号中为综合试验区样本的组态覆盖度和结果。

(三)稳健性检验

本节参照 Schneider(2012)和张明(2019)的方法，将一致性水平从0.75提高至0.8进行稳健性检验。在 fsQCA3.0 中将一致性水平阈值从0.75调整至0.8，案例频数仍为1，所得结果如表4-5所示。其中，总体解的一致性水平为0.911，仍然具有较好的解释力度。总体解的覆盖度略有下降，但仍高于已有研究中的0.35水平。表4-5中包括五种组态，其中，T1、T3a、T3b是1a的子集，T2a是2a和2b的子集，T2b为1b的子集。调整一致性阈值后的组态与调整前的组态具有一致的内在解释机制，仅在覆盖度上存在细微变化。因此，在调整一致性阈值后，本节的研究结果仍然是稳健的。一致性水平调至0.8，开展稳健性检验的条件组态见表4-5。

表4-5　设立综合试验区的条件组态(一致性水平调至0.8)

前因条件	组态解				
	T1	T2a	T2b	T3a	T3b
政府规模(GOV)	●		●	●	●
产业结构(IND)		●		●	●
交通运力(TRA)	⊗	●	●	⊗	
人力资源(LAB)	●			●	●
外资参与度(FDI)	●	·	·	●	●

续表

前因条件	组态解				
	T1	T2a	T2b	T3a	T3b
电商发展基础(E-COM)	⊗	●	•		•
区域贸易集中度(CON)	●	●	●	●	•
原始覆盖度	0.099	0.220	0.193	0.122	0.205
唯一覆盖度	0.028	0.057	0.025	0.000	0.003
一致性	0.861	0.890	0.888	0.833	0.893
总体解的一致性	0.911				
总体解的覆盖度	0.355				

注:"●"(大实心圆)表示核心条件"是"存在,"•"(小实心圆)表示辅助条件"是"存在,"⊗"(大交叉圆)表示核心条件"非"存在,"⊗"(小交叉圆)表示辅助条件"非"存在,"空格"表示该条件可存在也可缺席。

本书还通过剔除 2016 年之前设立的综合试验区样本,进行稳健性检验。在 fsQCA3.0 中将一致性水平阈值设定为 0.8,案例频数仍为 1,所得结果如表 4-6 所示。其中,总体解的一致性水平为 0.901,仍然具有较好的解释力度。总体解的覆盖度下降至 0.320,仍然具有较好的覆盖度。表 4-6 中包括三种组态,其中,T1 是 1a 的子集,T2a 是 2a 和 2b 的子集,T2b 为 1b 的子集。剔除部分样本后的组态与调整前的组态具有一致的内在解释机制,仅在覆盖度上存在细微变化。因此,剔除部分样本后,本节的研究结果仍然是稳健的。剔除 2016 年之前设立综合试验区,开展稳健性检验的条件组态见表 4-6。

表 4-6 设立综合试验区的条件组态(剔除 2016 年之前设立综合试验区)

前因条件	组态解		
	T1	T2a	T2b
政府规模(GOV)	●		●
产业结构(IND)		●	
交通运力(TRA)	⊗	●	●
人力资源(LAB)	●	●	●
外资参与度(FDI)	●		•
电商发展基础(E-COM)	⊗	●	•
区域贸易集中度(CON)	●	●	●

续表

前因条件	组态解		
	T1	T2a	T2b
原始覆盖度	0.102	0.217	0.192
唯一覆盖度	0.071	0.056	0.026
一致性	0.861	0.886	0.885
总体解的一致性	0.901		
总体解的覆盖度	0.320		

注："●"（大实心圆）表示核心条件"是"存在，"•"（小实心圆）表示辅助条件"是"存在，"⊗"（大交叉圆）表示核心条件"非"存在，"⊗"（小交叉圆）表示辅助条件"非"存在，"空格"表示该条件可存在也可缺席。

五、综合试验区设立推广路径的研究讨论

本节采用模糊集定性比较分析（fsQCA）方法，探究我国跨境电子商务综合试验区的区位选择问题。通过对已有文献的梳理，本节提炼出政府规模、产业结构、交通运力、人力资源和外资参与度等五个区位选择的影响因素，并根据本节的研究问题，引入城市电子商务发展基础和区域贸易集中度两个变量。在此基础上，本节选取我国 70 个样本城市进行研究，并得出设立跨境电子商务综合试验区的 4 条区位选择路径。根据不同路径中条件组态的构成，本节将其归纳为政策引导型和产业支撑型的区位选择模式。前者指在外贸营商环境较好、人才储备较为充足且政府推动作用较强的城市设立跨境电子商务综合试验区，尽管其在其他环节较为薄弱，如服务型产业缺乏、交通运输能力较差、电商发展较为滞缓等；后者指在电商发展较好、服务型产业体系完善且在区域内具有明显的外贸竞争优势的城市设立跨境电子商务综合试验区。在此基础上，本节结合区位选择理论及相关文献解释上述两种类型的综合试验区的区位选择路径。

（一）政策引导型：政府引导下的外资与人才联动实现跨境电子商务综合试验区建设

Losch（1940）在工业区的区位选择中引入政策因素进行分析，形成了工

业区位论。已有研究中，无论是自由贸易区还是对外直接投资区，政策变量在对应的区位选择中都扮演着重要角色。自由贸易区是政府采用支持性政策实现区域的贸易发展（黎国林，2008；叶修群，2016；陈林，2018）；而制度环境在对外直接投资区中也起到决定性作用（王永钦，2014；袁其刚，2018；尹美群，2019）。同上述研究一致，本节研究发现存在政府的推动作用是设立跨境电子商务综合试验区的核心条件之一。

根据我国已设立的 35 个跨境电子商务综合试验区所公布的实施方案可以看出，各地政府统筹商务、财政、海关、工商等部门，协同推进综合试验区建设。结合国务院对各综合试验区的批复中反复强调综合试验区需要破解制度性难题的首要目标，不难看出，无论是政府部门的投入力度还是其自我调整能力，都需要强大的政策推动作用。因此，政府规模在我国跨境电子商务综合试验区的设立过程中至关重要。从 fsQCA 的实证结果来看，政府规模（GOV）是组态 1a 和组态 1b 的共有核心条件之一，这也证实了上述论证的内容。进一步分析组态 1a 和组态 1b 中所覆盖的具体案例，可以发现这两组组态所包含的样本城市中绝大部分为直辖市或省会城市（11/14）。除此之外，厦门市（1988 年）和青岛市（1986 年）为我国"国家计划单列市"，具有较强的财政能力支撑跨境电子商务综合试验区的建设。

同时，外资参与度（FDI）和人力资源（LAB）作为构成组态 1a、1b 的另两项共有条件，在综合试验区的区位选择中也具有重要作用。外商投资是衡量城市外贸竞争力的重要指标之一，如陈林（2018）采用外资参与率测量自贸区所在地的外资接纳程度。良好的开放经济基础对区域发展跨境电子商务新业态，推动传统贸易的数字化、智能化转型具有重要意义。劳动力资源是区位要素的核心指标，最早出现在工业区位论的人口集聚分析中。较好的高等教育水平能够为跨境电子商务发展输送高质量的人力资本，有助于培养适合跨境电子商务新模式发展的创新型人才。政策引导型综合试验区设立的条件构型如图 4-2 所示。

如图 4-2 所示，较强的政策力度、较好的外商投资环境和高等教育资源为我国跨境电子商务综合试验区的区位选择提供了一条理论路径。结合案例城市样本，政策引导型模式组态 1a、1b 中以重庆为代表的直辖市、以南昌为代表的省会城市和以青岛为代表的"国家计划单列市"为主，上述城市的政府部门拥有强大的财政能力，能够推动制度变革以适应跨境电子商务产业

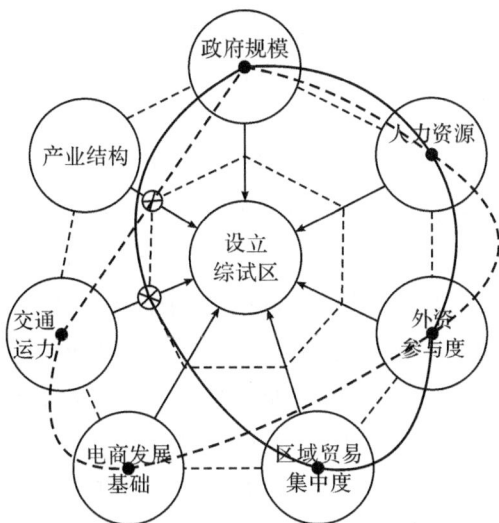

注:多边形外圈表示条件存在,内圈表示条件缺乏;粗实线(组态 1a)、粗虚线(组态 1b)为组态路径。

图 4-2　政策引导型的前因条件构型(组态 1a 和 1b)

的发展。同时,上述城市的高等教育和外向型经济水平在区域内也处于较高水准,具有丰富的人才储备以支持综合试验区建设。从我国已设立的综合试验区来看,其中,我国 4 个直辖市和 5 个"国家计划单列市"均已设立综合试验区,这也验证了本书的实证结果。但在省会级城市中,当前仍有福州、济南、石家庄、太原、银川、西宁、乌鲁木齐、拉萨等 8 个城市未设立综合试验区,尽管这些城市中大部分为"一带一路"节点城市。根据本书实证结果,福州的数据与组态 1b 和 2a 十分吻合,可能成为下一批设立的跨境电子商务综合试验区。

(二)产业支撑型:区域节点作用下电商与服务联动实现跨境电子商务综合试验区建设

Weber 在阐述工业区位论时将产业与集聚作为重要影响因素进行分析。在后续的中心地理论等区位研究中,集聚问题和产业基础一直是学者们较为关注的问题。现有文献中,产业结构、基础设施和市场开放度等是研究自由贸易区和对外直接投资等区位选择问题的核心变量(殷为华,2016;叶修群,2016;陈林,2018)。同上述研究一致,本书通过 fsQCA 解得的组态 2a、2b 中均包括产业结构(IND)、电商发展基础(E-COM)和区域贸易集中度

(CON)等 3 个核心条件,并将其归纳为产业支撑型的综合试验区选择路径。

结合商务部关于设立综合试验区的公开文件可以看出,国内电子商务的发展基础和外贸规模是设立跨境电子商务综合试验区的重要原则。当前,我国电子商务的发展较为成熟,涌现出一批电子商务基础较好的城市,良好的电子商务基础对于区域内外贸企业对接跨境电子商务模式具有支持作用。如 2016 年,西安的 aEDI 指数达 9.9,在全国和省内均处于较高水平,并于 2018 年成为我国第三批设立的跨境电子商务综合试验区,获得巨大的产业发展机遇。同时,在区域贸易集中度较高的城市设立综合试验区能够起到较好的示范性作用。较高的区域贸易集中度表明城市在区域的对外贸易中具有重要的节点作用,在此基础上对接跨境电子商务模式能够最大限度上发挥城市的贸易优势,并对区域对外贸易转型产生较强的溢出效应。如深圳、厦门等城市作为区域乃至国家对外开放和"一带一路"倡议的窗口城市,具有较强的贸易集中度,并在长期的对外贸易中形成了较好的产业结构和外商投资环境,因此分别在第二批和第三批被设立为综合试验区。产业支撑型综合试验区设立的条件构型如图 4-3 所示。

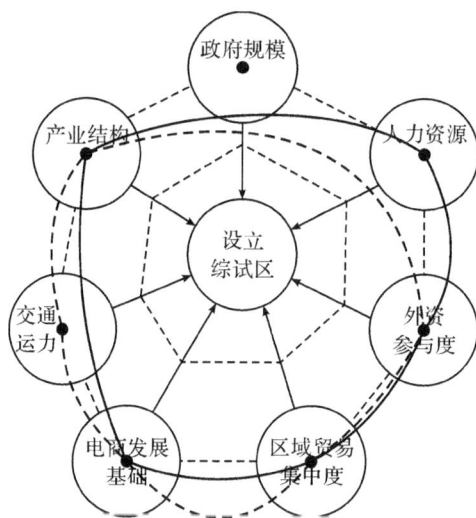

注:多边形外圈表示条件存在,内圈表示条件缺乏;粗实线(组态 2a)、粗虚线(组态 2b)为组态路径。

图 4-3 产业支撑型的前因条件构型(组态 2a 和 2b)

如图 4-3 所示,较高的区域贸易集中度、较好的产业结构和电商发展基础为我国跨境电子商务综合试验区的区位选择提供了另一条理论路径。结合案例城市样本,产业支撑型的综合试验区由东南沿海城市和少数内陆省会城市组成。其中,东南沿海城市是我国对外开放的前沿阵地,较早形成了水平较高的外向型经济,并在区域的外贸发展中扮演着重要作用。作为内陆省会城市,武汉、西安等抓住电子商务发展的机遇,推动"互联网＋"产业的发展,为跨境电子商务模式的兴起积累了较好的条件。同时,上述城市作为"一带一路"沿线重要的节点,大力推动跨境电子商务发展,助力数字"一带一路"建设。

除上述两种类型之外,本节的 fsQCA 实证结果显示上海、西安、厦门、武汉和福州等 5 个样本城市同时符合组态 1b 和组态 2a。结合具体案例城市来看,上述 5 座城市在政府规模、外资参与度、人力资源、区域贸易集中度和电子商务发展等方面具有明显的优势,既能够采取政策引导型的综合试验区建设路径,也能够适应产业支撑型模式建设路径。此外,福州同时出现在两种条件组态中,基于 fsQCA 的实证结果分析,作为唯一未设立综合试验区的东南沿海省会城市,福州可能在后续的综合试验区建设中具备一定优势。

六、综合试验区设立推广路径的研究结论

(一)研究结论及理论贡献

本节运用模糊集定性比较分析(fsQCA)方法,构建我国跨境电子商务综合试验区的区位选择模型,并以我国 70 个城市为样本进行实证研究。结论如下:

(1)我国跨境电子商务综合试验区的区位选择结果不依赖于单个条件,而是由不同的前因条件组合所产生的结果。通过 fsQCA 的必要性和充分性分析,本书发现我国跨境电子商务综合试验区的区位选择不存在单个必要条件,而是由不同条件组态形成的选择路径导向区位选择的结果,即在某一城市设立综合试验区。

(2)我国存在四条不同的路径设立跨境电子商务综合试验区,根据组态中的核心条件将其分为政策引导型和产业支撑型两种区位选择模式。其中,政策引导型模式的核心条件为政策力度和外商投资,产业支撑型模式的核心条件为区域贸易集中度、电商发展基础和产业结构。

（3）政策引导型和产业支撑型两种模式能够相互兼容。结合条件组态覆盖的具体案例，本书发现存在部分城市样本同时符合组态 1b 和组态 2a，且分别作为政策引导型和产业支撑型模式的子组态。因此，两种综合试验区的区位选择模式存在一定的兼容性。

本节的理论贡献在于：①引入模糊集定性比较分析方法，区别于传统的回归分析，本书基于变量之间的非对称性研究综合试验区的区位选择问题，一定程度上避免了由于数据较少而难以进行研究的问题；②构建跨境电子商务综合试验区的区位选择分析框架，拓展了已有的区位选择研究，增强了经典区位理论和经济现象的联系；③结合"一带一路"背景和样本案例分析，为我国跨境电子商务综合试验区的建设提供经验总结和理论支撑。

（二）政策启示

从国家层面而言，跨境电子商务综合试验区是我国建设数字"一带一路"的新载体。我国在设立跨境电子商务综合试验区的过程中应当结合区域的产业结构、外贸营商环境和电子商务发展基础等多重因素综合考虑。对于东部沿海地区，选择产业基础和电商发展基础较好的城市继续推广综合试验区的成功经验，最大限度地发挥该区域的外向型经济优势；对于中、西部地区，尽管在产业结构、交通条件和电商环境等方面存在较大差距，但应当以省会城市为重点，发挥节点型城市的示范效应，让更多中、西部地区享受到跨境电子商务的发展红利，推动我国的全面开放新格局。

从地方政府层面而言，在响应"一带一路"倡议、推动跨境电子商务综合试验区建设的同时，需要"量体裁衣"，体现区域特色。随着跨境电子商务综合试验区的政策优势进一步显现，我国陆续审批设立了 35 个跨境电子商务综合试验区。结合实证结果中存在多条综合试验区建设的路径，地方政府需要根据所在区域的基础条件支持具有产业特色的企业，培育具有区域特色的跨境电子商务产业，具体问题具体分析，推动综合试验区建设。

（三）不足与展望

由于当前关于跨境电子商务综合试验区的研究较少，本节借鉴了自贸区和对外直接投资区的相关区位选择研究，研究框架中的前因条件可能存在疏漏，在后续研究中将进一步完善理论框架，丰富理论支撑。同时，由于数据限制，本书仅以案例样本城市的 2016 年统计数据进行 fsQCA 实证分析，得到了初步的结论，后续研究将继续补充数据对综合试验区的区位选择问题进行深入研究。

第三节 自由贸易试验区推进新开放格局

自由贸易试验区，是 21 世纪以来我国探索新开放体制的重要试点机制。自 2013 年我国在上海设立首个自由贸易试验区（简称自贸区）以来，自贸区成为我国探索新型开放机制的关键节点，形成了商品贸易与服务贸易、金融创新与贸易创新的综合开放探索。近些年来，随着数字贸易逐渐成为新型贸易的主要体现，自由贸易试验区也成了朝数字贸易开放，探索数字贸易治理体制的重要载体。例如，在浙江自由贸易试验区中，目前已经形成了包括对跨境电子商务、数字服务贸易、大宗商品贸易等数字贸易发展与治理机制的综合探索。自由贸易试验区的设立与推广，同样采取了一条试点、推广的发展道路。

本节以自由贸易试验区为研究对象，通过构建多重理论的分析框架对 31 个省级地区进行定性比较研究，探究区位选择和推广问题。本节研究发现：（1）自由贸易试验区的区位选择不依赖单个条件，而是由地理位置、产业结构、劳动力要素等多个条件共同作用的结果。（2）自贸区的区位选择共分两类 5 种模式：①开放产业引致类，②要素集聚推动类。开放产业引致类的核心条件是地理位置和产业结构，并受市场规模、交通条件等的影响；要素集聚推动类的核心条件是地理位置缺乏、劳动力要素和区域经济中心存在，并受市场规模、对外开放环境等的影响。（3）从推广路径看，自贸区的推广过程验证了开放产业引致类和要素集聚推动类两种设立模式。

一、自由贸易试验区的设立与推广

2013 年至 2021 年，我国陆续在上海、广东、福建、天津等 21 个省（直辖市）设立了自由贸易试验区（简称自贸区），旨在贸易和投资等方面做出更优惠的安排，通过在贸易便利化、金融服务业开放、完善政府监管制度等方面进行积极探索和创新，形成一批可复制、可推广的经验做法（李光辉，2017）。商务部数据显示，前五批18个自贸区2020年上半年进出口总额达2.2万亿元人民币，占全国的15.6％。自贸区是改革开放的试验田，对激发我国更高质量发展和更高水平的开放具有重要作用。目前，自贸区已经覆盖了全国2/3的省份，从沿海到内陆，呈现出"雁阵引领、陆海统筹"的新格局，但是在我国中西部，仍有较多省份无法对接自贸区建设的成熟经验，这对全国实现更高质量的发展、更高水平的开放起到一定阻碍作用。

自贸试验区是我国对外开放的经济功能区，随着国际贸易的发展，较多学者对经济功能区的区位选择问题进行了研究（孙海军，2010），Thunen的农业区位论、Weber的工业区位论等区位理论的出现为其奠定了理论基础。近年来，自贸区在我国兴起，对自贸区的研究也成为热点。现有文献中，我国学者对自贸区的建设经验（沈开艳和徐琳，2015；陈林，2016）、发展路径（俞建群和王媛媛，2015；王轶南和韩爽，2017）等问题进行了研究，为我国自贸区的推广与建设提供了有益探索。自贸区作为我国对外开放的窗口，对推动区域经济向深层次的开放型经济方向转变具有重要意义。因此，我国自贸区如何进行区位选择？如何复制成熟经验进行推广？需要进一步探讨。

本节运用模糊集定性比较分析方法（fsQCA），以我国31个省级地区为研究对象，对自贸区的区位选择进行研究。本节余下部分的结构安排如下：第二部分作为理论分析，通过对区位理论、增长极和产业集群理论、国际生产折衷理论、自贸区的区位选择相关研究进行文献梳理，确定所要研究问题的影响因素；第三部分为研究设计，对研究方法fsQCA、样本以及数据的来源和处理进行了介绍；第四部分为实证分析，对fsQCA的实证结果进行分析，明确哪些组态模式对自贸区的区位选择产生影响；第五部分为讨论与分析，根据组态的核心条件分成两类，即开放产业引致类和要素集聚推动类，并对其进行分析；第六部分为结论与展望，对本节得出的结论与不足进行阐述。

二、自由贸易试验区研究文献综述

自贸区的设立对我国扩大对外开放以及对外贸易的发展提供了支撑。随着国际贸易的不断发展，自贸区的数量不断增多，国内外学者对自贸区的区位选择问题进行了较多研究(Miyagiwa,1993；黎国林,2008)。本节通过梳理已有文献从区位理论、增长极理论、折衷理论等视角对自贸区的区位选择进行研究(杨荣,2016；叶修群,2018)。自由贸易区的选址受多种因素影响,本节通过回顾上述理论视角,结合现有文献构建本书研究问题的多重理论解释框架。

(一)区位理论

区位理论初步形成于 19 世纪 20—30 年代。区位理论是设立经济功能区的理论依据。农业区位论认为距离和成本对区位产生影响(Thunen,1826)；工业区位论提出运输成本和劳动成本是影响区位的主要因素(Weber,1909)；中心地理论首次将政府的作用引入区位分析中；自然资源和资本等要素也会对区位产生影响(Porter,1990)。通过回顾现有文献,本书从交通条件、资本和劳动力 3 个要素分析设立自贸区的影响因素。

1. 交通条件

交通是重要的区位要素之一,在国际贸易中具有不可替代的作用。Feldman(1983)认为自贸区的选址要关注交通情况；张世坤(2005)指出保税区已成为跨国企业投资的区位选择的重要举措,其布局主要受交通条件等的影响；殷为华(2016)认为交通条件是自由贸易区的核心区位要素。因此,对自贸区的区位选择进行研究时需要考虑交通条件。

2. 资本要素

区位竞争优势的生产要素之一就是资本(Porter,1990),由于自贸区与区域的开放型经济关系密切,利用外资情况对设立自贸区具有重要影响。Blonigen 等(2003)研究了外商投资的区位选择问题；陈林和邹经韬(2018)引入外资参与度,探究其对自贸区建设的作用。因此,研究自贸区设立因素时也要考虑利用外资情况。

3. 劳动力要素

劳动力是另一个不可或缺的区位要素。Mcintyre(1996)引入劳动力要素对出口加工区的区位选择进行研究,表明低成本的劳动力有利于加工区建设；蒲璞(2004)将劳动力要素作为影响因素,对出口加工区的发展进行了研究；白仲林等(2020)将劳动力要素作为研究自贸区政策的经济效应和区位选择的因素。

(二)增长极与产业集群理论

增长极理论是以区域经济发展不平衡为出发点的。1950 年法国经济学家弗郎索瓦·佩鲁(Francois Perroux)首次提出增长极理论来解释区域经济发展的不平衡。他认为"增长并不是同时在任何地方出现，而是以不同强度首先出现在某些增长点或增长极，然后以一定的模式向外扩散，形成外部效应，对整个区域经济形成不同的终极影响"。其出发点为企业和产业的不平衡，落脚于城市和区域经济发展的不平衡，强调聚集和吸引效应、扩散效应、地理区位和中心优势。产业集群是指在产业发展过程中，处于一定领域内的企业或机构在空间上聚集，使得相关产业要素得到充分共享，从而产生规模效应，提高整个产业群的竞争力。自贸区是通过在部分省市设立，先行试点，然后复制推广成熟经验在别的省市再设立，实现产业扩散效应，这一过程符合增长极理论和产业集聚理论。

(三)国际生产折衷理论

1977 年 Dunning 在《贸易、经济活动的区位与跨国企业：折衷理论的探索》一文中提出一种独特的直接投资理论——国际生产折衷理论，该理论指出企业从事国际直接投资由该企业本身所拥有的所有权优势、内部化优势和区位优势三大基本因素共同决定。李雷等(2005)基于折衷理论从所有权优势、内部化优势和区位优势三大因素对企业国际扩张和区位选择进行了研究；黄平和王宇露(2010)基于折衷理论对跨国公司在华投资独资化成因进行研究，提出政府需在区位优势上发挥重要作用；沈小燕等(2011)对企业所得税改革对 FDI 的影响进行了研究，结论支持了国际生产折衷理论，所得税作为一种信号影响着 FDI 投资地点的选择。

虽然 Dunning 的国际生产折衷理论通常用于解释跨国公司对外投资行为，但对于自贸区的推广也具有指导性意义。目前我国各省各地区发展水平很不平衡，在自贸区推广路径上应该以折衷理论为基础，结合各省市具有的优势进行自贸区的建设。

(四)自贸区的区位选择相关研究

自贸试验区在国际贸易中扮演着重要角色，现有文献中，国内外学者对自贸区的区位选择进行了大量研究。Miyagiwa(1993)发现如资本可以在城市和农村间流动,则自贸区的位置选择在农村地区更可取;黎国林和江华(2008)认为运输距离、政策、配套产业和技术溢出等因素是影响加工贸易区的区位分布和变迁的主要因素;张耀光等(2009)对我国保税港区的布局特征进行了研究,发现区位优势、腹地经济发展水平、交通条件、对外开放程度等对保税港区的区位选择产生影响;叶修群(2016)对自贸区的区位选择进行研究,研究发现市场规模和开放程度、交通条件、经济发展水平等是影响自贸区的区位选择主要因素。

通过以上文献分析可知,自贸区的区位选择受多种因素的影响,本节采用 QCA 研究模型(Fiss,2011),在参考现有文献的基础上,选取地理位置、产业结构、市场规模、交通条件、劳动力要素、外资参与度、区域经济中心等 7个因素,研究自贸区的区位选择路径,本节内容的研究框架如图 4-4 所示。

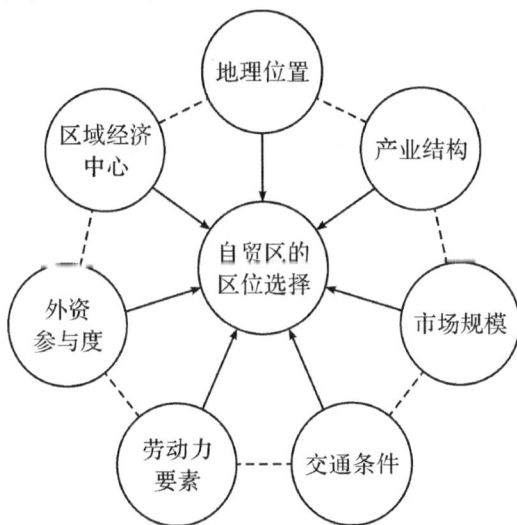

图 4-4　本节的研究框架

三、自由贸易试验区设立的研究设计

(一)研究方法

定性比较分析(Qualitative Comparative Analysis,QCA)是基于布尔代

数的集合论组态分析的方法，通过计算前因条件和结果之间的充分与必要子集关系，处理多个因素导致的问题（Ragin，2008），早期多用在社会学领域，近年来，广泛应用在经济管理领域中（陶秋燕等，2016；杜运周，2017；赵云辉等，2020），主要包括清晰集（csQCA）、多值集（mvQCA）和模糊集（fsQCA）三种。其中，清晰集是将变量转化为 0 或 1 的二分变量，多值集用于解决至少为三个整数值的数据问题，模糊集则允许取"0"或"1"之间的隶属分数。本书采用模糊集定性比较分析（fsQCA），原因如下：相比其他两种方法，fsQCA 采用更高的一致性标准；已设立的自贸区分布广泛，影响因素较为复杂，fsQCA 既能分析单个因素，也能分析不同因素的组态；自贸区是我国的创新型政策试验，积累数据较少，难以进行大样本计量分析。

（二）样本和数据来源

选取 2013—2020 年设立自贸区的省（区、市）作为实验组，包括上海、广东、天津、北京等 21 个省（直辖市）。同时，选取吉林、江西、山西等 10 个未设立自贸区的省（区）作为对照组（不包括港、澳、台）。原因如下：2013 年以来我国分六批在不同省（区、市）设立 21 个自贸区；已有自贸区涵盖了我国 4 个直辖市和 17 个省，本节将未设立自贸区的 10 个省（区）纳入对照组进行研究。

（三）变量测量和校准

1. 结果变量

自贸区的设立。根据杜运周的方法，本节根据自贸区的设立批次进行赋值，1 表示第一批设立的自贸区，0.9 表示第二批设立的自贸区，0.7 表示第三批设立的自贸区，0.5 表示第四批设立的自贸区，0.3 表示第五批设立的自贸区，0.1 表示第六批设立的自贸区，0 表示未设立的自贸区。

2. 条件变量

①地理位置（GEO），采用样本省市地理位置是否沿海来表示；②产业结构（IND），采用第三产业产值占第二产业产值的比值来表示；③市场规模（GDP），采用样本省市地区生产总值来衡量；④交通条件（TRA），采用样本区域的公路网密度表示，即公路里程除以区域面积；⑤劳动力要素（LAB），

采用样本省市高校在校生人数衡量；⑤外资参与度（FDI），采用实际利用外商直接投资额衡量，反映对外开放投资环境；⑦区域中心度（CEN），判断样本省（区、市）是否为区域经济中心，就是看围绕它的省（区、市），人均 GDP 是否比它高，若比它高，则为区域经济中心，反之，则不是。

　　3.数据校准

　　本节运用 fsQCA3.0 软件基于 Ragin 的直接法进行校准，将条件变量的 75、50 和 25 分位点作为完全隶属度、转折点和完全非隶属度锚点，本节内容的校准参数见表 4-7。

表 4-7　变量的校准参数

结果和条件变量	完全隶属（75th）	转折点（50th）	完全非隶属（25th）
自贸区选择（CHO）	自贸区的设立批次		
地理位置（GEO）	1 表示沿海省（区、市），0 表示非沿海省（区、市）		
产业结构（IND）	1.3659	1.2108	1.0826
市场规模（GDP）	36425.8	21984.8	15074.62
交通条件（TRA）	1.3608	0.9703	0.5332
劳动力要素（LAB）	132.7	77.24	51.78
外资参与度（FDI）	161.9	49	7.45
区域经济中心（CEN）	1 表示区域经济中心，0 表示非区域经济中心		

四、自由贸易试验区设立的研究结果

（一）单个变量的必要性分析

　　根据模糊集定性比较分析法，首先分析单个前因条件及其逻辑"非"是否为设立自贸区的必要条件，通过条件变量的一致性指标进行分析，当条件变量的一致性大于 0.9 时，该条件变量被认为是结果的必要条件（Ragin，2008；Schneider，2012）。运用 fsQCA3.0 软件计算结果见表 4-8，可知所有条件变量的一致性均小于 0.9，因此不存在自贸区设立的必要条件。设立自贸区的必要条件分析结果见表 4-8。

表 4-8　必要条件分析的一致性和覆盖度

条件变量	一致性	覆盖度	条件变量	一致性	覆盖度
GEO	0.607	0.618	geo	0.393	0.220
IND	0.661	0.477	ind	0.479	0.346
GDP	0.807	0.580	gdp	0.364	0.265
TRA	0.757	0.551	tra	0.446	0.321
LAB	0.746	0.530	lab	0.460	0.338
FDI	0.766	0.541	fdi	0.451	0.334
CEN	0.750	0.560	cen	0.250	0.175

注：条件变量小写形式表示逻辑"非"，大写形式表示逻辑"是"。

（二）条件组态的充分性分析

充分性分析也是通过一致性指标来衡量的，本节运用 fsQCA3.0 软件，将一致性阈值设置为 0.8，案例频数阈值设定为 1（Fiss，2007；杜运周，2017），得出结果变量的复杂解、简约解和中间解。本节以中间解为主，结合简约解区分组态的核心变量和辅助变量：如果变量同时存在于简约解和中间解中，则该变量为核心变量；如果仅存在于中间解而未存在于简单解中，则为辅助变量（拉金，2019）。所得的组态结果见表 4-9。

表 4-9　设立自贸区的条件组态

条件变量	结果的组态解				
	1a	1b	2a	2b	2c
地理位置（GEO）	●	●	⊗	⊗	⊗
产业结构（IND）	●	●		⊗	·
市场规模（GDP）	●	⊗	·	·	⊗
交通条件（TRA）	●	●	⊗		·
劳动力要素（LAB）		⊗	●	●	●
外资参与度（FDI）	●	⊗	·	·	⊗
区域经济中心（CEN）		●	●	●	●
原始覆盖度	0.262	0.094	0.124	0.141	0.059

续表

条件变量	结果的组态解				
	1a	1b	2a	2b	2c
唯一覆盖度	0.240	0.072	0.059	0.060	0.032
一致性	0.973	0.955	0.946	0.888	1.000
总体解的覆盖度	0.570				
总体解的一致性	0.944				

注:"●"(大实心圆)表示核心条件"是"存在,"·"(小实心圆)表示辅助条件"是"存在, "⊗"(大交叉圆)表示核心条件"非"存在,"⊗"(小交叉圆)表示辅助条件"非"存在,"空格"表示该条件可存在也可缺席。

由表 4-9 可知,存在 5 种组态,单个组态的一致性水平均高于 0.8,总体解的一致性为 0.944,具有较好解释度,组态 1a 和 1b 的核心条件相同,组态 2a、2b 和 2c 的核心条件相同。总体解的覆盖度为 0.570,表明 5 种组态能够解释 57% 自贸区的区位选择问题。本节对 5 种组态进行详细描述。

组态 1a(GEO * IND * GDP * TRA * FDI * CEN)中地理位置和产业结构为核心条件,市场规模、交通条件、外资参与度和区域经济中心为辅助条件,其一致性为 0.973,唯一覆盖度为 0.240,覆盖了 3 个案例。组态 1b (GEO * IND * gdp * TRA * lab * fdi * CEN)与组态 1a 具有相同的核心条件,但市场规模、劳动力要素和外资参与度缺乏作为辅助条件,交通条件和区域经济中心在此组态中具有辅助作用,其一致性为 0.955,唯一覆盖度为 0.072,覆盖了 2 个案例。组态 2a、2b 和 2c 具有相同的核心条件,为地理位置缺乏、劳动力要素和区域经济中心存在。在组态 2a(geo * GDP * tra * LAB * FDI * CEN)中市场规模和外资参与度存在、交通条件缺乏为辅助条件,其一致性为 0.946,唯一覆盖度为 0.059,覆盖了 2 个案例;在组态 2b (geo * ind * GDP * LAB * FDI * CEN)中产业结构缺乏、市场规模和外资参与度存在作为辅助条件,其一致性为 0.888,唯一覆盖度为 0.060,覆盖了 2 个案例;在组态 2c(geo * IND * gdp * TRA * LAB * fdi * CEN)中产业结构和交通条件存在、市场规模和外资参与度缺乏作为辅助条件,其一致性为 1.000,唯一覆盖度为 0.032,覆盖了 1 个案例。上述组态覆盖案例见表4-10。

表 4-10　组态覆盖的样本案例及数量

组态	覆盖的样本案例	数量
1a	上海(0.9,1)；广东(0.84,0.9)；浙江(0.78,0.7)	3
1b	海南(0.55,0.5)；天津(0.51,0.9)	2
2a	四川(0.75,0.7)；陕西(0.62,0.7)	2
2b	湖北(0.87,0.7)；陕西(0.62,0.7)	2
2c	重庆(0.57,0.7)	1

注：括号中为自贸区样本的组态覆盖度和结果。

（三）稳健性检验

本书运用 fsQCA 软件将一致性阈值从 0.8 调整至 0.85，案例频数仍为1，进行稳定性检验（Schneider，2012；张明，2019），结果如表 4-11 所示，所得组态与原组态相比，没有发生任何变化。因此，本书的实证结果是稳健的。

表 4-11　设立自贸区的条件组态（稳健性检验）

条件变量	结果的组态解				
	1a	1b	2a	2b	2c
地理位置(GEO)	●	●	⊗	⊗	⊗
产业结构(IND)	●	●		⊗	●
市场规模(GDP)	•	⊗	•	•	⊗
交通条件(TRA)			⊗		●
劳动力要素(LAB)		⊗	●	●	●
外资参与度(FDI)	•	⊗		•	⊗
区域经济中心(CEN)	•	•	●	●	●
原始覆盖度	0.262	0.094	0.124	0.141	0.059
唯一覆盖度	0.240	0.072	0.059	0.060	0.032
一致性	0.973	0.955	0.946	0.888	1.000
总体解的覆盖度	0.570				
总体解的一致性	0.944				

注："●"(大实心圆)表示核心条件"是"存在，"•"(小实心圆)表示辅助条件"是"存在，"⊗"(大交叉圆)表示核心条件"非"存在，"⊗"(小交叉圆)表示辅助条件"非"存在，"空格"表示该条件可存在也可缺席。

五、自由贸易试验区设立的研究讨论

本节采用模糊集定性比较分析（fsQCA）方法，探究我国自由贸易试验区的区位选择影响因素与推广路径。结合区位理论、增长极理论等视角和已有自贸区的研究文献，本书从地理位置、产业结构、市场规模、交通条件、劳动力要素、外资参与度、区域经济中心等 7 个因素出发，选取我国 31 个省级地区进行研究，运用 fsQCA3.0 软件得到 5 条自贸区的区位选择路径。根据 5 条组态的核心条件，将其归纳为两类区位选择模式：开放产业引致类和要素集聚推动类。

（一）开放产业引致类

产业集聚是指同一产业在某个特定地理区域内高度集中，产业资本要素在空间范围内不断汇聚的一个过程。1890 年马歇尔就开始关注产业集聚这一经济现象。工业区位的要素之一就是产业集聚（Weber，1909），产业集聚能够降低成本，从而获得规模经济效益（Porter，2000）。现有文献中，产业结构是研究自贸区区位选择的核心变量（叶修群，2016；陈林，2018）。由表 4-5 可知，组态 1a、1b 中均包括地理位置（GEO）、产业结构（IND）两个核心条件，将其归纳为开放产业引致类的自贸区选择路径。

开放产业引致类设立模式包括地理位置、产业结构、市场规模、交通条件、外资参与度和区域经济中心等要素。该设立模式中，地理位置（GEO）和产业结构（IND）作为核心条件，既具有区位优势，又具有内部化优势。在组态 1a 中，市场规模、交通条件、外资参与度、区域经济中心存在作为辅助条件，这一组态覆盖的案例有上海、广东、浙江，可归纳为多因素协同型，上海是我国第一批设立自贸区的城市，其无论是在外资参与度上，还是产业结构上，都占有绝对优势；广东和浙江分别为第二批和第三批设立的自贸区，广东省和浙江省位于沿海区域，外资参与度高，服务业高度发达，研究结果与实际情况相一致。组态 1b 与组态 1a 相比，市场规模缺乏、劳动力要素缺乏、外资参与度缺乏作为辅助条件，这一组态表明即使在市场规模、劳动力要素、外资参与度缺乏的情况下，增加开放程度和产业结构这些条件也能够实现自贸区的设立，覆盖案例有天津和海南，可归纳为区位推动型，天津和海南分别为第二批和第四批设立的自贸区，其无论是在市场规模、劳动力要素还是外资参与度上都不及上海、广东和浙江，但其地理位置优越，服务业高度发达，研究结果与实际相符。

(二)要素集聚推动类

要素集聚推动类设立模式包括地理位置、交通条件、劳动力要素、外资参与度等要素。这一设立模式中，地理位置缺乏(GEO)、劳动力要素(LAB)和区域经济中心(CEN)是设立自贸区的核心条件，说明在对自贸区进行区位选择时，并不是集中在沿海地区，而是向内陆地区延伸。首先，充足的劳动力能为自贸区内产业的发展提供支持，即具有内部化优势，以保证在自贸区中企业工作的正常运行；其次，区域经济中心有助于发挥区域的带动作用；再者，较高的外资参与度，即所有权优势是外贸产业稳定发展的重要基础；便利的交通运输条件，即具有内部化优势，能方便企业与消费者之间的运输。

要素集聚推动类设立模式中，劳动力要素和区域经济中心作为核心条件，既具有内部化优势，又具有区位优势。对比组态 2a 和 2b，在组态 2a 中，交通条件缺乏作为辅助条件，在组态 2b 中，产业结构缺乏作为辅助条件，并且两条组态都覆盖有案例——陕西，表明交通条件或产业结构的缺乏对在陕西建立自贸区的影响不大，将其归纳为区域中心型。组态 2a 中，市场规模存在、交通条件缺乏和外资参与度存在作为辅助条件，覆盖的案例有四川和陕西，均为第三批设立的自贸区，四川省作为西南部区域经济的中心，陕西作为西北区域经济的中心，吸引力大量西南、西北的劳动力，同时也能够相应地起到经济的辐射效应，带动西南西北的发展，但交通条件相比中西部地区较弱；在组态 2b 中，产业结构缺乏、市场规模存在和外资参与度存在作为辅助条件，覆盖的案例有湖北和陕西，均为第三批设立的自贸区，湖北省作为中部地区区域经济的中心，是高校的聚集地，培养了大量高等教育人才，吸引了大量劳动力，湖北省的主要产业是第二产业，产业结构相对缺乏，这两条路径表明：产业结构缺乏、市场规模存在、交通条件缺乏和外资参与度存在的情况下，增加劳动力要素和区域经济中心能够实现自贸区的设立。在组态 2c 中，产业结构存在，市场规模缺乏、交通条件存在和外资参与度缺乏为辅助条件，覆盖案例为重庆，是第三批设立的自贸区，将其归纳为要素推动型,重庆作为 4 个直辖市之一,服务业发展较好,这一路径表明在产业结构存在,市场规模缺乏、交通条件存在和外资参与度缺乏的情况下,增加劳动力要素和区域经济中心能够实现自贸区的设立。

综上所述,对开放产业引致类和要素集聚推动类设立模式进一步总结,见表 4-12。

表 4-12　开放产业引致类和要素集聚推动类设立模式的总结

设立模式	类型	组态视图	典型案例
开放产业引致类	多因素协同型		上海、广东、浙江
	区位推动型		海南、天津

续表

设立模式	类型	组态视图	典型案例
要素集聚推动类	区域中心型		四川、陕西
			湖北、陕西
	要素驱动型		重庆

注：组态视图中实心圆表示核心条件存在，空心圆表示核心条件缺乏，虚线圆表示辅助条件。

(三)进一步探讨自贸试验区的推广问题

截至 2020 年 9 月，我国已经设立了 21 个自贸试验区，见表 4-13。我国在七年内分六批设立了 21 个自贸区，从最初的沿海地区逐渐扩大到中西部地区，从开放产业引致类到要素集聚推动类，从单点试验到全国推广，自贸区的建设经验越来越成熟。从第一批和第二批的设立模式来看，更加符合开放产业引致类，这一阶段更加看重地理位置，所设的自贸试验区全部集中在沿海省份，对于开放产业引致类设立模式而言，强调地理位置和产业结构等要素，因此，基于开放产业引致类设立模式的自贸区在推广过程中，更加注重目标省市的地理位置和产业结构状况。从第三批和第四批的设立模式来看，综合了开放产业引致类和要素集聚推动类，这一阶段不仅仅看重地理位置，在有前两批建设经验的基础上，逐渐开始向中西部地区推广，浙江、辽宁、海南都位于沿海地区，更符合开放产业引致类，河南省拥有大量的劳动力资源以及良好的交通条件，湖北、重庆、四川、陕西都处于区域经济中心位置，更符合要素集聚推动类，对于要素集聚推动类设立模式而言，更加注重目标省市的要素禀赋情况。从以上分析可知，我国自贸试验区的推广过程验证了开放产业引致类和要素集聚推动类两种设立模式。

表 4-13　自贸区设立城市、时间及批次（截至 2020 年 9 月）

设立省(区、市)	设立时间	批次	设立省(区、市)	设立时间	批次
上海市	2013 年 9 月	1	海南	2018 年 10 月	4
广东省	2015 年 4 月	2	山东	2019 年 8 月	5
天津市	2015 年 4 月	2	江苏	2019 年 8 月	5
福建省	2015 年 4 月	2	广西	2019 年 8 月	5
辽宁省	2017 年 3 月	3	河北	2019 年 8 月	5
浙江省	2017 年 3 月	3	云南	2019 年 8 月	5
河南省	2017 年 3 月	3	黑龙江	2019 年 8 月	5
湖北省	2017 年 3 月	3	北京	2020 年 9 月	6
重庆市	2017 年 3 月	3	湖南	2020 年 9 月	6
四川省	2017 年 3 月	3	安徽	2020 年 9 月	6
陕西省	2017 年 3 月	3			

数据来源：中国政府网。

六、自由贸易试验区设立的研究结论

(一)研究结论

本节运用 fsQCA 方法,选取我国 31 个省级地区为样本,对自贸区的设立与推广问题进行研究,构建了自贸区区位选择的理论框架,并得出以下结论:

(1)自贸试验区的区位选择不依赖单个条件,而是由多个条件共同作用的结果。通过 fsQCA 方法对设立自贸试验区影响因素的必要性分析可知,任何单一条件无法构成设立自贸区的必要条件,由充分性分析可知,自贸试验区的区位选择的结果是由不同组态形成的。

(2)自贸试验区的区位选择存在 5 种模式,根据组态的核心条件分为两类:①开放产业引致类,②要素集聚推动类。开放产业引致类的核心条件是地理位置和产业结构,并受市场规模、交通条件等的影响,强调开放程度和产业结构对设立自贸区的影响作用;要素集聚推动类的核心条件是地理位置缺乏、劳动力要素和区域经济中心存在,并受市场规模、对外开放环境等的影响,强调劳动力要素和区域经济中心对自贸区设立所起到的支撑作用。

(3)从推广路径看,从最初的沿海地区逐渐扩大到中西部地区,从开放产业引致类到要素集聚推动类,从单点试验到全国推广,推广过程验证了开放产业引致类和要素集聚推动类两种设立模式。

(二)政策启示

自贸区是我国进一步改革开放的试验田,在设立自贸试验区的过程中,要综合运用开放产业引致类和要素集聚推动类两种模式,综合考虑目标省份的地理位置、产业结构、交通条件、劳动力要素、外资参与度、区域经济中心等要素,东部沿海地区比中西部地区占有更大优势,可发挥外向型经济优势,对于中西部地区可以发挥自身优势,如新设的安徽自贸区重点发展高端制造、集成电路、人工智能等,让更多地区享受到自贸试验区的发展红利。

(三)不足与展望

首先,由于自贸区设立的影响因素较多,本书只选取 7 个因素进行研究，选取的影响因素不够全面，本书初步构建了自贸区设立与推广理论的分析框架，在后续研究中可增加因素个数，进行更深一步的研究；其次，虽然自贸区成立时间已有 7 年有余，但数量较少，本节选取定性比较分析方法进行研究，在后续的研究中可增加样本数据；最后，本节以 31 个省级地区 2018 年的数据进行了分析，得出初步结论，在后续研究中可增加数据进行深入研究。

第四节　"一带一路"数字贸易体制的稳外贸机制

自我国在 2013 年提出"一带一路"倡议以来，"一带一路"倡议合作机制成为沿线国家（地区）推进发展合作、共建开放型经济体制的重要机制。在共同面向数字经济时代的发展中，"一带一路"机制建立了数字贸易领域的合作机制，以数字化的方式，推动"一带一路"合作机制的"五通"目标：即政策沟通、设施联通、贸易畅通、资金融通、民心相通的实现。数字贸易的体制在"一带一路"沿线国家（地区）的共建，不仅有利于推动面向未来经济形态的经济开放新格局的建立，也有助于通过数字化方式，降低贸易发展中的不确定性，推动共同发展，有助于人类命运共同体的构建。近年来，一场突发的新冠疫情席卷全球，对包括"一带一路"沿线国家（地区）的经济造成巨大冲击，这也是一个检验数字贸易体制是否具有抗风险能力的场景。因此，本节集中探索了数字贸易体制建构在以新冠疫情为代表的外部冲击下的外贸发展稳定效应。

建构数字贸易体制，是面向数字经济时代培育国际贸易新模式的基石。新冠疫情冲击全球外贸稳定，加大了国际合作共建数字贸易体制的紧迫性。本节基于数字贸易体制因素解构，研究"一带一路"沿线国家（地区）如何通过体制建构建立新冠疫情防控期间稳定外贸发展的机制。通过 30 个"一带一路"沿线国家（地区）的模糊集定性比较分析（fsQCA）发现：我国推动"一带一路"数字贸易体制共建，是新冠疫情冲击下稳定沿线国家（地区）外贸发展的重要保障；数字贸易体制越完善的国家（地区），越能在疫情冲击下保持外贸稳定。数字贸易体制构成，在"一带一路"不同区域存在异质性：建构涵盖数字贸易关系、环境、基础、潜力与风险管控机制的完善体制，是东南亚国家外贸稳定的保障；非洲国家的外贸稳定倚重良好的数字贸易环境；数字贸易的低风险因素，在中东欧国家发挥了关键作用。本研究兼具理论与实际价值，不仅丰富了数字经济体制机制的理论探索，也为疫情冲击下的国际贸易稳定提供对策思路。

一、"一带一路"数字贸易体制的稳外贸效应

新冠疫情严重冲击了全球贸易稳定。2020 年全球国际贸易下滑 7.58%，破五年来最大跌幅。推动数字化发展，是统筹疫情防控与稳定经济的有效途径（朱福林，2021）。贸易体制是衡量一国经济朝国际分工与全球市场开放的总体系统（周小川，1992）。当前处于世界经济由工业时代向数字时代转型，全球贸易由价值链贸易向数字贸易转型的历史时期（裴长洪和刘洪愧，2020），建构数字贸易体制，成为减少新冠疫情负面影响，促进外贸发展的关键。数字贸易体制的形成，不仅是技术进步的结果，也是数字化的贸易体系主动建构的进程，在"一带一路"沿线国家（地区），我国的经贸往来与投资合作起到了核心作用。

在新冠疫情暴发期间，"一带一路"沿线国家（地区）贸易受负面影响较大。对 30 个"一带一路"沿线主要国家（地区）的统计显示：2020 年外贸额下降 10.06%，跌幅更甚于全球水平。然而，在我国推动下，近年来"一带一路"沿线国家（地区）发展数字贸易的体制正在形成，为外贸稳定提供助力。与工业时代的贸易体制更多集中在成文条约不同，数字时代的贸易体制，更多体现在设施建设普及、技术协同应用，以及数字经济关系与环境营造，共同推动制度机制形成的动态进程。因此，本研究采用数字贸易关系、潜力、基础、环境及风险等机制指标，具体化数字贸易体制。针对"一带一路"沿线国家（地区）开展数字贸易体制与新冠疫情防控期间外贸稳定的研究，不仅有助于理论探索，也为我国开展面向贸易新模式、新业态的国际合作提供实践证据与对策参考。

数字贸易与"一带一路"倡议相结合，正在发挥以中国为核心的"一带一路"数字贸易区域价值链机制（徐金海、夏杰长，2020）的贸易稳定作用。外贸体制转型包括产品市场、经济结构、政策改进与贸易模式等方面（周小川，

1992),存在多维属性。究竟哪些体制因素组合起到稳定外贸发展作用,因素之间如何实现互动等问题值得深入探究。因此,本研究采用以整体视角探索复杂问题因果逻辑的定性比较分析(Qualitative Comparative Analysis,QCA)作为实证工具。QCA通过其特有的"异质路径"解析、"多重并发"解构与"非对称性"解读,探明新冠疫情防控期间贸易稳定的体制机制,明确因素之间的互动关系。

综上,本节研究的问题为:"一带一路"沿线国家(地区)如何通过数字贸易体制建构,稳定新冠疫情防控期间外贸发展。余下部分安排如下:第二部分进行文献评述,提出理论框架与假设;第三部分介绍研究设计与样本;第四部分汇报结果,第五部分开展讨论;最后形成总结。

二、"一带一路"数字贸易体制稳外贸文献综述

本节研究探索数字贸易体制因素的联合效应,如何在新冠疫情中促进"一带一路"沿线国家(地区)外贸稳定。因此,文献评述包括新冠疫情影响、"一带一路"数字贸易体制建构与数字贸易体制促进外贸稳定三方面。具体如下。

(一)新冠疫情对经济与贸易发展的影响

新冠疫情暴发,是影响人类历史进程的重大事件,冲击以国际分工与贸易为标志的全球化经济(陈永森和张埔华,2021)。新冠疫情破坏全球供应链,造成全球生产停滞、需求萎缩,引发全球性的经济衰退(尹响等,2020)。数字化是新冠疫情冲击下经济发展与效率提升的稳定锚,然而信息通信基础设施不平衡不充分、法律法规不完全不完善等因素,成为数字效能发挥的瓶颈(韩晶等,2020)。

国际贸易,是世界经济中受新冠疫情影响最明显的领域,不仅在短期内面临物流成本上升、供应链衔接不畅和线下交易受限的挑战,也对中长期的全球供应链重构形成压力(吴君民和徐刘阳,2020)。疫情冲击外贸具体表现在:一是国际市场需求不振;二是产业链断裂造成供给不畅;三是国际运输物流不通;四是国际金融动荡(王海军、刘超,2020)。推进"一带一路"区域贸易数字化转型,是应对疫情冲击的重要举措(刘瑶和陈珊珊,2020)。

（二）"一带一路"数字贸易体制建构

虽然当前仍未形成数字贸易统一概念（张正荣等，2021），但普遍认为数字贸易是基于信息通信技术开展的商品与服务贸易。在数字基础条件的完善进程中，应用 ICT 技术，形成数字市场与贸易规则，是推动国际贸易向数字贸易转型（裴长洪、刘洪愧，2020）的关键。

经济体制是经济形态中的组织形式、机构设置、权限划分、管理方式的体系构成（孟连，1980），是经济管理之本（郭嘉猷，1994）。对外开放是我国经济运行中持续推进的方向与过程，而外贸体制是开放的总体体现（周小川，1992）。对外贸易体制变革，与国内经济体制转型相结合，大幅提高外贸发展的效率（尼·拉迪等，1991）。进入 21 世纪以来，构建数字经济与国际数字贸易体制，成为世界经济朝新技术、新市场与新格局开放转型的主要方向。数字贸易体制，为全球贸易数字化运行提供了机制载体，成为新冠疫情冲击下稳定产业链、供应链和价值链的基础力量（裴长洪、刘洪愧，2020）。然而，在数字贸易网络中，欧、美等发达经济体处于中心，发展中国家处于外围（陆菁、傅诺，2018），造成对发展中国家的数字贸易体制研究不足，尤其缺乏针对"一带一路"沿线国家（地区）的研究。

"一带一路"沿线国家（地区），是我国推进数字贸易体制共建的重要地区，我国通过共建基础设施，应用数字贸易模式与规则，促进数字经济时代的利益共享（潘晓明，2020）。在"一带一路"沿线国家（地区），完善数字基础设施，建构数字贸易关系、改善数字营商环境，形成数字贸易区域价值链，从三个方面推动国际贸易的增长：一是通过数字化方式更高水平嵌入全球价值链；二是以"一带一路"数字贸易区域价值链突破全球分工格局锁定；三是推动全球数字贸易合作联盟的建立（徐金海、夏杰长，2020）。

（三）数字贸易体制构建促进外贸稳定

我国与"一带一路"沿线国家（地区）的贸易与投资合作，推动国际贸易便利化、自由化（陈虹、杨成玉，2015），促进数字贸易体制形成。对照贸易体制转型分为产品市场、经济结构、贸易政策、贸易模式四方面（周小川，1992），传统贸易体制向数字贸易体制转型中，数字基础设施与贸易潜力，体现出产品市场与经济结构的升级；数字贸易关系、治理环境与风险管控，体现出贸易政策与模式的转变。数字贸易关系、潜力、基础、环境与风险五方面,构成数字贸易体制建构的全面反映。

1.数字贸易关系

以历史视角梳理国际贸易关系转变,当前正处于数字贸易关系取代传统价值链、供应链关系的关键时期(裴长洪、刘洪愧,2020)。数字贸易关系,强化了新时代我国与"一带一路"沿线国家(地区)外贸的互补合作(李敬等,2017)。

2.数字贸易潜力

新冠疫情防控期间,跨境电商等数字贸易模式具有降低交易成本、减少实体接触等特征,潜力得到有效发挥。我国与"一带一路"沿线国家(地区)建立互利共赢的数字贸易制度安排,有助数字贸易潜力挖掘(韩剑等,2019)。

3.数字贸易基础

完善的数字基础设施,有助于"一带一路"沿线国家(地区)的经贸往来(夏杰长,2018)。新冠疫情防控期间,数字基础设施越完善的国家,通过贸易数字化实现贸易稳定的能力也越强。

4.数字贸易环境

"一带一路"沿线国家(地区)数字贸易营商环境的改善,有效促进对外贸易发展,加大沿线国家(地区)外贸发展的机制分化(王智新,2020)。数字贸易环境为外贸产业与外贸商业发展提供政务、中间组织、产业链供应链等服务。

5.数字贸易风险

数字贸易体制的风险管控,在于能够消减传统贸易信息不对称等问题(李笑影和李玲芳,2018),数字化实现贸易流程的自动化、便利化,建立非接触经济关系(李韵和丁林峰,2020),减少新冠疫情防控期间开展贸易特有的卫生风险。

(四)研究思路与理论假设

基于文献评述,提出研究思路:以"一带一路"沿线国家(地区)数字贸易体制因素组合,探寻新冠疫情冲击下外贸稳定的复杂机制,重点分析不同类型国家实现外贸稳定的体制差异与因素间交叉互动。考虑到因素选取受样本约束，采用数字贸易关系、潜力、基础、环境和风险五项，结合新冠疫情差异，开展 QCA 分析(见图 4-5)。基于此，提出理论假设。

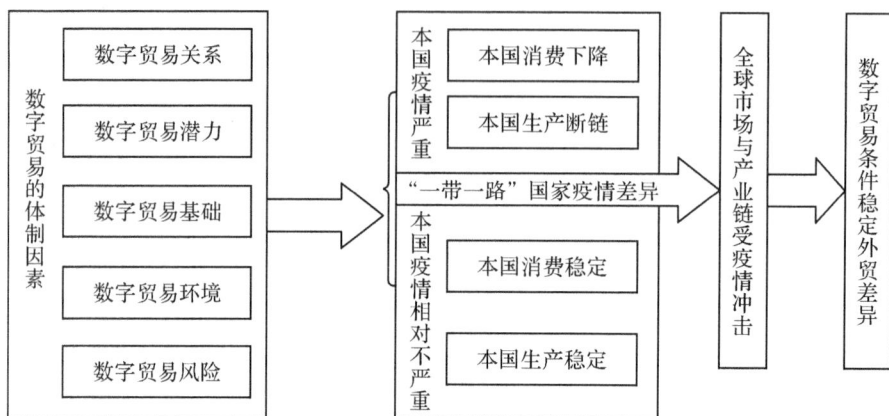

图 4-5　本研究的研究思路

假设一：新冠疫情影响"一带一路"沿线国家(地区)贸易发展。疫情严重程度差异，会导致数字贸易体制在稳定外贸上的机制差异。因此，本研究假设疫情严重的国家与疫情相对不严重的国家，维持外贸稳定的数字贸易体制机制存在差异。

假设二："一带一路"沿线国家(地区)地理区位、发展模式、经济水平存在多种类型，形成不同的贸易发生基础，结合数字贸易体制因素构型差异，造成外贸稳定的机制差异。因此，本研究假设不同类型国家实现新冠疫情防控期间外贸稳定的体制机制存在差异。

假设三：数字贸易体制因素之间，在促进贸易发展上存在交互机制，各项条件均占优的国家，可以通过贸易数字化，克服负面影响。因此，本研究假设数字贸易体制建构越完善的国家，外贸发展受新冠疫情的冲击越小。

三、"一带一路"数字贸易体制稳外贸研究设计

(一)fsQCA 在本研究中的适用性

实证方法的选择，应与研究的理论逻辑相匹配。本研究探索新冠疫情

影响下"一带一路"沿线国家促进外贸稳定的数字贸易体制构型。因此采用可以探明因果关系殊途同归、多重并发与非对称性的定性比较分析（QCA）。QCA 通过布尔代数运算，以整体视角揭示复杂因果逻辑（Rihoux & Ragin，2008）。殊途同归，是指结果可以由多种异质的条件组态引致。在本研究中，新冠疫情防控期间外贸稳定这一结果，可以由数字贸易体制因素的不同组合引致，体现出异质性机制的"等效性"。多重并发，是指在导向结果的各条件组合中，因素间存在互相依赖、协同的交互性。在本研究中，新冠疫情防控期间的外贸稳定，是各体制因素交互作用的结果，因素的综合效应而非单项因素净效应，是外贸发展差异的成因。非对称性，是指条件因素，在不同组态中作用"非对称"，在一条组态中发生作用的因素，在其他组态中未必发生作用。在本研究中，非对称性用于探索数字贸易体制因素，在"一带一路"沿线国家（地区）促进外贸稳定上的机制差异。采用 QCA 方法，也有助于在当前新冠疫情影响贸易研究领域缺乏长期数据、"一带一路"沿线国家（地区）数字贸易体制缺乏准确统计的情况下，有效结合定性与定量方法，通过校准融合权威研究、二手数据与定性案例，针对中小样本开展研究。本研究采用能够进行细致质性区分的模糊集定性比较分析（fsQCA），较一般QCA 方法能更好地识别体制建构的细微差别的影响。

（二）案例样本与变量

基于选题，本节研究以 2020 年 9 月在中国国际服务贸易交易会"数字贸易发展趋势和前沿高峰论坛"上中国电子学会、中国工业互联网研究院和电子工业出版社联合发布的《"一带一路"数字贸易指数发展报告（2020）》（以下简称《报告》）测度的 30 个"一带一路"沿线国家（地区）为样本。依据该《报告》测度各国数字贸易关系、潜力、基础、环境、风险等指标，样本国家与我国发展数字贸易合作分为四种类型：①深度合作型，新加坡、俄罗斯、马来西亚；②快速推进型，印度、泰国、阿联酋、印度尼西亚、捷克、越南；③逐步拓展型，波兰、以色列、菲律宾、匈牙利、土耳其、哈萨克斯坦、沙特阿拉伯、罗马尼亚、克罗地亚、塞尔维亚、巴基斯坦、保加利亚；④有待加强型，伊朗、肯尼亚、蒙古国、埃及、吉尔吉斯斯坦、阿塞拜疆、约旦、尼泊尔、埃塞俄比亚。样本覆盖了亚、欧、非三洲，各国受新冠疫情的影响存在差异，适合开展比较分析。

(三)变　量

1.结果变量

外贸稳定指数(XMS)，采用 WTO 数据库(data. wto. org)发布的 2020 年各国进出口贸易数据，与 2015 年至 2019 年的中长期状况对比测得，公式如下。

$$XMS = GR_{2020} - 0.2 \times \sum_{i=2015}^{2019} GR_i$$

其中，GR_{2020} 为 2020 年一国外贸增长率，$\sum_{i=2015}^{2019} GR_i$ 为该国 2015 年到 2019 年外贸平均增长率。从分布看，全部 30 个国家 XMS 均为负数，受新冠疫情负面影响。该数据越趋近于 0，代表外贸受疫情的影响越小。

2.因素变量

为揭示新冠疫情影响与数字贸易体制差异，因素变量包括 1 个新冠疫情因素与 5 个数字贸易体制因素。

(1)新冠疫情因素(COV)：采用世界卫生组织数据库(covid19. who. int/info)2020 年 12 月 31 日各国每千人中的累积新冠病例数量表征。COV 越大，代表该国的疫情越严重。另外，无论本国疫情是否严重，世界各国外贸均受全球疫情的负面影响。

(2)数字贸易体制因素：采取《报告》测度的 5 项体制指数。《报告》利用世界银行、OECD、联合国、中国统计数据库等，通过层次分析法、熵值法等测算，全面反映"一带一路"沿线国家(地区)数字贸易体制状况，具体如下。

①数字贸易关系(DRE)：衡量以高层互访为代表的政治关系；以自贸协定为代表的经贸关系；以友好城市为代表的文化关系等数字贸易关系机制的影响。

②数字贸易潜力(DPO)：衡量以人均 GDP 和进出口测算的经济发展潜力，以数字经济潜在从业者测度的人才潜力等技术与经济因素的影响。

③数字贸易基础(DFU)：衡量以数字产业测算的数字经济基础，以移动手机和互联网测算的通信基础设施，以电子商务和服务贸易测算的数字贸易基础的影响。

④数字贸易环境(DEV)：衡量以营商环境测度的营商环境，以获得信贷的难

易程度、货币互换及银行分布测算的融资环境等数字贸易综合服务环境的影响。

⑤数字贸易风险(DSK)：衡量政局稳定和安全性的主权风险，政策稳定程度的政策风险，以及外债风险对贸易数字化发展的影响。

(四)测量与校准

在程序中，fsQCA3.0以"集合隶属度"作为软件运算与建模的基础。首先要将数据资料"校准"为集合隶属度。以统计学数据分布获取定性"锚点"校准的方法，称为直接校准法，具有正式规范、客观性强等特征，优于主观设置锚点的间接校准法(张明和杜运周，2019)。本研究采用直接校准法，将完全隶属、转折点与完全不隶属三个定性锚点设置为90、50和10三个分位点，得到样本国家的结果与条件因素的模糊集隶属度。校准参数见表4-14。

表4-14　结果与条件的校准

结果与条件因素	完全隶属(90th)	转折点(50th)	完全不隶属(10th)
XMS	−0.0487	−0.0947	−0.241
COV	48.134	11.571	0.436
DRE	140.719	26.670	6.670
DPO	68.188	23.330	3.377
DFU	124.717	68.880	36.613
DEV	128.167	97.135	71.149
DSK	153.349	128.105	106.838

结果(XMS)的三个定性锚点分别代表在新冠疫情中一国较好促进、一般促进和未能促进外贸稳定的状态，与条件因素组成的组态机制相对应。各数字贸易体制因素三个定性锚点分别代表该项条件为优、一般和劣；新冠疫情因素的三个定性锚点分别代表该国新冠疫情严重、中等与相对不严重的状况。

四、"一带一路"数字贸易体制稳外贸研究结果

(一)单个条件必要性检验

单个条件必要性检验，用于检验单项因素的"是"与"非"两种状态，是否

构成结果产生的必要条件，用于分析"一带一路"沿线国家（地区）在新冠疫情中的外贸稳定，是否必须有某项因素存在。检验以集合论中的"子集包含超集全部属性"的关系进行（Rihoux & Ragin，2008），如果结果集合是某项条件的子集，判定该条件为必要条件。检验中，以 0.9 为一致性水平阈值，超过 0.9 的条件为必要条件。运行 fsQCA3.0 软件，得到检验结果见表 4-15。可知，没有任何条件的一致性超过 0.9，不存在单项必要条件，可见新冠疫情防控期间的外贸稳定是由多项因素的联合效应所致。条件的必要性检验如表4-15所示。

表 4-15　单个条件的必要性检验

条件因素	一致性	覆盖度	条件因素	一致性	覆盖度
COV	0.481	0.705	cov	0.450	0.613
DRE	0.444	0.646	dre	0.511	0.701
DPO	0.443	0.694	dpo	0.519	0.669
DFU	0.534	0.738	dfu	0.445	0.644
DEV	0.527	0.753	dev	0.445	0.622
DSK	0.528	0.745	dsk	0.426	0.604

注：基于 Ragin(2008)，条件因素大写表示条件"是"，小写表示条件"非"。

（二）条件组态充分性分析

条件组态充分性分析，用于分析哪些条件组合（QCA 称为：组态），可以引致结果，本研究用于探明促进新冠疫情防控期间外贸稳定的因素组合及其交互关系。在集合论中，充分性分析检验哪些组态的集合是结果集合的子集。一致性水平大于 0.75，是充分性分析阈值（Rihoux & Ragin，2008）。

开展条件组态充分性分析的前提是设定频数阈值与一致性阈值，根据 Rihoux 和 Ragin(2008)，中小样本频数阈值为 1。一致性阈值则综合平衡三项原则（张明、杜运周，2019）：一是案例组态真值表中存在的一致性"天然缺口"；二是真值表的结果"是"与"非"分布总体平衡；三是组态对应的 PRI 值（Proportional Reduction in Inconsistency）≥0.70 或 0.75。

根据上述三项原则，设定一致性阈值为 0.854，频数阈值为 1，运行 fsQCA3.0 软件得到复杂解、简约解和中间解。按照 Rihoux 和 Ragin(2008)的建议，以中间解结合简约解提取条件组态实证结果：同时出现在简约解及中间解中的条件是"核心条件"，仅出现在中间解中的是"辅助条件"。fsQ-CA3.0运算得到3条简约解组态与6条中间解组态。

QCA通过"思想实验"，利用理论与实际知识划分"容易"和"困难"两类逻辑余项。简约解包括全部两类逻辑余项。本研究共探得3条简约解（总一致性0.832，总覆盖度0.635）。A：DEV * DRE * DSK（以RC代表原始覆盖度、NC代表唯一覆盖度、CO代表一致性，RC 0.451；NC 0.191；CO 0.905）。B：DEV * dre * dsk（RC 0.262；NC 0.0749；CO 0.849）。C：COV * DSK * dpo（RC 0.340；NC 0.101；CO 0.834）。简约解A由数字贸易环境、关系和低风险三项优势组成，代表数字贸易体制较完善的组态；简约解B由数字贸易环境优势与高风险劣势组成；简约解C包含新冠疫情严重因素、数字贸易低风险与较小潜力三项因素，代表新冠疫情严重情况下以数字贸易低风险实现的外贸稳定机制。条件组态的充分性检验结果如表4-16所示。

表 4-16　新冠疫情中稳定外贸的条件组态

条件组态	A1	A2	B1	B2	C1	C2
COV		⊗	⊗	•	●	●
DRE	●	●	⊗	⊗	⊗	
DPO	•	•	⊗	•	⊗	⊗
DFU	•		⊗			⊗
DEV	●	●	●	●	⊗	●
DSK	●	●	⊗	⊗	●	●
原始覆盖度	0.397	0.308	0.188	0.163	0.287	0.240
唯一覆盖度	0.032	0.004	0.057	0.012	0.047	0.007
一致性	0.906	0.875	0.862	0.895	0.870	0.942
总覆盖度	0.598					
总一致性	0.849					

注："●"（大实心圆）表示核心条件"是"存在，"•"（小实心圆）表示辅助条件"是"存在，"⊗"（大交叉圆）表示核心条件"非"存在，"⊗"（小交叉圆）表示辅助条件"非"存在，"空格"表示该条件可存在也可缺席。

中间解仅包含"容易"的逻辑余项，而不包含"困难"的逻辑余项。通过中间解结合简约解，本研究探测到6条新冠疫情防控期间稳定外贸的组态机制(总一致性 0.849,总覆盖度 0.598),分为 3 类 6 型。(1)A1 组态：DEV * DRE * DSK * DPO * DFU。(2)A2 组态：cov * DEV * DRE * DSK * DPO。(3)B1 组态：cov * DEV * dre * dsk * dpo * dfu。(4)B2 组态：COV * DEV * dre * dsk * DPO * DFU。(5)C1 组态：COV * DSK * dpo * dec * dev。(6)C2 组态：COV * DSK * dpo * DEV * dfu。

(三)稳健性检验

为克服 QCA 研究中参数与阈值设置对实证结果的影响,针对充分性分析开展稳健性检验。稳健性检验方法包括调整样本和调整校准阈值等。通过检验结果(以 T 表示)与充分性分析结果比对,保障结果有效性。

1.调整校准阈值检验

调整校准阈值检验是指将校准阈值调整到与充分性分析相近但不完全相同(保证研究逻辑的一致性)的锚点重新校准,以新校准的隶属度进行充分性分析(张明、杜运周,2019)。采用 89、50 和 11 三个分位数为完全隶属、转折点与完全不隶属的锚点(见表 4-17)。

表 4-17　检验一条件与结果的校准

条件因素	完全隶属(89th)	转折点(50th)	完全不隶属(11th)
XMS	−0.049	−0.095	−0.245
COV	44.760	11.571	0.309
DRE	138.174	26.670	6.240
DPO	67.686	23.330	3.110
DFU	124.150	68.880	33.893
DEV	127.755	97.135	69.418
DSK	152.881	128.105	106.431

以表 4-17 的锚点校准数据,根据上述三项原则选择频数阈值 1、一致性阈值 0.862 进行充分性分析,结果见表 4-18 的检验一,总一致性 0.851,总覆盖度 0.601,包括 6 条中间解路径。其中,检验一的 TC1 组态为 C1 组态的子集,较 C1 增加 DFU 因素;检验一的 TA1 与 A1、TA2 与 A2、TB1 与 B1、TB2 与 B2、TC2 与 C2 组态均一致(覆盖度与一致性稍有差异由校准差异带来,属于正常情况)。因此,根据 Schneider 和 Wagemann(2012)提出的标准:检

验结果与充分性分析呈现清晰的超集与子集关系或一致，且在理论逻辑上不改变实证结果，结果稳健。因此，检验一验证充分性分析结果稳健有效。

2.调整一致性阈值水平

调整一致性阈值水平是指通过将一致性水平调整到与原一致性相近但稍有差异的程度重新进行充分性分析（张明和杜运周，2019）。将一致性水平提高到 0.862 得到检验二结果，总一致性 0.873；总覆盖度 0.565，探测到 6 条中间解，其中，检验二的 TA1 与 A1、TA2 与 A2、TB1 与 B1、TB2 与 B2、TC1 与 C1、TC2 与 C2 均一致。

综合两种稳健性检验结果（见表 4-18），本研究基于"一带一路"沿线国家（地区）的新冠疫情防控期间外贸稳定机制的 fsQCA 的实证结果稳健，可以用于理论建构与检验。

表 4-18　新冠疫情中外贸稳定机制的组态稳健性检验

条件组态		TA1	TA2	TB1	TB2	TC1	TC2
COV			⊗	⊗	•	●	●
DRE		●	●	⊗	⊗	⊗	
DPO		•	•	⊗	•	⊗	⊗
DFU		•		⊗	•	•①/②	⊗
DEV		●	●	●	●	⊗	•
DSK		●	●	⊗	⊗	●	●
检验一	原始覆盖度	0.398	0.302	0.181	0.162	0.288	0.242
	唯一覆盖度	0.033	0.003	0.057	0.012	0.047	0.007
	一致性	0.904	0.870	0.848	0.888	0.874	0.934
	总覆盖度	0.601					
	总一致性	0.851					
检验二	原始覆盖度	0.397	0.308	0.188	0.163	0.243	0.240
	唯一覆盖度	0.032	0.004	0.057	0.012	0.013	0.014
	一致性	0.906	0.875	0.862	0.895	0.936	0.942
	总覆盖度	0.565					
	总一致性	0.873					

注：在 TC1 条件组态中，上标①为检验一状态，为"●"；上标②为检验一状态，为"空"。

五、"一带一路"数字贸易体制稳外贸研究讨论

本研究采用 fsQCA 研究"数字贸易体制建构对新冠疫情中'一带一路'沿线国家(地区)外贸稳定的作用机制"。根据条件组态，得到 A、B、C 三类共 6 种机制，结合典型案例发现：A 类的典型国家以东南亚国家为主，以与我国建立全面数字贸易体制合作为特征，称为"数字贸易体制全面发展稳定外贸机制"；B 类的典型国家为土耳其和肯尼亚，在数字贸易体制中以发展环境占优为特征，称为"数字贸易良好环境稳定外贸机制"；C 类的典型国家均位于中东欧，以数字贸易发展的低风险为特征，称为"数字贸易低风险稳定外贸机制"。各类稳定外贸发展的机制如表 4-19 所示。

表 4-19　数字贸易体制建构稳定国际贸易的机制组态与典型案例

编号	体制特征	新冠疫情	体制机制	典型案例
A1	全面发展	不论	DEV * DRE * DSK * DPO * DFU	新加坡(0.76,0.8)、泰国(0.71,0.44)、马来西亚(0.68,0.95)、匈牙利(0.51,0.88)
A2	相对完善	不严重	DEV * DRE * DSK * DPO * cov	泰国(0.71,0.44)、马来西亚(0.68,0.95)、新加坡(0.6,0.8)、印尼(0.52,0.47)
B1	环境占优	不严重	DEV * cov * dre * dsk * dpo * dfu	肯尼亚(0.61,0.7)
B2	基础环境挖潜	严重	DEV * dre * dsk * COV * DPO * DFU	土耳其(0.51,1)
C1	低风险维稳	严重	COV * DSK * dpo * dre * dev	克罗地亚(0.63,0.69)、保加利亚(0.56,0.6)
C2	低风险优环境	严重	COV * DSK * dpo * DEV * dfu	罗马尼亚(0.53,0.48)、塞尔维亚(0.52,0.8)

注：典型案例的括号中，前一数字为组态的一致性，后一数字为结果的一致性。

(一)数字贸易体制全面发展稳定外贸机制(A 类)

A 类具备"无论疫情是否严重，均能促进外贸稳定"的特点，数字贸易基

础设施优势与本国疫情不严重具有可替代性。

以"DEV＊DRE＊DSK"为核心条件的 A 类组态,揭示出构建具有良好数字贸易环境、关系与风险管控机制的数字贸易体制,是稳定外贸的核心机制。根据布尔运算,A 类组态表示为:XMS＝DEV＊DRE＊DSK＊DPO＊(DFU＋cov)。A 类组态具有较为全面的数字贸易体制,表现为通过关系、潜力、基础、环境和风控五项"全优",或在前四项占优的情况下结合本国新冠疫情相对不严重的有利条件,实现外贸稳定。A 类组态分为两种子机制。

1. 数字贸易体制全面发展型(A1)

A1"无论疫情是否严重,均能促进外贸稳定",具体的机制体现为,在数字贸易体制上"全优"(DEV＊DRE＊DSK＊DPO＊DFU),为外贸稳定提供全方位保障,在稳定外贸中不需要与疫情状况相结合(本国疫情因素"空集"表示无论"是"或"非"),典型案例主要为与我国开展广泛数字贸易合作的新加坡、马来西亚和泰国等东南亚国家,以及匈牙利。在《报告》中,新加坡、马来西亚是与我国进行数字贸易深度合作的国家;泰国为快速推进型,三国分别位列《报告》"数字贸易指数"第 1、3、5 位;而匈牙利是中东欧华人华侨集聚度较高、与中国商贸往来密切的国家。2020 年,匈牙利本国疫情较为严重,每千人中的累计感染人数为 33.380 人,处于较高水平,但匈牙利外贸相对稳定,优于大多数中东欧国家,进出口较十年仅下降 3.495％。可见,全面推动数字贸易体制建设,不仅有助于新冠疫情防控期间外贸稳定,并可推动贸易新模式的建立与发展。

2. 数字贸易体制相对完善型(A2)

A2 表现为在数字贸易环境、关系、潜力与低风险四项占优的情况下,与本国疫情不严重这一有利因素结合形成外贸稳定的体制机制(DEV＊DRE＊DSK＊DPO＊cov)。A2 机制表明,上述四项占优的国家,在全球疫情蔓延但本国不严重的情况下,可以维持外贸稳定。典型案例为东南亚的泰国、马来西亚、新加坡和印度尼西亚,前三均亦为 A1 机制典型国家。

本研究注意到,A1 和 A2 机制不仅内含一致核心条件(DEV＊DRE＊DSK)与部分辅助条件(DPO),而且典型案例也大部分一致。这表明在实现外贸稳定上,A1 和 A2 机制具有可替代性:在数字贸易环境、关系、潜力和低风险占优的情况下,本国疫情不严重因素(cov)与良好的数字贸易基础因素

(DFU)之间，存在可替代性，均可和其他因素交互作用，促进外贸稳定。A类机制主要出现在东南亚国家，因此将 A 类归纳为东南亚国家新冠疫情防控期间的外贸稳定发展的数字贸易体制机制。

（二）数字贸易良好环境稳定外贸机制（B类）

在疫情不严重情况下良好数字贸易环境稳定外贸，结合数字贸易基础与潜力优势可在本国疫情严重情况下稳定外贸发展。

以"DEV * dre * dsk"为核心条件的 B 类组态，揭示了良好数字贸易环境（DEV），克服数字贸易关系和高风险的体制特征（dre * dsk），成为稳定外贸的核心。根据布尔运算，B 类组态可以表示为：XMS＝DEV * dre * dsk * (cov * dpo * dfu＋COV * DPO * DFU)。B 类组态可分为：本国新冠疫情相对不严重（cov）和本国新冠疫情严重（COV）两种子机制。

1.数字贸易环境占优型（B1）

B1 表现为良好的数字贸易环境（DEV），结合本国相对不严重的新冠疫情状况（cov），实现全球新冠疫情中的外贸稳定（DEV * cov * dre * dsk * dpo * dfu）。典型案例为肯尼亚，其 2020 年进出口较上年下降 8.619％，优于大多数"一带一路"沿线非洲国家，得益于良好的数字贸易环境。在《报告》中，肯尼亚数字贸易环境指数列 11 位，为其中的非洲国家第一位。同时，肯尼亚 2020 年每千人中的感染人数为 1.790 人，远小于其他国家，为良好的数字贸易环境作用提供保障。肯尼亚的案例，为疫情相对不严重的非洲国家维持外贸稳定提供了体制机制方案：培育良好的数字贸易环境。

2.数字贸易基础环境挖潜型（B2）

B2 表现为良好的数字贸易环境（DEV），结合较优的数字贸易基础设施条件（DFU），实现对数字贸易潜力（DPO）的挖掘，从而克服本国疫情严重（COV）因素，稳定外贸发展（DEV * dre * dsk * COV * DPO * DFU）。典型案例为土耳其，土耳其是 30 个"一带一路"沿线国家（地区）中 2020 年进出口下降较小的国家，仅 0.588％，在全球疫情蔓延，且本国疫情相对严重（2020 年千人累积感染率达 26.02 人）背景下，得益于良好的数字贸易环境（环境指数为 30 个国家中的第 2 位）和数字贸易基础（基础指数列 15 位），以及较大的数字贸易潜力（潜力指数列第 10 位）。B2 路径表明，具有发展数字化贸易基础的国家,即使面对较严重的疫情冲击,仍能通过良好的数字贸易环境,挖掘潜力稳定外贸。

(三)数字贸易低风险稳定外贸机制(C类)

在本国疫情严重情况下以数字贸易低风险稳定外贸,结合良好的数字贸易环境可进一步促进外贸发展。

以"COV * DSK * dpo"为核心条件的 C 类组态机制,揭示了数字贸易低风险的体制特征,克服数字贸易潜力不足,在全球疫情蔓延中,成为疫情严重的国家维持外贸稳定的机制核心。根据布尔运算,C 类组态表示为:XMS = COV * DSK * dpo * (dre * dev + DEV * dfu)。C 类组态体现出数字贸易低风险体制对于外贸稳定的核心作用,典型案例均出现在中东欧地区,中东欧 2020 年新冠疫情较严重,C 类组态为中东欧地区国家稳定外贸提供了机制路径。C 类组态分为两种子机制。

1.低风险维稳型(C1)

C1 表现为低风险的数字贸易发展体制(DSK),为新冠疫情严重(COV)的国家提供外贸稳定的机制保障(COV * DSK * dpo * dre * dev)。典型国家为克罗地亚和保加利亚,两国 2020 年对外贸易较上年分别下降仅 3.577% 和 6.124%,在 30 个"一带一路"沿线国家(地区)中分列第 7 和 11 位,在中东欧国家中表现较优。这与两国数字贸易的低风险体制特征有关,数字贸易(低)风险指数分列 30 个国家的第 7 和 9 位。C1 组态为中东欧国家找到了通过低风险的数字贸易体制促进外贸稳定的机制路径。

2.低风险优环境型(C2)

C2 兼具低风险(DSK)与良好环境(DEV)的数字贸易体制特征,克服基础与潜力的不足,为新冠疫情严重(COV)的国家,提供促进外贸稳定发展的体制机制(COV * DSK * DEV * dpo * dfu)。典型国家为中东欧地区的塞尔维亚和罗马尼亚,两国 2020 年对外贸易较上年下降仅 1.357% 和 6.095%,在本研究 30 个"一带一路"沿线国家(地区)中分列第 5 和 10 位,表现更优于 C1 机制国家,这与 C2 机制兼具低风险与良好环境两项优势的体制特征相关。根据《报告》,在数字贸易(低)风险指数上,两国分列第 11 和 8 位,在数字贸易环境指数上,两国分列第 13 和 14 位,在中东欧国家中相对较优。可见,对于中东欧国家,在新冠疫情严重冲击下,不仅以数字贸易低风险体制维持外贸稳定,也以良好的数字贸易环境,进一步促进外贸发展。C2组态为通过低风险的数字贸易体制稳定外贸的中东欧国家,进一步推动外贸发展提供了机制建议:优化数字贸易环境。

六、"一带一路"数字贸易体制稳外贸研究结论

新冠疫情严重冲击了全球国际贸易发展。近年来,我国与"一带一路"沿线国家(地区)在经贸合作中逐渐建构的数字贸易体制,成为促进新冠疫情中外贸稳定的保障。因此,本研究基于数字贸易体制因素,探寻新冠疫情防控期间"一带一路"沿线国家(地区)外贸稳定机制。采用 fsQCA 对 30 个沿线主要国家开展定性比较,探明 3 类 6 型稳定外贸的数字贸易体制机制。

(一)研究结论

fsQCA 分析证实研究假设,明确数字贸易体制建构是"一带一路"沿线国家(地区)在新冠疫情冲击下稳定外贸的重要机制,但在疫情严重程度不同、区域特征有别的沿线国家之间存在差异。

(1)fsQCA 结果中,所有组态均含有数字贸易体制因素,证明了数字贸易体制是"一带一路"沿线国家(地区)在新冠疫情防控期间稳定外贸的重要条件。本研究也证明了疫情严重程度更高的国家,在稳定外贸上对数字贸易体制因素的要求更高:在 A 类中,A2 四项占优的体制结构,仅适合于疫情相对不严重的国家,而 A1 五项占优的体制结构,可超越疫情影响;在 B 类中,B1 体制机制在疫情相对不严重的国家,以良好数字贸易环境促进外贸发展,而在疫情严重的国家,则更需要结合良好环境、占优基础和较大潜力三项因素才能促进外贸稳定;在 C 类中,面对严重疫情,具有数字贸易低风险优环境协同体制特征的 C2 组态,在促外贸发展上优于仅有低风险特征的C1 组态。证明假设一。

(2)典型案例分布证明了我国与"一带一路"沿线国家(地区)建立数字贸易合作的"异质性"。数字贸易体制机制全面发展的 A 类机制,典型案例主要为东南亚国家中与我国在数字贸易上深度合作或快速推进的国家,完善的体制机制发挥出"无论疫情是否严重,均能促进外贸发展"的强力效应,

体现出东南亚国家与我国在 RCEP、中国东盟自由贸易区等制度合作上的成效;以良好数字贸易环境稳定外贸的典型案例为肯尼亚和土耳其,其是与我国经贸往来发展较快的国家;以较低数字贸易风险稳定外贸的国家均为中东欧国家,体现出我国推动与中东欧国家的合作机制在促进经贸互信上的作用。证明假设二。

(3)fsQCA 组态路径的差异性,证明了新冠疫情防控期间稳定外贸机制的殊途同归、多重并发和非对称性。本研究揭示的 3 类 6 型数字贸易体制机制,均能实现稳定外贸效应,体现出殊途同归的等效性;组态路径中各因素之间呈现的相互依赖、交互作用关系,体现出体制因素的多重并发;各因素在不同组态中发挥的作用差异,如在 B 类机制中发挥核心作用的良好数字贸易环境,在 C 类机制中仅作辅助条件,体现出非对称性。证明假设三。

(二)研究启示

本节研究我国推动共建的"一带一路"数字贸易体制在新冠疫情防控期间稳定沿线国家外贸发展的机制,对于推进面向数字经济时代的贸易新模式、新体制,促进"一带一路"倡议的落实与发展,具体有如下几点启示。

(1)加强与"一带一路"沿线国家(地区)的数字贸易体制共建,着力完善数字贸易关系、设施、环境与风险管控等体制机制建设,不仅有助于沿线国家在新冠疫情防控期间的外贸稳定,也有利于我国在"一带一路"沿线国家(地区)的贸易发展。我国是"一带一路"沿线国家(地区)最主要的外贸伙伴,沿线国家(地区)的外贸稳定,是我国外贸稳定的重要保障。

(2)应充分认识到"一带一路"沿线国家(地区)在稳定外贸上所依赖的数字贸易体制机制的"异质性"。本研究揭示了新冠疫情防控期间东南亚、中东欧和非洲等地稳定外贸的数字贸易体制机制的殊途同归、多重并发与非对称性,揭示我国与沿线国家开展经贸往来时应重视体制构建上的差异性。

(3)应充分认识到面向数字经济时代建构数字贸易体制,是培育外贸新模式新业态的基石。研究发现数字贸易体制因素有助于外贸稳定,新冠疫情加速了世界贸易的数字化发展。持续推进"一带一路"沿线国家(地区)的数字贸易体制完善,可以促进外贸增长方式从国际分工模式向数字贸易模式转型,推动我国与沿线国家共同发展。

(三)研究意义与展望

本节通过定性比较分析,探索数字贸易体制在新冠疫情中稳定"一带一路"沿线国家(地区)外贸发展的机制。兼具理论探索与实践应用价值,也存在一定的不足。

(1)研究价值在于:①本研究开展了面向数字经济时代外贸稳定体制机制的理论探索与实践检验,证明了数字贸易体制建构,有利于新时期的外贸稳定与发展;②本研究为新冠疫情冲击下的"一带一路"沿线国家(地区)经贸往来稳定发展寻求对策思路,不仅有利于我国与"一带一路"沿线国家(地区)共建面向未来发展的经贸体制,也有助于稳定我国与沿线国家的经贸关系,具有政策建议的应用价值;③本研究通过 QCA 方法实现理论细化,明确数字贸易体制因素之间的相互依赖关系,不仅在理论上丰富了"一带一路"合作机制、数字贸易发展基础等领域的研究,也为我国深化与沿线国家机制共建,参与数字经济时代的全球治理提供参考。

(2)本研究的不足及有待后续研究跟进之处在于:一是本研究建立的理论逻辑,来自文献评述与实践检验,尚未形成完整的理论体系,未来可在实证研究进一步夯实的基础上形成数字经济时代国际贸易发展与稳定的完善理论体系;二是囿于"一带一路"沿线国家(地区)缺乏对数字贸易体制的官方统计资料,本研究采用二手资料开展探索性研究,未来可在数据条件进一步完备的情况下,开展基于大样本统计数据的深化研究。

第五节　本章小结

本章研究聚焦于数字贸易时代我国开放型经济以更高水平开放构建国内国际双循环新开放格局的政策机制。我国在面对贸易新保护主义、数字技术革新贸易链产业链,以及开放型经济的区域空间重构三重挑战下,通过试点、复制、推广的模式建立新型开放体制机制。面向数字贸易新时代,主要通过跨境电子商务综合试验区、自由贸易试验区,以及推进"一带一路"合作倡议等,建立数字贸易融入国内国际双循环发展格局的新型开放体制。

跨境电子商务综合试验区,是我国在商品贸易基础上推进数字贸易发展的重要治理机制,经过近年来的试验探索、经验总结,形成了一整套稳定的制度体系,推动了跨境电子商务新业态新模式的成长,也为我国数字贸易治理积累了经验和理论基础。设立新海关代码(1210、9610、1239、9710、9810 等),建立数字化的"单一窗口"机制,形成了政府监管与产业培育一体化等数字贸易新业态新模式培育与治理机制。经过杭州等地试验后,该模式已进入全面推广阶段。

自由贸易试验区,是新时代我国探索更高水平开放创新机制的重要载体。自由贸易试验区的制度创新,是以数字经济为背景,集合了贸易创新、金融创新、流通创新和产业创新,充分发挥数据要素流动带来的新经济效应,形成新型贸易发展模式。当前,我国自由贸易区经过上海等地的试点,已经结合相关省级区域发展特征,形成了多地设立、全面推广的新态势,带动了数字贸易的市场机制融入区域产业升级与业态创新,成为区域经济发展增长极。

在"一带一路"沿线区域合作建立面向数字贸易的体制,是我国开放型经济发展新格局的重要方面。随着"一带一路"合作倡议的推进,我国已经从数字贸易基础设施、数字贸易关系、数字贸易潜力、数字贸易环境和数字贸易的风险管控等方面,与沿线国家建立起合作机制。数字贸易体制,推动了沿线贸易的发展,从传统贸易朝数字贸易转型,增加了贸易稳定发展的能力,尤其是在当前新冠疫情全球蔓延的背景下,有利于外贸的稳定与增长。

结论　数字贸易赋能双循环新格局的市场、机制与政策

实现全体人民共同富裕,是中国特色社会主义新时代的历史使命(十九届六中全会,2021)。发展数字贸易,为共同富裕(夏杰长和刘诚,2021)赋能。然而,我国数字经济发展不平衡、不充分、不规范的问题较为突出,内循环与外循环的关系有待改善,不同区域间的数字鸿沟未有效弥合("十四五"数字经济发展规划,2021),成为我国在数字时代推进共同富裕、促进人类命运共同体建设的新阻碍:区域、产业、市场数字化的失衡发展,造成人群之间的发展机会不平等(Bartikowski et al.,2018),进而决定了人们在数字经济发展与成果分享上的不平等(Lythreatis et al.,2021)。数字贸易市场的失衡,集中体现在以城乡为代表的区域之间、以传统和新业态为代表的产业之间,以内循环与外循环为表征的经济运行市场之间。幸运的是,中国当前正处于新一轮科技革命和产业变革深入发展(十九届五中全会,2020)进程中,数字与实体经济持续深入耦合,为构建城乡区域之间、传统与新兴产业之间,内外循环之间均衡发展,以共同富裕与人类命运共同体为导向的国内国际双循环新发展格局提供了新思路。推动传统与现代产业面向市场机制的全方位、全链条数字化转型,打造竞争新优势,重塑数字时代的经济发展新格局,形成以城带乡、共建共享的数字城乡融合发展格局("十四五"数字经济发展规划,2021),是数字贸易融入国内国际双循环新格局的关键。然而,与我国经济广泛、快速的数字化进程形成鲜明对比的是,国内关于"数字贸易均衡耦合进双循环、普惠赋能区域协调与产业升级,促进共同富裕"的研究仍处于起步阶段,而这正是我国在 21 世纪数字时代背景下推进共同富裕、促建人类命运共同体的重点。

本书致力于探索"数字贸易如何更均衡、更充分地耦合进国内国际价值链双循环,推动以共同富裕与人类命运共同体为导向的双循环新发展格局

构建"的研究问题。在理论基础上基于实践素材的典型案例扎根研究
(Grounded Theory)与定性比较分析(fsQCA)方法,按照"理论→机制→对
策"的脉络,聚焦于数字贸易的市场组织与模式,数字贸易赋能共同富裕的
农村场景、传统产业与传统贸易数字化转型场景,以及推进数字时代开放新
格局的政策机制等重点领域,分为数字贸易市场、数字贸易赋能内循环、数
字贸易赋能外循环、数字贸易政策机制等篇章,从而明确"推进数字贸易的
虚拟价值链(VVC)均衡耦合进经济循环格局中发展相对欠发达的农村农业
价值链、传统产业与传统贸易等实体价值链(PVC),推动广泛参与与成果分
享的数字贸易价值链重构升级,是在数字时代构建以共同富裕与人类命运
共同体为导向的国内国际双循环新发展格局的关键机制"。

　　通过系统研究,本书实现了对数字贸易赋能我国经济发展双循环新格
局的市场基础与业态模式、推动以城乡共同富裕为目标的内循环运行机制、
促进以开放型产业升级为导向的外循环运行机制,以及数字贸易时代的双
循环开放新格局的政策机制的综合探索。

　　我国构建国内国际双循环新格局的进程,恰逢数字贸易成为改造国内
与全球市场体系的组织机制与商业模式的驱动力量的新时期。如图 5-1 所
示,我国构建双循环新格局,在内循环中,通过国内的产业价值链运行体系
的重构,促进产业间和产业内环节的互动,从而以市场需求的供需匹配,促
进以城乡为代表的区域协调发展;在外循环中,我国的数字贸易通过参与全

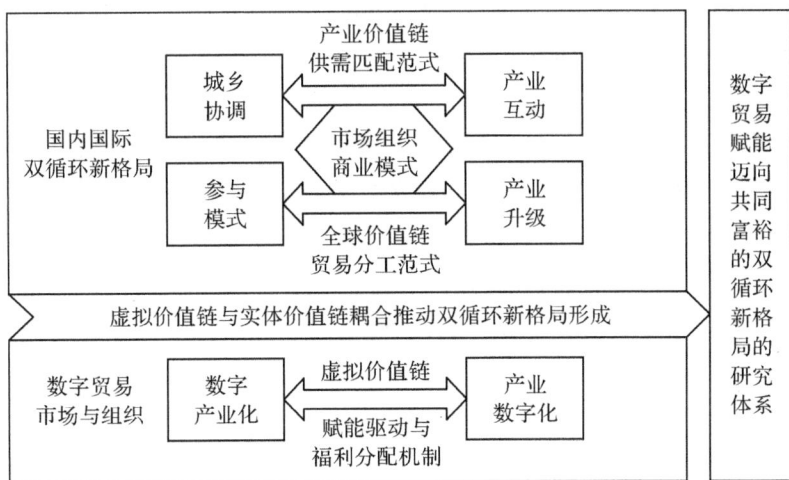

图 5-1　本书研究体系的归纳总结

球市场交易与产业分工，将逐渐提升全球价值链的参与地位与模式，并以此带动产业升级。与此同时，以数字贸易的市场机制、组织逻辑推进的数字产业化与产业数字化进程，正形成以互联网为载体，以信息为要素，以数据流动、整合与挖掘为机制的虚拟价值链。在双循环新格局的形成、运行与完善中，虚拟价值链与企业活动的企业价值链，产业运行的产业价值链，以及国际分工与贸易的全球价值链深度耦合，在经济循环中实现城乡协调、产业升级、区域合作等空间与业态发展目标，进而促进我国经济形成以共同富裕为导向的新发展格局。

在本书的研究体系中，基于当前在数字贸易的市场与模式、内循环与外循环机制，以及数字贸易体制建设方面存在较多社会与学术关切，以上述内容为研究重点，形成如下的研究结论：

第一，在 21 世纪，数字贸易成为重建我国国内与国际市场的关键，形成充分耦合传统商品贸易、服务贸易，以及数字化交付内容等新贸易业态的交互融合的多重贸易模式，成为数字贸易构建双循环新格局的新兴市场基础。本书从回顾数字技术的进展入手，明确数字贸易赋能经济循环的市场机制，已产生了多种新业态新模式；探索数字贸易推动经济发展中价值链的"虚实耦合"机制；进而解析数字贸易的概念与内涵，数字贸易形成虚实经济耦合的价值链维度，以及数字贸易的商业模式，为探明耦合机制提供理论范畴基础。

第二，我国构建迈向共同富裕的经济循环新格局，应充分利用数字贸易组织的市场机制，促进商品与服务的跨区域、跨城乡流通，以供需的更高层级匹配，推进区域融合，进而带动以农村为典型的后发展地区的市场繁荣、产业振兴与创新创业，形成共同富裕的市场基础。本书从回顾我国经济数字化发展的历程入手，进而聚焦于共同富裕典型的空间场景——城乡之间的数字市场协同发展，以扎根理论方法探明典型案例，研究电子商务促进农村市场繁荣、农村电商带动乡村振兴和创新创业的典型案例、数字（虚）与产业（实）价值链的耦合模式及其关键，从数字贸易赋能市场体系完善的角度，探索"以城带乡"的数字赋能共同富裕的实现机制。

第三，在 21 世纪新时代，我国企业、产业参与以更高水平开放促进产业升级的全球价值链循环，应充分利用数字贸易实现的价值创造与提升机制，以虚拟价值链与实体价值链的耦合，提高我国企业、产业在全球价值链分工与贸易中的位置,以虚实价值一体化,促进产业升级。本书从回顾由传统国际贸易到商品国际数字贸易——跨境电子商务、数字贸易等的进程入手,明确国际数字贸易新业态新模式,进而聚焦于共同富裕典型的产业场景(传统产业与数字市场)——以服装为代表的传统产业与外贸,探索如何通过虚实耦合实现转型升级,以及数字贸易市场促进国内消费升级的模式,明确数字赋能外循环夯实共同富裕基础、促进产业间与区域间均衡,并对接消费市场升级的机制路径。

第四,在21世纪数字时代,我国构建双循环新格局的开放型经济体制机制的完善,通过面向数字贸易的市场机制,促进我国企业与产业运行的价值链基础实现虚实耦合,推动以"试点—推广"为路径的制度创新,形成以条件基础引领与区域协调目标等多重面向数字市场的新开放机制,有力地推动数字贸易融入国内国际双循环新格局。本书从综述我国数字贸易的政策路径入手,聚焦我国推动数字时代新开放格局的关键治理节点——跨境电子商务综合试验区(商品国际数字贸易治理)与自由贸易试验区(数字贸易综合治理),明确设立与推广机制,进而从外循环促进人类命运共同体建设的角度,探索"一带一路"倡议促进数字贸易体制机制建设及其在新冠疫情中的稳外贸机制,明确数字时代双循环新格局构建中的体制建设路径。统合本书,形成如下重要观点。

第一,构建数字贸易赋能双循环的新格局,是迈向共同富裕进程的关键。数字贸易赋能我国经济双循环新格局的构建,是一个国内统一大市场以数字化方式的价值链循环逐渐链接、贯通,打通贸易流通相对不畅的农业农村市场等堵点,进而促进价值链参与者共同富裕的渐进进程;也是一个以数字化方式重构作为我国对外经济贸易运行载体的全球价值链,以境内境外消费需求为导向的开放型方式促进国内价值链升级,提升我国企业在全球价值链合作中的地位、价值创造与分享能力的进程,进而提升价值链参与者均衡分享经济成果的能力。因此,数字赋能双循环新格局构建,能加速实现共同富裕和人类命运共同体建设的进程。

第二,形成开放、统一、交融的数字贸易市场,是赋能双循环的基础。数字贸易赋能市场经济的机制,是从贸易标的、贸易对象、贸易形式、贸易范围、贸易媒介等维度的数字化,形成数字技术引领驱动的市场升级,形成市场组织形态朝数字贸易方式演化的总体趋势。这一趋势,打通了国内国际经济循环边界，形成内外交融的新型开放模式；融合了数字内容与商品服务，导致实体经济与数字贸易成为你中有我、我中有你的交互耦合形态，催生了大量数字经济新业态与实体经济新模式，在市场组织上可划分为数字订购、数字交付、电子商务、数字服务等类型，形成数字市场与实体经济深度耦合的统一大市场。世界市场的快速数字化，不仅对以 WTO 为中心的全球贸易规则构成巨大挑战，也加快了各国设立数字贸易制度标准基础，参与全球数字治理的进程，也为我国开放型经济迈向共同富裕与全球治理的制度探索提出了新命题。

第三，贯通农村市场等内循环堵点，是我国以数字贸易构建统一大市场的重要任务。内循环堵点存在于流通效率较低的区域。农村市场存在流通效率低、成本高等弊端，尤其是"最后一公里"问题长期困扰农村消费市场，影响了农村居民享有与城市一致的商品选择与优质服务，是共同富裕的阻碍。通过数字贸易方式，以电子商务促进"工业品下行"对接农村消费增长与升级，是一种农村消费的实体价值链和电子商务虚拟价值链的"双链"耦合，优化商业链路，提升农村消费市场的质量和效益，不仅助力了乡村振兴，也从市场机制上促进城乡共同富裕。

第四，打通农村产品进入全国统一大市场的链路并提高效率，是数字贸易赋能我国经济内循环中促进共同富裕的重要目的。发展农村电子商务，是数字贸易赋能"农产品上行"的主要机制，不仅提高了农村产品进入市场的效率，降低成本，也让消费者能够享用更为多样化的优质产品，同时推进农村农业经济现代化，产业链的价值提升，以及参与者的分享公平，是促进城乡共同富裕的有效机制。我国农村电子商务表现出数字虚拟价值链和农业农村实体价值链耦合的多样性，并以县域信息化发展为核心，呈现出产业服务、财政推动、环境促进等多种模式。因此，推动数字经济的虚拟价值链，结合到异质性的农村产业，是促进共同富裕的又一关键。

第五，重构我国开放型经济中面向世界市场的企业、产业和全球（空间）价值链，是数字赋能我国经济国际循环的核心，也是提升企业效益、产业效能与经济效率的关键。以跨境电子商务带动我国开放产业升级表现为企业内部价值链的链式重构与产业价值链协同、全球价值链升级的耦合过程。其中，产业价值链协同，是指跨境电商企业以数字贸易方式与产业价值链协同；全球价值链升级，是指企业价值链与产业价值链的耦合，通过产业链的整体水平提升培育竞争优势,表现为我国传统外贸企业无法掌控的产品设计和品牌营销等环节,在跨境电商企业中得以实现,从而提高了全球价值链定位,突破"低端锁定"。因此,跨境电商以数字化方式赋能全产业链,提高了我国在全球价值链参与中的价值创造与分享能力。

第六,商业企业市场竞争力提升。提升商业企业服务市场的能力,是构建双循环新格局的关键。我国对外贸易长期依赖于境外采购商、跨国公司等企业端市场,从而缺乏针对国际消费市场直接开展价值提升服务的能力,也缺乏对贸易链路的组织管理能力。跨境电子商务对外贸企业的数字赋能,促使我国外贸走出"自由度低"的困境,通过虚拟价值链与实体价值链的耦合,创造企业组织结构高效化、交易流程简洁化、产品信息化、消费者选择多样化的价值。事实上,不仅外贸,在国内市场中,电子商务的数字赋能,也是通过虚实价值链的方式,实现商品生产、传递和消费过程中的信息和人员、物质的协同,为全国统一大市场中的消费升级赋能。因此,商业企业数字化,是赋能双循环的关键。

第七,新开放机制的区域均衡,是导向共同富裕的政策锚。我国以"试点"方式推进经济开放的空间格局的演进,"试点""复制""推广",不仅是审慎的开放进程,也是在迈向共同富裕中,通过成功经验与制度创新,实现"先富带后富、帮后富"的重要机制。21世纪后,我国深化开放,不仅面向世界市场,更面向数字经济新业态新模式。自由贸易试验区、跨境电子商务试验区、"一带一路"倡议等,形成我国面向更高水平开放型数字经济体制的试点、复制、推广路径,本书探索出产业支撑型和政策推动型等模式,产业支撑型注重开放型数字经济与实体经济产业结合的政策机制,可见我国面向数字时代的新开放机制重视在地理空间上的区域均衡,从而克服面向数字经济发展中的不均衡、不平等状况,促进共同富裕目标的实现。

参 考 文 献

1. Amit R, Zott C. Value creation in e-business[J]. Strategic Management Journal,2001,22(6-7):493-520.

2. Appelbaum R P, Gereffi G. Power and profits in the apparel commodity chain[J]. Global Production: The Apparel Industry in the Pacific Rim, 1994,(3):42-62.

3. Bakan I, Doǧan I F. Competitiveness of the industries based on the Porter's diamond model: An empirical study[J]. International Journal of Research and Reviews in Applied Sciences,2012,11(3):441-455.

4. Benjamin R, Wigand R. Electronic markets and virtual value chains on the information superhighway[J]. MIT Sloan Management Review, 1995,36(2):62.

5. Bhatt G D, Emdad A F. An analysis of the virtual value chain in electronic commerce[J]. Logistics Information Management,2001,14(1/2): 78-85.

6. Blonigen B A, Ellis C J, Fausten D. Industrial groupings and foreign direct investment[R]. University of Oregon Economics Department Working Papers,2003,65(1):75-91.

7. Burri M. The international economic law framework for digital trade [J]. Zeitschrift Für Schweizerisches Recht,2015,135:10-72.

8. Chaabna S, Wang H. Analysis of the state of e-commerce in algeria[J]. International Journal of Marketing Studies,2015,7(2):44.

9. Chari M D R, Chang K Y. Determinants of the share of equity sought in cross-border acquisitions[J]. Journal of International Business Studies, 2009,40(8):1277-1297.

10. Charmaz K. Constructing grounded theory: A Practical guide through gualitative analysis[M]. Thousand oaks, CA: Sage, 2006.

11. Congressional Research Service (CRS). Digital trade and U. S. trade policy[EB/OL]. (2019-03-21)[2020-12-20]. https://fas. org/sgp/crs/misc/R44565. pdf.

12. Doern R R, Fey C F. E-commerce developments and strategies for value creation: The case of Russia[J]. Journal of World Business, 2006, 41 (4):315-327.

13. Dunning J H. Location and the multinational enterprise: a neglected factor? [J]. Journal of International Business Studies, 1998, 29 (1): 45-66.

14. Dunning J H. The eclectic paradigm as an envelope for economic and business theories of MNE activity[J]. International Business Review, 2000, 9(2):163-190.

15. Dyer Jr W G, Wilkins A L. Better stories, not better constructs, to generate better theory: A rejoinder to Eisenhardt[J]. Academy of Management Review, 1991, 16(3):613-619.

16. Eisenhardt K M. Building theories from case study research[J]. Academy of Management Review, 1989(4):532-550.

17. Feldman E G. The marketing concept and its role in successful foreign trade zone development [J]. Economic Development Review: EDR, 1983, 1(1):40-45.

18. Fiss P C. Building better casual theories: A fuzzy set approach to typologies in organizational research[J]. Academy of Management Journal, 2011, 54(2):393-420.

19. Gereffi G, Humphrey J, Sturgeon T. The governance of global value chains[J]. Forthcoming in Review of International Political Economy, 2003(4):5-11.

20. Gereffi G, Kaplinsky R. Introduction: Globalization, value chains and development[J]. IDS Bulletin, 2001, 32(3):1-8.

21. Glaser B, Holton J. The grounded theory seminar reader [M]. Mill

Valley：Sociology Press，2007.

22. Grover V，Kohli R. Revealing your hand：Caveats in implementing digital business strategy[J]. MIS Quarterly，2013，37(2)，655-662.

23. Grubel Herbert G.. Towards a Theory of Free Economic Zones[J]. Weltwirtschaftliches Archiv，1982，118(1)：39-61.

24. Hindman S P. The virtual value chain[J]. Harvard Business Review，1996，74(1)，161-162.

25. Kaplinsky R. Technological upgrading in global value chains and clusters and their contribution to sustaining economic growth in low and middle income economies[R]. UNU-MERIT Working Paper，2015 (27)：1-45.

26. Kogut B. Designing global strategies：Comparative and competitive value-added chains[J]. Sloan Management Review，1985(4)：15.

27. Lawton T C，Michaels K P. Advancing to the virtual value chain：Learning from the Dell model[J]. Irish Journal of Management，2001，22(1)，91-112.

28. Lee D P W，Mueller J. Junpu "Taobao" Village—A validation of porter's diamond model？ [J]. Journal of Asia Entrepreneurship and Sustainability，2017，13(1)：51.

29. Leong C M L，Pan S L，Newell S，et al. The emergence of self-organizing e-commerce ecosystems in remote villages of China：A tale of digital empowerment for rural development[J]. Mis Quarterly，2016，40 (2)：475-484.

30. Lu L，Yu B. Dynamic mechanism of interaction between industrial clusters based on the modified diamond model and specialized market— Shaoxing textile industry cluster and the China textile city market as an example[J]. Science of Science and Management of S. & T.，2010(8)：66-72.

31. Maribel P. The research of rural e-commerce pattern[J]. Information Systems Research，2016，12(2)：60-71.

32. Martin P，Rogers C A. Industrial location and public infrastructure

[J]. Journal of international Economics,1995,39(3-4):335-351.

33. Mcintyre J R. The role of export processing zones for host country and multinational: A mutually beneficial relationship[J]. The International Trade Journal,1996,10(4):435-444.

34. Miles M B, Huberman A M, Huberman M A, et al. Qualitative data analysis: An expanded sourcebook[M]. Los Angeles: Sage Publications,1994.

35. Mithas S, Rust R T. How Information Technology Strategy and Investments Influence Firm Performance: Conjecture and Empirical Evidence[J]. MIS Quarterly,2016,40(1),223-246.

36. Miyagiwa K F. The location choice for free-trade zones: Rural versus urban options[J]. Journal of Development Economics,1993,40(1):187-203.

37. OECD,WTO and IMF. Handbook on measuring digital trade(version 1)[R]. OECD Publication,2020:10-15.

38. OECD. Measuring digital trade: Towards a conceptual framework[R]. OECD Publication,2017:5-10.

39. Papadopoulos N. The free trade zone as a strategic element in international business[J]. The Canadian Business Review,1985,12(1):51-55.

40. Pitelis C N. The co-evolution of organizational value capture, value creation and sustainable advantage[J]. Organization Studies,2009,30(10):1115-1139.

41. Porter M E. Competitive advantage: Creating and sustaining superior performance[M]. Simon and Schuster,2008.

42. Porter M E. Location, competition, and economic development: Local clusters in a global economy[J]. Economic Development Quarterly,2000,14(1):15-34.

43. Porter M E. The competitive advantage of nations[J]. Harvard Business Review,1990(3-4).

44. Porter M E. Competitive Advantage[M]. New York: The Free Press,1985.

45. Ragin C C. Fuzzy-set social science[M]. Chicago：University of Chicago Press，2000.

46. Ragin C C. Qualitative comparative analysis using fuzzy sets (fsQCA) [M]. Thousand Oaks，CA；SAGE Publications Inc. ，2009.

47. Ragin C C. Redesigning social inquiry：Fuzzy sets and beyond[M]. Chicago. University of Chicago Press，2008.

48. Rayport J F，Sviokla J J. Exploiting the virtual value chain[J]. Harvard Business Review，1995，73(6)：75-86.

49. Rihoux B，Ragin C C. Configurational comparative methods：Qualitative comparative analysis (QCA) and related techniques[M]. Sage Publications，2008.

50. Schneider C Q，Wagemann C. Set-theoretic methods for the social sciences：A guide to qualitative comparative analysis[M]. Cambridge：Cambridge University Press，2012.

51. Strauss A L. Qualitative analysis for social scientists[M]. Cambridge：Cambridge University Press，1987.

52. Tauseef A T，Srai J S. Hierarchical modelling of Last Mile logistic distribution system[J]. The International Journal of Advanced Manufacturing Technology，2014，70(5-8).

53. The Office of the U. S. Trade Representative (USTR). Key Barriers to Digital Trade[EB/OL]. (2017-03-20)[2020-12-20]. https：//ustr. gov/about-us/policy-offices/press-office/fact-sheets/2017/march/key-barriers-digital-trade.

54. The United States International Trade Commission (USITC). Digital Trade in the U. S. and Global Economies，Part 1[R]. USITC Publication，2013；5-20.

55. The United States International Trade Commission (USITC). Digital Trade in the U. S. and Global Economies，Part 2[R]. USITC Publication，2014；10-25.

56. The United States International Trade Commission (USITC). Global Digital Trade 1：Market Opportunities and Key Foreign Trade Restric-

tions[R].USITC Publication,2017:32-34.

57. Verweij S, Klijn E H, Edelenbos J, et al. What makes governance networks work? A fuzzy set qualitative comparative analysis of 14 Dutch spatial planning projects [J]. Public Administration, 2013, 91 (4): 1035-1055.

58. Weber R H. Digital trade in WTO—law taking stock and looking ahead [J]. Asian Journal of WTO & International Health Law and Policy, 2010,5(1):1-24.

59. Yin R K. Case study research and applications: Design and methods [M]. Los Angeles:Sage Publications,2017.

60. Zhen Z, Jing Z, Ashley A B. The effects of e-business processes in supply chain operations: Process component and value creation mechanisms[J]. International Journal of Information Management,2020,50: 273-285.

61. 安春生,高玉海.基于模糊关系矩阵的跨境电商战略联盟伙伴选择研究 [J].国际经贸探索,2017,33(3):70-79.

62. 白仲林,孙艳华,未哲.自贸区设立政策的经济效应评价和区位选择研究[J].国际经贸探索,2020,36(8):4-22.

63. 陈林,邹经韬.中国自由贸易区试点历程中的区位选择问题研究[J].经济学家,2018(6):29-37.

64. 陈林.自由贸易区建设中的经验、误区与对策[J].经济学家,2016(5): 87-95.

65. 陈荣,吴金南.虚拟价值链:电子商务环境下企业竞争优势的分析工具[J].经济管理,2006(13):44-46.

66. 陈旭堂,余国新,朱磊.基于钻石模型的县域农村电子商务发展要素分析——以浙江遂昌为例[J].农村经济,2018(5):93-98.

67. 陈永森,张埔华.以人类卫生健康共同体助推全球化进程[J].国外社会科学,2021(1):12-22,156.

68. 池毛毛,李延晖,王伟军,等.基于IT双元性视角的企业电子商务价值创造:双元能力和IT治理的作用[J].系统管理学报,2019,28(5): 833-845.

69. 崔凯,冯献.演化视角下农村电商"上下并行"的逻辑与趋势[J].中国农村经济,2018(3):29-44.

70. 崔丽丽,王骊静,王井泉.社会创新因素促进"淘宝村"电子商务发展的实证分析——以浙江丽水为例[J].中国农村经济,2014(12):50-60.

71. 崔向阳,崇燕.马克思的价值链分工思想与我国国家价值链的构建[J].经济学家,2014(12):5-13.

72. 崔晓杨,闫冰倩,乔晗,等.基于"微笑曲线"的全产业链商业模式创新——万达商业地产案例[J].管理评论,2016(11):264-272.

73. 董坤祥,侯文华,丁慧平,等.创新导向的农村电商集群发展研究——基于遂昌模式和沙集模式的分析[J].农业经济问题,2016(10):60-69.

74. 杜能.孤立国同农业和国民经济的关系[M].北京:商务印书馆,1997.

75. 杜晓君.虚拟制造:中国制造业企业可供选择的发展途径——基于东软集团有限公司的案例研究[J].管理世界,2004(2):117-125.

76. 杜义飞,李仕明.产业价值链:价值战略的创新形式[J].科学学研究,2004(5):552-556.

77. 杜运周,贾良定.组态视角与定性比较分析(QCA):管理学研究的一条新道路[J].管理世界,2017(6):155-167.

78. 杜运周,李永发.QCA设计原理与应用:超越定性与定量研究的新方法[M].北京:机械工业出版社,2017.

79. 鄂立彬,黄永稳.国际贸易新方式:跨境电子商务的最新研究[J].东北财经大学学报,2014(2):22-31.

80. 方巍巍.基于电子商务虚拟价值链的义乌专业市场转型升级[J].商业经济研究,2017(9):81-82.

81. 付娟.基于钻石模型的辽宁农业国际竞争力影响因素分析——兼论与日韩开展区域农业合作对辽宁农业国际竞争力的影响[J].商业研究,2008(4):53-56.

82. 高建树,李晶.数字贸易规则的"求同"与"存异"——以欧盟RTAs电子商务章节为例[J].武大国际法评论,2020,4(2):114-136.

83. 高翔,贾亮亭.基于结构方程模型的企业跨境电子商务供应链风险研究——以上海、广州、青岛等地167家跨境电商企业为例[J].上海经济研究,2016(5):76-83.

84. 顾国达,张正荣.服务经济与国家竞争优势——基于波特"钻石模型"的分析[J].浙江大学学报(人文社会科学版),2007(6):46-54.

85. 官清云.基于消费者行为的企业营销策略研究[D].长沙:湖南师范大学,2014.

86. 郭承龙.农村电子商务模式探析——基于淘宝村的调研[J].经济体制改革,2015(5):110-115.

87. 郭红东,刘晔虹,龚瑶莹,等.电商发展与经济欠发达地区乡村振兴——以山东曹县为例[J].广西民族大学学报(哲学社会科学版),2019,41(5):49-55.

88. 郭嘉猷.体制乃管理之本——我国企事业各种管理体制比较[J].经济社会体制比较,1994(2):50-52.

89. 国家工业信息安全发展研究中心.2020年我国数字贸易发展报告[EB/OL].(2020-10-28)[2020-12-20].http://www.cics-cert.org.cn/web_root/webpage/articlecontent_102005_1321370934682062850.html.

90. 韩剑,蔡继伟,许亚云.数字贸易谈判与规则竞争——基于区域贸易协定文本量化的研究[J].中国工业经济,2019(11):117-135.

91. 韩晶,孙雅雯,陈曦.后疫情时代中国数字经济发展的路径解析[J].经济社会体制比较,2020(5):16-24.

92. 韩霞,吴玥乐.价值链重构视角下航空制造业服务化发展模式分析[J].中国软科学,2018(3):166-173.

93. 何大安.数字经济下内循环为主战略的理论分析[J].社会科学战线,2020(12):36-47.

94. 何江,钱慧敏.跨境电商与跨境物流协同关系实证研究[J].大连理工大学学报(社会科学版),2019,40(6):37-47.

95. 洪勇.我国农村电商发展的制约因素与促进政策[J].商业经济研究,2016(4):169-171.

96. 胡林荣,杨兴,叶孝明.B2B电子商务企业价值链研究[J].企业经济,2008(11):127-129.

97. 黄满盈,邓晓虹.中国金融服务贸易国际竞争力的影响因素:基于"钻石模型"的实证分析[J].上海:世界经济研究,2011(7):3-9,87.

98. 黄平,王宇露.基于折衷理论的跨国公司在华投资独资化的成因与对策

[J].兰州学刊,2010(10):70-73.

99. 姬军荣.基于知识为竞争要素的企业价值链重构研究[J].企业经济,2009(9):32-34.

100. 贾怀勤.数字贸易的概念、营商环境评估与规则[J].国际贸易,2019(9):90-96.

101. 贾旭东,谭新辉.经典扎根理论及其精神对中国管理研究的现实价值[J].管理学报,2010,7(5):656-665.

102. 姜海纳.电子商务中的虚拟价值链分析[J].商业时代,2013(33):65-66.

103. 金虹,林晓伟.我国跨境电子商务的发展模式与策略建议[J].宏观经济研究,2015(9):40-49.

104. 荆林波,袁平红.全球价值链变化新趋势及中国对策[J].管理世界,2019,35(11):72-79.

105. 拉金.重新设计社会科学研究[M].杜运周,等译.北京:机械工业出版社,2019.

106. 来有为,王开前.中国跨境电子商务发展形态、障碍性因素及其下一步[J].改革,2014(5):68-74.

107. 兰宏,聂鸣.全球化背景的大飞机产业发展路径:自主创新与价值链重构[J].改革,2012(12):43-51.

108. 蓝庆新,窦凯.美欧日数字贸易的内涵演变、发展趋势及中国策略[J].国际贸易,2019(6):48-54.

109. 黎国林,江华.我国加工贸易区位分布及其优化的研究[J].国际贸易问题,2008(4):23-27,81.

110. 黎志成,刘枚莲.电子商务环境下的消费者行为研究[J].中国管理科学,2002(6):89-92.

111. 李光辉.自由贸易试验区——中国新一轮改革开放的试验田[J].国际贸易,2017(6):4-6.

112. 李国英.农村电子商务模式创新及发展路径研究[J].全国流通经济,2017(23):11-14.

113. 李敬,陈旎,万广华,等."一带一路"沿线国家货物贸易的竞争互补关系及动态变化——基于网络分析方法[J].管理世界,2017(4):10-19.

114. 李俊.全球服务贸易发展指数报告(2018):数字贸易兴起的机遇与挑战[M].北京:社会科学文献出版社,2018.

115. 李骏阳.电子商务对贸易发展影响的机制研究[J].商业经济与管理,2014(11):5-11.

116. 李雷,史中辉,李楠.我国高新技术企业国际扩张的模式及区位选择——基于国际生产折衷理论的分析[J].科技进步与对策,2005(1):75-77.

117. 李鸣涛,中国农村电子商务发展报告[R].(2017-2018)[2018-10-12].http://www.100ec.cn/detail--6482860.html.

118. 李平,狄辉.产业价值链模块化重构的价值决定研究[J].中国工业经济,2006(9):71-77.

119. 李勤昌,许唯聪.中国对"一带一路"全域OFDI的区位选择——基于空间效应视角[J].宏观经济研究,2017(8):3-18,102.

120. 李天宇,王晓娟.数字经济赋能中国"双循环"战略:内在逻辑与实现路径[J].经济学家,2021(5):102-109.

121. 李笑影,李玲芳.互联网背景下应对"一带一路"贸易风险的机制设计研究[J].中国工业经济,2018(12):97-114.

122. 李杨,陈寰琦,周念利.数字贸易规则"美式模板"对中国的挑战及应对[J].国际贸易,2016(10):24-27,37.

123. 李瑶.浅析企业电子商务价值创造过程模型[J].全国商情(经济理论研究),2015(21):16-17.

124. 李韵,丁林峰.新冠疫情蔓延突显数字经济独特优势[J].上海经济研究,2020(4):59-65.

125. 李震.基于虚拟价值链的移动电子商务协同效应分析[J].技术经济与管理研究,2008,159(4):125-127.

126. 李志刚.扶植我国农村电子商务发展的条件及促进对策分析[J].中国科技论坛,2007(1):123-126.

127. 丽水市农村电子商务工作办公室.互联网＋绿水青山[M].北京:红旗出版社.2015.

128. 联合国贸易和发展会议.2021年数字经济报告(数据跨境流动和发展:数据为谁而流动)[R].(2021-12-17)[2022-09-01].https://m.thepa-

per. cn/baijiahao_14930667.

129. 刘晶.跨境电子商务与我国企业全球价值链地位提升[J].商业经济研究,2017(9):71-74.

130. 刘静娴,沈文星.农村电子商务演化历程及路径研究[J].北京:商业经济研究,2019(19):123-126.

131. 刘敏,陈思.基于消费者行为理论的快速消费品营销策略研究[J].中国市场,2014,34:10-11.

132. 刘淑春.中国数字经济高质量发展的靶向路径与政策供给[J].经济学家,2019(6):52-61.

133. 刘天铮.消费者行为下的国产智能手机营销策略研究——以成都地区为例[D].成都:四川师范大学,2014.

134. 刘伟.搞活农村流通开拓农村市场[J].求是,2010(2):29-30.

135. 刘瑶,陈珊珊.新冠疫情对全球供应链的影响及中国应对——基于供给侧中断与需求侧疲软双重叠加的视角[J].国际贸易,2020(6):53-62.

136. 刘志彪.从全球价值链转向全球创新链:新常态下中国产业发展新动力[J].学术月刊,2015(2):5-14.

137. 陆菁,傅诺.全球数字贸易崛起:发展格局与影响因素分析[J].社会科学战线,2018(11):57-66,281.

138. 吕朝凤,黄梅波.金融发展能够影响FDI的区位选择吗[J].金融研究,2018(8):137-154.

139. 吕丹.基于农村电商发展视角的农村剩余劳动力安置路径探析[J].农业经济问题,2015(3):62-68.

140. 马述忠,陈奥杰.跨境电商:B2B抑或B2C——基于销售渠道视角[J].国际贸易问题,2017(3):75-86.

141. 马述忠,陈丽,张洪胜.中国跨境电商上市企业综合绩效研究[J].国际商务研究.2018(2):48-66.

142. 马述忠,房超,梁银锋.数字贸易及其时代价值与研究展望[J].国际贸易问题,2018(10):16-30.

143. 马涛,盛斌.亚太互联经济格局重构的国际政治经济分析——基于全球价值链的视角[J].当代亚太,2018(4):86-112.

144. 马秀丽,孙友杰.信息时代企业价值链重构分析[J].商业经济与管理,2004(2):32-35.

145. 迈克·波特.竞争优势[M].北京:华夏出版社,1997.

146. 毛蕴诗,郑奇志.论国际分工市场失效与重构全球价值链——新兴经济体的企业升级理论构建[J].中山大学学报(社会科学版),2016,56(2):175-187.

147. 毛湛文.定性比较分析(QCA)与新闻传播学研究[J].北京:国际新闻界,2016,38(4):6-25.

148. 孟连.什么是经济体制?[J].经济研究,1980(6):76,44.

149. 穆燕鸿,王杜春,迟凤敏.基于结构方程模型的农村电子商务影响因素分析——以黑龙江省 15 个农村电子商务示范县为例[J].农业技术经济,2016(8):106-118.

150. 尼·拉迪,草木,玉平.中国对外贸易和经济改革[J].经济社会体制比较,1991(4):1-14.

151. 潘成云.解读产业价值链——兼析我国新兴产业价值链基本特征[J].当代财经,2001(9):7-11.

152. 潘教峰,刘益东,陈光华,等.世界科技中心转移的钻石模型——基于经济繁荣、思想解放、教育兴盛、政府支持、科技革命的历史分析与前瞻[J].中国科学院院刊,2019,34(1):10-21.

153. 潘晓明.国际数字经济竞争新态势与中国的应对[J].国际问题研究,2020(2):93-106.

154. 逢锦聚.深化理解加快构建新发展格局[J].经济学动态,2020(10):3-11.

155. 裴长洪,刘洪愧.中国外贸高质量发展:基于习近平百年大变局重要论断的思考[J].经济研究,2020,55(5):4-20.

156. 裴长洪,倪江飞,李越.数字经济的政治经济学分析[J].财贸经济,2018,39(9):5-22.

157. 蒲璞.中西部出口加工区发展研究[J].财经科学,2004(3):88-91.

158. 人民日报.发展数字贸易实现合作共赢[EB/OL].(2020-09-06)[2020-12-20].http://cpc.people.com.cn/n1/2020/0906/c419242-31850972.html.

159. 商务部.欧洲议会国际贸易委员会通过《数字贸易战略》报告[EB/

OL］.(2017-11-29)［2020-12-20］.http://gpj.mofcom.gov.cn/article/zuixindt/201711/20171102677923.shtml.

160. 商务部电子商务和信息化司.中国电子商务报告(2018)［R］.(2019-07-29)［2020-09-01］.http://www.100ec.cn/home/detail--6520288.html.

161. 邵安菊.基于"产品内分工视角"的上海制造业价值链重构与产业升级研究［J］.经济体制改革,2013(4):106-109.

162. 沈开艳,徐琳.中国上海自由贸易试验区:制度创新与经验研究［J］.广东社会科学,2015(3):14-20.

163. 沈小燕,王跃堂,杨志进.企业所得税改革对外商直接投资区位选择的影响——来自地级城市的经验数据［J］.当代财经,2011(12):81-93.

164. 盛斌,高疆.超越传统贸易:数字贸易的内涵、特征与影响［J］.国外社会科学,2020(4):18-32.

165. 施卓宏,朱海玲.基于钻石模型的战略性新兴产业评价体系构建［J］.湖北:统计与决策,2014(10):51-53.

166. 石良平,汤蕴懿.中国跨境电商发展及政府监管问题研究——以小额跨境网购为例［J］.上海经济研究,2014(9):3-18.

167. 宋怡茹,魏龙,潘安.价值链重构与核心价值区转移研究——产业融合方式与效果的比较［J］.科学研究,2017,35(8):1179-1187.

168. 苏为华,王玉颖.我国跨境电子商务综试区发展水平的统计测度［J］.商业经济与管理,2017(6):13-22.

169. 孙海军.城市商业经济功能区区位选择研究——基于规划者的视角［J］.软科学,2010,24(7):65-70.

170. 孙思.B2C电子商务模式下的消费者行为分析［D］.武汉:华中师范大学,2007.

171. 谭力文,马海燕.全球外包下的中国企业价值链重构［J］.武汉大学学报(哲学社会科学版),2006(2):149-154.

172. 谭人友,葛顺奇,刘晨.全球价值链重构与国际竞争格局——基于40个经济体35个行业面板数据的检验［J］.世界经济研究,2016(5):87-98,136.

173. 汤铎铎,刘学良,倪红福,等.全球经济大变局、中国潜在增长率与后疫情时期高质量发展[J].经济研究,2020,55(8):4-23.

174. 唐鹏程,杨树旺.企业社会责任投资模式研究:基于价值的判断标准[J].北京:中国工业经济,2016(7):109-126.

175. 陶秋燕,李锐,王永贵.创新网络特征要素配置、环境动荡性与创新绩效关系研究——来自 QCA 的实证分析[J].科技进步与对策,2016,33(18):19-27.

176. 汪旭晖,张其林.电子商务破解生鲜农产品流通困局的内在机理——基于天猫生鲜与沱沱工社的双案例比较研究[J].中国软科学,2016(2):39-55.

177. 汪燕.破解农产品"上行"之困[J].浙江经济,2016(16):43-43.

178. 王凤彬,江鸿,王璁.央企集团管控架构的演进:战略决定、制度引致还是路径依赖?——一项定性比较分析(QCA)尝试[J].管理世界,2014(12):92-114,187-188.

179. 王海军,刘超.疫情冲击下中国外贸企业面临的困境及应对——基于供求视角[J].国际贸易,2020(8):29-37.

180. 王海龙,司爱丽.农村电子商务发展构想[J].经济纵横,2007(2):38-40.

181. 王金杰,李启航.电子商务环境下的多维教育与农村居民创业选择——基于 CFPS2014 和 CHIPS2013 农村居民数据的实证分析[J].南开经济研究,2017(6):75-92.

182. 王娟.基于消费者行为的零售业态演进研究[D].长沙:中南大学,2012.

183. 王骊静,崔丽丽,王井泉.社会创新因素促进"淘宝村"电子商务发展的实证分析——以浙江丽水为例[J].中国农村经济,2014(12):50-60.

184. 王璐,高鹏.扎根理论及其在管理学研究中的应用问题探讨[J].外国经济与管理,2010(12):10-18.

185. 王巧霞,曲国明.餐饮企业虚拟价值链整合与价值创造[J].商业时代,2014(29):30-31.

186. 王晰,兰勇.基于钻石模型的区域农业国际竞争力研究——以湖南省为例[J].北京:国际贸易问题,2007(3):53-58.

187. 王小兵,康春鹏,董春岩.对"互联网＋"现代农业的再认识[J].农业经济问题,2018(10):33-37.

188. 王晓红.以电子商务建构新型农村流通网络[J].辽宁:农村经济,2016(9):125-129.

189. 王星宇.金砖国家经贸合作与全球价值链重构[J].经济问题,2019(1):123-129.

190. 王雪冬,匡海波,董大海,等.CSV视阈下的价值链重构路径研究——基于招商局集团PPC商业模式的案例研究[J].管理评论,2019,31(1):293-304.

191. 王轶南,韩爽.我国自贸区发展路径选择[J].学术交流,2017(7):137-143.

192. 王永钦,杜巨澜,王凯.中国对外直接投资区位选择的决定因素:制度、税负和资源禀赋[J].经济研究,2014,49(12):126-142

193. 王岳平.面向农村市场的工业结构调整[J].管理世界,1998(5):92-101.

194. 王智新."一带一路"沿线国家数字贸易营商环境的统计测度[J].统计与决策,2020,36(19):47-51.

195. 韦伯.工业区位论[M].北京:商务印书馆,1997.

196. 吴君民,徐刘阳.新冠全球大流行背景下中国对外贸易的风险与对策探讨[J].理论探讨,2020(5):17-22.

197. 吴勤堂.产业集群与区域经济发展耦合机理分析[J].管理世界,2004(2):133-134.

198. 吴瑶,肖静华,谢康,等.从价值提供到价值共创的营销转型——企业与消费者协同演化视角的双案例研究[J].管理世界,2017(4):138-157.

199. 武晓钊.城乡对接的农村物流运营服务体系构建[J].商业经济研究,2016(17):95-97.

200. 夏杰长,刘诚.数字经济赋能共同富裕:作用路径与政策设计[J].经济与管理研究,2021,42(9):3-13.

201. 夏杰长.数字贸易的缘起、国际经验与发展策略[J].北京工商大学学报(社会科学版),2018,33(5):1-10.

202. 夏鑫,何建民,刘嘉毅.定性比较分析的研究逻辑——兼论其对经济管理学研究的启示[J].财经研究,2014,40(10):97-107.

203. 谢天成,施祖麟.农村电子商务发展现状、存在问题与对策[J].现代经济探讨,2016(11):40-44.

204. 新华网.日本智库眼中的数字贸易[EB/OL].(2019-07-15)[2020-12-20].http://www.xinhuanet.com/globe/2019-07/15/c_138209104.htm.

205. 徐金海,夏杰长.全球价值链视角的数字贸易发展:战略定位与中国路径[J].改革,2020(5):58-67.

206. 许晖,王琳.价值链重构视角下企业绿色生态位跃迁路径研究——"卡博特"和"阳煤"双案例研究[J].管理学报,2015(4):500-508.

207. 许晖,许守任,王睿智.嵌入全球价值链的企业国际化转型及创新路径——基于六家外贸企业的跨案例研究[J].科学学研究,2014(1):73-83.

208. 许仲彦,孙锐.论虚拟价值链驱动下的协同电子商务模式[J].商业研究,2004(12):168-170.

209. 薛莘,徐道河,孙明,等.农村工业品市场的若干问题[J].经济研究,1984(3):34-40.

210. 央视网.中共中央　国务院关于实施乡村振兴战略的意见[EB/OL].(2018-02-04)[2020-09-01].http://news.cctv.com/2018/02/04/AR-TIcyPpht8skPObuCMJ6icS180204.shtml.

211. 杨红,蒲勇健.不发达地区可持续发展的新路径——生态农业、生态旅游业耦合产业研究[J].管理世界,2009(4):169-170.

212. 杨惠芳.基于钻石模型的地方特色产业发展研究——以浙江嘉兴蜗牛产业为例[J].农业经济问题,2017,38(3):96-101,112.

213. 杨坚争,郑碧霞,杨立钒.基于因子分析的跨境电商评价指标体系研究[J].财贸经济,2014(9):94-102.

214. 杨娇辉,王伟,谭娜.破解中国对外直接投资区位分布的"制度风险偏好"之谜[J].世界经济,2016,39(11):3-27.

215. 杨荣.自由贸易园区的区位选择模式研究[D].上海:华东师范大学,2016.

216. 杨旭,李竣.县级政府、供应链管理与农产品上行关系研究[J].华中农业大学学报(社会科学版),2018(3):81-89,156-157.

233

217. 杨学成,陶晓波.社会化商务背景下的价值共创研究——柔性价值网的视角[J].管理世界,2015(8):170-171.

218. 杨雪锋.系统关联、产业融合与资源再生产业价值链重构[J].苏州大学学报(哲学社会科学版),2013(1):106-113.

219. 叶修群.自由贸易园区(FTZ)的区位选择——基于中国省级面板数据的实证研究[J].当代经济科学,2016,38(2):115-123,128.

220. 易观.中国跨境出口电商发展白皮书[EB/OL].(2019-01-11)[2020-09-01].https://www.analysys.cn/article/detail/20019136.

221. 殷为华,杨荣,杨慧.美国自由贸易区的实践特点透析及借鉴[J].世界地理研究,2016,25(2):30-39.

222. 尹美群,盛磊,吴博."一带一路"东道国要素禀赋、制度环境对中国对外经贸合作方式及区位选择的影响[J].世界经济研究,2019(1):81-92,136-137.

223. 尹响,易鑫,胡旭.人类命运共同体理念下应对新冠疫情全球经济冲击的中国方案[J].经济学家,2020(5):79-90.

224. 俞建群,王媛媛.经济新常态下福建自由贸易试验区发展路径探索[J].福建师范大学学报(哲学社会科学版),2015(4):8-14,170.

225. 俞昕蕾,华兴夏.基于电子商务价值创造理论的B2C企业案例解析——以京东与天猫为例[J].商业经济研究,2015(28):70-72.

226. 雨果网.2018亚马逊新卖家全球站点布局[EB/OL].(2018-10-23)[2020-09-01].https://www.cifnews.com/article/38677.

227. 袁其刚,部晨,闫世玲.非洲政府治理水平与中国企业OFDI的区位选择[J].世界经济研究,2018(10):121-134,137.

228. 曾亿武,郭红东.电子商务协会促进淘宝村发展的机理及其运行机制——以广东省揭阳市军埔村的实践为例[J].中国农村经济,2016(6):51-60.

229. 曾亿武,邱东茂,沈逸婷,等.淘宝村形成过程研究:以东风村和军埔村为例[J].经济地理,2015,35(12):90-97.

230. 张春香.基于钻石模型的区域文化旅游产业竞争力评价研究[J].管理学报,2018,15(12):1781-1788.

231. 张华容,王晓轩,黄漫宇.心理距离对中国OFDI区位选择的影响研究

[J].宏观经济研究,2015(12):129-136,152.

232. 张晶.母婴电商开战[J].互联网经济,2015(11):58-65.

233. 张敬伟,马东俊.扎根理论研究法与管理学研究[J].现代管理科学,2009(2):115-117.

234. 张明,陈伟宏,蓝海林.中国企业"凭什么"完全并购境外高新技术企业——基于94个案例的模糊集定性比较分析(fsQCA)[J].中国工业经济,2019(4):117-135.

235. 张明,杜运周.组织与管理研究中QCA方法的应用:定位、策略和方向[J].管理学报,2019,16(9):1312-1323.

236. 张庆民,孙树垒,吴士亮,等.淘宝村农户网商群体持续成长演化研究[J].北京:农业技术经济,2019(1):121-134.

237. 张世坤.保税区向自由贸易区转型的机理和对策研究[J].管理世界,2005(10):151-152.

238. 张守义,易仲开.当前农村日用工业品市场的一个突出问题[J].中国农村观察,1982(2):46-50.

239. 张夏恒."一带一路"倡议下跨境电商与跨境物流协同研究[J].当代经济管理,2020,42(4):27-32.

240. 张夏恒.全球价值链视角下跨境电商与跨境物流协同的内生机理与发展路径[J].当代经济管理,2018,40(8):14-18.

241. 张雪卫.爱美购跨境电子商务平台的商业模式创新研究[D].上海:华东理工大学,2015.

242. 张耀光,刘锴,刘桂春,等.中国保税港区的布局特征与发展战略[J].经济地理,2009,29(12):1947-1951.

243. 张正荣,杨金东,顾国达.数字贸易的概念维度、国际规则与商业模式[J].经济学家,2021(4):61-69.

244. 张正荣,杨金东.跨境电子商务背景下服装外贸企业的价值链重构路径——基于耦合视角的案例研究[J].管理案例研究与评论,2019,12(6):595-608.

245. 张正荣,杨金东.乡村振兴视角下农村电商如何优化"工业品下行"路径——基于"双链"耦合机制的扎根研究[J].农业经济问题,2019(4):118-129.

246. 赵晶,朱镇.企业电子商务价值创造过程模型[J].管理科学学报,2010,13(12):46-60,75.

247. 赵明亮,臧旭恒.国际贸易新动能塑造与全球价值链重构[J].改革,2018(7):148-158.

248. 赵云辉,陶克涛,李亚慧,等.中国企业对外直接投资区位选择——基于QCA方法的联动效应研究[J].中国工业经济,2020(11):118-136.

249. 赵志田.制造企业跨境电子商务价值创造机理分析与实证检验[J].中国流通经济,2017,31(8):57-64.

250. 郑亚琴.我国农村电子商务区域基础设施发展水平的主成分聚类分析[J].中国科技论坛,2007(1):119-122.

251. 中国互联网络信息中心.第42次中国互联网络发展状况统计报告[EB/OL].(2018-08-20)[2020-09-01].http://www.cac.gov.cn/2018-08/20/c_1123296882.htm.

252. 中国信通院.数字贸易发展与影响白皮书(2019)[R].北京:中国信通院,2019.

253. 钟燕琼.农村电商发展现状及对农村居民消费的影响[J].商业经济研究,2016(11):173-175.

254. 仲伟俊,陶青,梅姝娥.企业间电子商务的战略规划方法研究[J].管理科学学报,2002(2):22-28.

255. 周冬,叶睿.农村电子商务发展的影响因素与政府的支持——基于模糊集定性比较分析的实证研究[J].农村经济,2019(2):110-116.

256. 周念利,陈寰琦.基于《美墨加协定》分析数字贸易规则"美式模板"的深化及扩展[J].国际贸易问题,2019(9):1-11.

257. 周念利,陈寰琦.数字贸易规则"欧式模板"的典型特征及发展趋向[J].国际经贸探索,2018,34(3):96-106.

258. 周念利,李玉昊.数字知识产权规则"美式模板"的典型特征及对中国的挑战[J].国际贸易,2020(5):90-96.

259. 周小川.走向开放型经济[J].经济社会体制比较,1992(5):4-11.

260. 周应恒,刘常瑜."淘宝村"农户电商创业集聚现象的成因探究——基于沙集镇和颜集镇的调研[J].南方经济,2018(1):62-84.

261. 周永亮.价值链重构[M].北京:机械工业出版社,2016.

262. 周月书,公绪生.农村新兴经营模式的融资制度变迁分析——基于江苏省沙集镇的探讨[J].农业经济问题,2013,34(12):81-87,112.

263. 朱福林.后疫情时代我国数字经济高质量发展战略对策[J].经济体制改革,2021(1):27-34.

264. 朱华友,陶姝沅.产业集群"虚拟—实体"价值链的协同发展研究——浙江诸暨珍珠产业集群的实证[J].科技管理研究,2015,35(19):180-185.

265. 朱文涛,顾乃华.土地价格与FDI的区位选择——基于空间杜宾模型的实证研究[J].国际贸易问题,2018(11):162-174.

266. 朱长宁.价值链重构、产业链整合与休闲农业发展——基于供给侧改革视角[J].经济问题,2016(11):89-93.

267. 宗芳宇,路江涌,武常岐.双边投资协定、制度环境和企业对外直接投资区位选择[J].经济研究,2012,47(5):71-82,146.